1   With the compilation of this issue we received great support from Greet Bierema and Joks Janssen, for which we extend our thanks.

2   After the Second World War, far-reaching intervention by governments mainly took the form of struggling to guarantee their own food supplies. In European agricultural policy, however, the most important objective was increasingly the stimulation of exports. See Lucas Reijnders, *Het boerenbedrijf in de Lage Landen. Geschiedenis en toekomst*, Amsterdam 1997.

3   Other sources even estimate that the number of farmers will be cut in half in 10 years: 'In 2012 only 40,000 farmers left in the Netherlands', *NRC Handelsblad*, 12 June 2003.

4   See Tracy Metz, *Nieuwe natuur. Reportages over veranderend landschap*, Amsterdam 1998, and Sietske van der Hoek, *Het platteland. Over de laatste Nederlandse boeren*, Amsterdam 2002.

5   See G. Andela, *Kneedbaar landschap, kneedbaar volk. De heroïsche jaren van de ruilverkavelingen in Nederland*, Bussum 2000.

6   See Reijnders, op. cit.

7   Such early systematic land reclamations also took place in Belgium. That a rich tradition of engineering in land reclamation existed is illustrated by the fact that the Belgian engineer J. Wenmaekers came up with a plan for diking in the Zuiderzee in 1876, before the Lely plan came out.

oase
63

pag
2

Willemijn Lofvers and Marcel Musch

The Countryside

This *Oase* examines the transformation of the countryside of the Low Countries.[1] The culture and the status of the countryside will undergo dramatic changes over the next several years. The most significant cause of the transformation is the changes in agriculture, which is under pressure from all sides. Answers will have to be found for such diverse issues as animal health problems (swine fever, avian flu, mad cow disease), environmental problems (soil acidisation and depletion), intensified competition from other countries as a result of globalisation and the reduced readiness of the European Union to subsidise (over) production.[2] Because of steadily increasing efficiency in agriculture and with it shrinking chances for survival for the small farm, the number of farmers has been dropping for decades. The expectation is that this process will accelerate in years to come. The Agricultural Economics Research Institute (LEI) estimates that the number of farmers will drop in the next 10 years from 90,000 to 75,000.[3] Beyond the reduction in cultivated land, this will entail significant consequences for the apportionment and the use of the countryside. In this issue of *Oase* we examine the history and the future of the countryside as a cultivated as well as an inhabited landscape.

In parallel to the shrinking of the area devoted to agriculture, the authorities and many nature organisations in Belgium and the Netherlands are working to develop large areas of land for recreation and 'new nature'.[4] In the Netherlands, the Fifth National Policy Document on Physical Planning assumes that the quantity of agricultural land will drop by 7 to 20 percent. Developing nature and recreation areas on the lands that are opened up would meet a great 'societal need'. This seems to mean mainly the need of urban dwellers for 'another kind' of space. The countryside is not considered for its intrinsic qualities and potential, but as an 'empty land' that can be laid out according to the needs of the urban consumer. This process usually ignores the history and dynamics of the countryside. In the Dutch situation, this approach dovetails seamlessly with a centuries-old tradition of large-scale, systematic interventions such as the land reclamation projects and land consolidation. In these interventions, both the old and the new land were considered as a *tabula rasa*.[5] The situation in Belgium is in many ways the opposite of that of the Netherlands: no large-scale interventions here, but rather small-scale transformations, no systematic projects but rather private initiatives, no 'creation' of an empty space that must then be filled but rather a process of continual accumulation and condensation.

For a long time, agriculture developed in the Low Countries in comparable ways. Starting in the early Middle Ages there was an enormous rise in agricultural productivity. This was based on a number of factors: the availability of capital for investment in the agrarian economy, the development and distribution of know-how and technology and the expansion of the market. Belgium was consistently in the forefront of this. The growth of the cities in the Low Countries created a market for farm products and stimulated a more intensive agriculture. The intensification of agriculture was made possible by means of fertilisation, which was stimulated by an abundant supply of manure from the cities. The

Willemijn Lofvers en Marcel Musch

Het platteland

Deze *Oase* onderzoekt de transformatie van het platteland in de Lage Landen.[1] De cultuur en het aanzien van het platteland zullen de komende jaren op drama- tische wijze veranderen. De belangrijkste oorzaak voor de transformatie zijn de veranderingen in de landbouw. De landbouw staat aan alle kant onder druk. Er zullen antwoorden gevonden moeten worden op uiteenlopende vraagstukken zoals de veterinaire problematiek (varkenspest, vogelpest, gekkekoeienziekte), de milieuproblematiek (verzuring en uitputting van de grond), de verhevigde concurrentie uit andere landen als gevolg van de globalisering en de afgenomen bereidheid van de Europese Unie de (over)productie te subsidiëren.[2] Door de steeds verder groeiende efficiency van de landbouw en daarmee de afnemende bestaansmogelijkheden voor het kleine boerenbedrijf neemt het aantal boeren al decennialang af. De verwachting is dat dit proces zich de komende jaren ver- sneld zal doorzetten. Het Landbouw Economisch Instituut (LEI) schat dat het aantal boeren in de komende tien jaar zal afnemen van 90.000 tot 75.000.[3] Nog afgezien van de afname van bouwland zal dit grote gevolgen hebben voor de in- richting en het gebruik van het platteland. In deze *Oase* onderzoeken we de ge- schiedenis en de toekomst van het platteland als bewerkt én bewoond landschap.

Parallel aan de inkrimping van het landbouwareaal wordt er zowel in België als in Nederland door de overheid en door talloze natuurorganisaties gewerkt aan het ontwikkelen van grote arealen recreatiegebied en 'nieuwe natuur'.[4] In Nederland wordt er in de Vijfde Nota van uitgegaan dat de hoeveelheid land- bouwgrond met 7 tot 20% zal afnemen. Door op de vrijgekomen gronden natuur- en recreatiegebieden te ontwikkelen, zou tegemoetgekomen worden aan een grote 'maatschappelijke behoefte'. Daarmee lijkt vooral de behoefte van de stedeling aan een 'andere' ruimte te worden bedoeld. Het platteland wordt daar- bij niet beschouwd vanuit zijn intrinsieke kwaliteiten en potenties, maar als een 'leeg land' dat naar behoefte kan worden ingericht voor de stedelijke consument. Daarbij wordt vaak voorbijgegaan aan de geschiedenis en dynamiek van het platteland. In de Nederlandse situatie sluit deze benadering naadloos aan op een eeuwenoude traditie van grootschalige, planmatige interventies zoals de land- aanwinningprojecten en de ruilverkavelingen. Bij deze interventies wordt zowel het nieuwe als het oude land opgevat als een *tabula rasa*.[5] De situatie in België is in veel opzichten tegengesteld aan de Nederlandse: hier geen grootschalige inter- venties maar kleinschalige transformaties, geen planmatige projecten maar par- ticuliere initiatieven, niet het 'creëren' van een leegte die opnieuw wordt gevuld maar een proces van voortdurende stapeling en verdichting.

Lange tijd heeft de landbouw zich in de Lage Landen op vergelijkbare wijze ont- wikkeld. Vanaf de vroege Middeleeuwen was er sprake van een enorme stijging van de productiviteit in de landbouw. Een aantal factoren lag hieraan ten grond- slag: de beschikbaarheid van kapitaal ten behoeve van investeringen in de agra- rische economie, de ontwikkeling en spreiding van kennis en techniek en de vergroting van de afzetmarkt. België liep daarbij steeds voorop. De groei van de steden in de Lage Landen creëerde een markt voor landbouwproducten en sti- muleerde een intensievere landbouw. De intensivering van de landbouw werd

1 Bij de tot stand- koming van dit nummer hebben Greet Bierema en Joks Janssen een belangrij- ke rol gespeeld, waar- voor onze dank.

2 Na de Tweede Wereldoorlog kwam de verregaande over- heidsinterventie voor- al voort uit het streven om de eigen voedsel- voorziening te kunnen garanderen. In het Europese landbouw- beleid werd de belang- rijkste doelstelling echter steeds meer het stimuleren van de export. Zie Lucas Reijnders, *Het boeren- bedrijf in de Lage Landen. Geschiedenis en toekomst*, Amsterdam 1997.

3 Andere bronnen schatten zelfs dat de boerenstand over tien jaar zal zijn gehal- veerd: 'In 2012 nog maar 40.000 boeren in Nederland over', *NRC Handelsblad*, 12 juni 2003.

4 Zie: Tracy Metz, *Nieuwe natuur. Repor- tages over veranderend landschap*, Amsterdam 1998, en Sietske van der Hoek, *Het platte- land. Over de laatste Nederlandse boeren*, Amsterdam 2002.

5 Zie: G. Andela, *Kneedbaar landschap, kneedbaar volk. De heroïsche jaren van de ruilverkavelingen in Nederland*, Bussum 2000.

6 Zie Reijnders, op. cit.

7 Deze vroege plan- matige landaanwin- ningen vonden overi- gens ook in België plaats. Dat er ook hier sprake was van een rijke ingenieurstraditie in de landaanwinning wordt geïllustreerd door het feit dat de Belgische ingenieur J. Wenmaekers in 1876 een plan maakte voor de indijking van de Zuiderzee, nog voor- dat het plan Lely verscheen.

8   In this regard, Rik Herngreen speaks of the eighth transformation project. In addition to seven sectoral transformations with their own investment dynamics (water, agriculture, 'other economic and technological dynamics', traffic, housing, nature and leisure) he calls for an eighth transformation in the rural area. This transformation project would have to safeguard four essential conditions in the rural area, including 'the presence of an intricate network of publicly accessible line structures and places for relaxation, the care for additional space for incidental functions, the apocryphal landscape and as yet undefined programmes (and) the care for a degree of coherence … so that the canonical aspect of the "main structure" remains'. These are conditions that are likely to come under pressure from the autonomous processes in the rural area. The eighth transformation, however, has no dynamics of its own and will have to be organised. See Rik Hergreen, *De 8e transformatie, Over planning en regionale identiteit*, Wageningen 2002.

9   One example of this is the reconstruction plans for the sandy soils areas. Attention to spatial quality is primarily translated into attention for long lines, large structural landscape elements.

10   See Ton Lemaire, *Filosofie van het landschap*, Baarn 1970.

11   The distinction between a pastoral and an everyday countryside mainly says something about the cultural significance of the countryside, how the landscape is per-

development of city and countryside were thus closely linked, and the distinction between the two, especially in the early Middle Ages, was not absolute. There was a flourishing industry in the countryside very early on, while within the cities, for a long time, all manner of crops were still being grown and a great deal of cattle being raised.[6] The ongoing development of technology and the growth of commerce in agricultural products resulted in a steadily increasing specialisation in agriculture and the industry related to it. As a result, the city and the countryside both specialised as well. Each of the two domains acquired a role of its own in the emerging agrarian economy. The processing of milk, meat, leather, flax, wool, hops, et cetera took place in factories inside the city walls. High-grade production in particular took place in the city, and the city obtained monopolies on many of these production processes. The specialisation of the city and the countryside was the beginning of a dichotomy which we now take for granted. Paradoxically enough, this dichotomy was in fact the result of far-reaching economic interweaving of the city and countryside.

In the twentieth century the parallel development of Dutch and Belgian agriculture came to an end. Agricultural modernisation resulted in a specialisation of agricultural operations and optimisation of production and soil yields. This was made possible by the expanding market and by government interventions. Starting in the 1930s, Dutch agriculture was able to make a huge jump in scale as a result of large-scale interventions – the Zuiderzee polders and land consolidation. These large-scale interventions in the Netherlands are part of a long tradition of systematic interventions. Seventeenth-century impoldering projects such as the Beemster, financed with the help of a share issue, and the allotment of parcels in the peat and heathland reclamations areas starting in the eleventh century are examples of large-scale, systematically structured projects.[7] A spatial design often played an important guiding role here. The history of large-scale land reclamations culminated in the Noordoostpolder, where the designers were able to dictate everything, from polder structure to buildings and farmyard layout. In Belgium, on the other hand, there was hardly any systematic approach in the countryside. From the Middle Ages onwards there was a continuous process of condensation and intensification. This creeping urbanisation resulted in a highly layered landscape in which each period has left its mark. The countryside was defined to a much greater extent by private initiatives; as De Meulder and Vandenbroucke put it, it is a theatre of do-it-yourself. What defined the appearance of the Belgian countryside was not the design, but the process.

In both countries the time seems to be ripe for a different approach to the countryside. The Netherlands will have to get used to the idea that, despite legislated nature 'contours', the future of its landscape will be defined by condensation, intensification and blending. The development of the Dutch landscape will be increasingly determined by the processes that have defined the Belgian countryside for centuries. The Dutch situation, however, is still not comparable to that of Belgium. In Belgium, thanks to a laissez-faire policy and a deeply rooted culture of private initiative, there is great dynamism in the countryside. These programmatic and spatial dynamics take place mainly at the small-scale level; at the large-scale level the structure of the landscape is fairly constant. In the Netherlands, there is great dynamism at the large-scale level, while at the smaller-scale level, because of greater planning restrictions and the absence, for the most part, of a culture of particularism, there is far less dynamism. Is this a curse

mogelijk door middel van bemesting, hetgeen werd gestimuleerd door de over-
vloedige toevoer van mest uit de steden. De ontwikkeling van stad en platteland
zijn dan ook sterk verweven en het onderscheid tussen beide is vooral in de vroege Middeleeuwen niet absoluut. Op het platteland was al zeer vroeg sprake van
een bloeiende industrie, terwijl binnen de steden nog lange tijd allerlei gewassen
werden verbouwd en veel vee werd gehouden.[6] De voortgaande technologische
ontwikkeling en de groei van de handel in landbouwproducten resulteerden in
een steeds verdere specialisatie in de landbouw en de daaraan verbonden
industrie. Als gevolg hiervan specialiseren ook de stad en het platteland zich.
Beide domeinen krijgen een eigen rol in de opkomende agrarische economie. De
bewerking van melk, vlees, leer, vlas, wol, hop, et cetera vindt plaats in de fabrieken binnen de stadsmuren. Vooral de hoogwaardige productie vindt plaats in de
stad, en de stad verwerft voor veel van deze productieprocessen het alleenrecht.
De specialisatie van de stad en het platteland is het begin van een dichotomie die
wij tegenwoordig als vanzelfsprekend beschouwen. Paradoxaal genoeg is deze
dichotomie juist het gevolg van de verregaande economische verweving van stad
en platteland.

In de vorige eeuw kwam een einde aan de parallelle ontwikkeling van het
Nederlandse en Belgische platteland. De modernisatie van de landbouw leidt tot
een specialisatie van de landbouwbedrijven, een optimalisatie van de productie
en de grondopbrengsten. Dit werd mogelijk gemaakt door de groeiende afzetmarkt en de overheidsinterventies. Vanaf de jaren dertig heeft de Nederlandse
landbouw een enorme schaalsprong kunnen maken door grootschalige interventies: de Zuiderzeepolders en ruilverkavelingen. De grootschalige interventies
in Nederland staan in een lange traditie van planmatige ingrepen. Zeventiende-
eeuwse droogmakerijen als de Beemster, gefinancierd met behulp van een aan-
delenemissie, en de verloting van kavels in de veen- en heideontginningen vanaf
de xxe eeuw zijn voorbeelden van grootschalige planmatig opgezette projecten.[7]
Een ruimtelijk ontwerp speelde hier vaak een belangrijke sturende rol in. De
geschiedenis van de grootschalige landaanwinning culmineert in de Noordoostpolder, waarbij de ontwerpers alles konden bepalen, van polderstructuur tot
bebouwing en erfinrichting. In België is op het platteland daarentegen nauwelijks sprake van een duidelijke planmatige aanpak. Vanaf de Middeleeuwen is er
sprake geweest van een continu proces van verdichting en intensivering. Deze
sluipende verstedelijking heeft geleid tot een zeer gelaagd landschap waarin elke
periode haar sporen heeft achtergelaten. Het platteland is er in veel sterkere
mate bepaald door particuliere initiatieven, in de woorden van De Meulder en
Vandenbroucke: het is een theater van de *bricolage*. Niet het ontwerp maar het
proces is bepalend voor het aanzien van het Belgische platteland.

In beide landen lijkt het moment aangebroken om het platteland op een andere
wijze te benaderen. Nederland zal er aan moeten wennen dat, groene contouren
ten spijt, de toekomst van zijn landschap bepaald zal worden door verdichting,
intensivering en menging. De ontwikkeling van het Nederlandse platteland zal
steeds meer worden bepaald door de processen die het Belgische landschap al
eeuwenlang bepalen. De Nederlandse situatie blijft echter onvergelijkbaar met
die van België. In België is, dankzij een laissez-faire-politiek en een diepgewor-
telde cultuur van particulier initiatief, sprake van een grote dynamiek op het
platteland. Deze programmatische en ruimtelijke dynamiek vindt vooral plaats
op een laag schaalniveau, op een hoger schaalniveau is de structuur van het

8 Rik Herngreen
spreekt in dit verband
van de 'achtste trans-
formatie'. Naast zeven
sectorale transforma-
ties met een eigen
investeringsdynamiek
(water, landbouw,
'overige economische
en technologische
dynamiek', verkeer,
wonen, natuur en ver-
tier) pleit hij voor een
achtste transformatie
in het landelijk gebied.
Deze transformatieop-
gave zou een viertal
essentiële voor-
waarden in het lande-
lijk gebied moeten
waarborgen waaron-
der: 'de aanwezigheid
van een fijnmazig net-
werk van openbaar
toegankelijke lijn-
structuren en plekken
voor verpozing, (...)
de zorg voor over-
ruimte voor terloopse
functievervulling, (...)
apocriefe landschap en
nog onbekende pro-
gramma's (en) de zorg
voor enige samenhang
(...) zodat het canonie-
ke aspect "hoofdstruc-
tuur" overeind blijft.'
Het zijn voorwaarden
die door de autonome
processen in het
landelijk gebied in de
verdrukking dreigen
te raken. De achtste
transformatie heeft
echter een eigen
investeringsdynamiek
en zal moeten worden
georganiseerd. Zie:
Rik Herngreen, *De 8e
transformatie, Over
planning en regionale
identiteit*, Wageningen
2002.

9 Een voorbeeld
hiervan zijn de recon-
structieplannen voor
de zandgronden. Aan-
dacht voor de ruimte-
lijke kwaliteit wordt
vooral vertaald in aan-
dacht voor lange lij-
nen, grote structurele
landschapselementen.

10 Zie: Ton Lemaire,
*Filosofie van het land-
schap*, Baarn 1970.

11 Het onderscheid
tussen een pastoraal
en een alledaags plat-
teland zegt vooral iets
over de culturele bete-
kenis van het platte-
land, hoe het land-

ceived and the images we derive. It is especially in this area that the differences between the Netherlands and Belgium are most apparent. In the Dutch culture, despite a long rational tradition in agriculture, or probably because of it, the pastoral view of the countryside predominates, while in the Belgian culture the countryside is mainly perceived as an everyday space.

oase
63

12   Originally there was a close and organic relationship among all these elements in each area. The modernisation has severed this close relationship. Agricultural methods, crops and farms are no longer tied to a specific area. The countryside as an organic local system has been described, among others, by W.C.H. Staring, see the article by Joks Janssen in this *Oase*, p. 36. J.P.T. Bijhouwer has also described the relationship between landscape, farming methods and farm typology; see *Het Nederlandse landschap*, Amsterdam 1971, and *Nederlandse boerenerven*, Amsterdam 1943.

pag
6

13   See Kevin Kelly, 'Zwermen en netwerken`, pp. 30-56, *Oase* 2000, no. 53, *Network Urbanism*.

14   One might say that the orientation of the farm in the land reclamation areas, in which the residential portion is oriented to the public highway, was a first step in the urbanisation of the countryside, at least from a cultural viewpoint. The residential portion also became more independent in regard to the barns. Later, in the Noordoostpolder, this 'city-fication' was continued by adding a social significance to

or a blessing? The effort to control the spatial development of the countryside in the Netherlands has resulted in an open landscape. On the other hand, it has also resulted in the loss of accessibility, of small-scale structures and diversity, of a 'lived-in' atmosphere. The countryside in the Netherlands needs the in troduction of dynamism through the introduction of 'intelligent processes'. In Belgium, problems are concentrated in the silting up of the landscape as a result of 'spontaneous' processes. This begs the question of whether there is any remedy for the culture of 'particularism' and whether this form of countryside dynamism should not be treasured. At the same time, in an increasingly urbanised countryside, which can be labelled neither city nor countryside, there will be increasing demand for an 'other' space, a space which contrasts in scale and form with the endless do-it-yourself landscape. In Belgium, therefore, the challenge for the countryside will mainly consist of introducing carefully designed contrasts. The preceding is a brief summary of the processes and projects that have defined the appearance of the countryside in the past and will define it in years to come. Against this background of partly autonomous processes of transformation, the question will have to be what spatial characteristics should be developed and maintained in the countryside. The extensive 'urbanisation' of the countryside and the advent of new programmes are making the public space the focus of the design challenge.[8] The numerous spatial claims on the countryside make the question of which form of public character is desired an urgent one. The experience of the countryside is vital to this.

The countryside is defined by a number of evident characteristics: great structural elements such as rivers, woodlands, moors, avenues, brooks, et cetera, the open space between them and their relation to agriculture. The great landscape elements are highly defining for the visual perception and the public character of the landscape, and therefore it is understandable that they are the focus of most of the attention in landscape plans.[9] The most important characteristic of the countryside, however, is that it is an inhabited and cultivated landscape with a private character. This distinguishes it from 'nature'. It is the busy, lived-in countryside, first revealed in the pastoral landscapes of the seventeenth century.[10] Although the countryside is idealised in these landscapes, this pastoral quality, in spite of all the changes, is still recognisable in many places in the Netherlands. Alongside this there is a much more everyday, far less Arcadian variant of the countryside.[11] The perception of this countryside is mainly defined by generic elements, the farmyards and farmhouses, the paths, the small woodlands, farmyard borders, et cetera. Of these generic elements, the farmyards are the most stable factor. All these elements are part of a specific typological family. The interaction of these different typological families results in a 'structure' imposed on the landscape and as a whole defines the specificity of the countryside. The interaction of generic elements and the landscape defines the local character of an area.[12]

The structure of generic elements emerges 'from the bottom up'; a network logic applies here.[13] A characteristic example is the relationship between farms, farmyards and access roads. The original, complex patterns are the result of a limited number of typological dictates. These dictates come from a combination of two factors: the culturally determined organisation of the farmyard and the specific characteristics of the landscape in a particular area. The organisation of the farmyard is based on a universal principle: it is divided into a feminine and a

landschap tamelijk duurzaam. In Nederland is de dynamiek op een hoger schaalniveau juist groot terwijl op een lager schaalniveau, door de grotere planologische restricties en het goeddeels ontbreken van de cultuur van het particularisme, de dynamiek veel kleiner is. Is dit een vloek of een zegen? Het streven naar beheersing van de ruimtelijke ontwikkeling van het platteland heeft in Nederland geleid tot een open landschap. Daar tegenover staat echter een verlies van toegankelijkheid, van kleinschaligheid en diversiteit, van 'doorleefdheid'. In Nederland is op het platteland behoefte aan het introduceren van dynamiek door het introduceren van 'intelligente processen'. In België concentreert de problematiek zich op het dichtslibben van het landschap als gevolg van de 'spontane' processen. Daarbij is het zeer de vraag of er eigenlijk enig kruid gewassen is tegen de cultuur van het 'particularisme' en of men deze vorm van plattelandsdynamiek niet zou moeten koesteren. Tegelijkertijd zal in een verder 'verstedelijkt' platteland, dat stad noch platteland genoemd kan worden, de behoefte groeien aan een 'andere' ruimte, een ruimte die qua schaal en vorm contrasteert met het eindeloze *bricolage*-landschap. In België zal de opgave voor het platteland daarom vooral liggen in het introduceren van zorgvuldig ontworpen contrasten. Het bovenstaande geeft in vogelvlucht een beeld van de processen en opgaven die het aanzien van het platteland hebben bepaald en in de toekomst zullen bepalen. Tegen de achtergrond van deze, voor een deel autonome transformatieprocessen, zal men zich moeten afvragen welke ruimtelijke karakteristieken op het platteland ontwikkeld en behouden moeten worden. De verdergaande 'verstedelijking' van het platteland en de komst van nieuwe programma's plaatst de openbare ruimte als (ontwerp)opgave centraal.[8] Door de vele ruimtelijke claims op het platteland wordt de vraag welke vorm van openbaarheid gewenst is urgent. De beleving van het platteland staat daarbij centraal.

Het platteland wordt gekenmerkt door een aantal voor de hand liggende karakteristieken: de grote structurele landschapelementen zoals rivieren, bossen, heidevelden, lanen, beken, et cetera, de open ruimte daartussen en de relatie met de landbouw. De grote landschapselementen zijn zeer bepalend voor de visuele beleving en het openbare karakter van het landschap en het is daarom begrijpelijk dat in landschapsplannen daar de meeste aandacht naar uitgaat.[9] De belangrijkste karakteristiek van het platteland is echter dat het een bewoond en bewerkt landschap is met een privaat karakter. Daarin onderscheidt het zich van 'de natuur'. Het is het volle, doorleefde platteland, dat voor het eerst werd ontdekt in de pastorale landschappen van de zeventiende eeuw.[10] Hoewel het platteland in deze landschappen werd geïdealiseerd is deze pastorale kwaliteit op veel plekken in Nederland, ondanks de alle veranderingen, nog steeds herkenbaar. Daarnaast bestaat een veel alledaagser, veel minder arcadische variant van het platteland.[11] De beleving van dit platteland wordt vooral bepaald door generieke elementen, de erven en boerderijen, de paden, de kleine bossages, erfafscheidingen, et cetera. Van deze generieke elementen zijn de erven de meeste stabiele factor. Al deze elementen behoren tot een eigen typologische familie. Het samenspel van deze verschillende typologische families resulteert in een 'structuur' die over het landschap is gelegd en tezamen de specificiteit van het platteland uitmaken. Het samenspel van generieke elementen en het landschap bepaalt het streekeigen karakter van een gebied.[12]

De structuur van generieke elementen ontstaat 'van onderaf', er is hier sprake van een netwerklogica.[13] Een karakteristiek voorbeeld is de relatie tussen boer-

schap wordt beleefd en de beelden die we daarbij hebben. Het is vooral op dit vlak dat de verschillen tussen Nederland en België in het oog springen. In de Nederlandse cultuur overheerst, ondanks de lange rationele traditie in de landbouw, of waarschijnlijk juist daardoor, de pastorale blik op het platteland; terwijl in de Belgische cultuur het platteland vooral als een alledaagse ruimte wordt beleefd.

12 Oorspronkelijk was er in elke streek sprake van een hechte en organische relatie tussen al deze elementen. De modernisering heeft deze hechte relatie verbroken. Landbouwtechnieken, gewassen en boerderijen zijn niet meer gebonden aan een bepaalde streek. Het platteland als organisch streekgebonden systeem is o.a. onderzocht door W.C.H. Staring, zie artikel van Joks Janssen in deze *Oase*, p. 37. Ook J.P.T. Bijhouwer heeft de relatie tussen landschap, landbouwmethoden en boerderijtypologie beschreven zie: *Het Nederlandse landschap*, Amsterdam 1971, en *Nederlandse boerenerven*, Amsterdam 1943.

13 Zie: Kevin Kelly, 'Zwermen en netwerken', p. 30-56, *Oase* 2000, nr. 53, *Netwerkstedenbouw*.

14 Men zou kunnen zeggen dat de oriëntatie van de boerderij in de landaanwinningen, waarbij het woondeel op de openbare weg is gericht, een eerste stap is in de verstedelijking van het platteland, althans in cultureel opzicht. Het woondeel wordt ook steeds meer verzelfstandigd ten opzichte van de schuren. Later in de Noordoostpolder wordt deze 'verstadsing' doorgezet door aan de oriëntatie van

the orientation of the dwellings. This information is based on an interview with Greet Bierema on 27 September 2003. See also Greet Bierema and Els De Vries, *Boerenerven van de vier noordelijke provincies*, Zwolle 1994 and Yttje Feddes, in this *Oase*, p. 66.

15 The Low Countries are also in the unique position that the land has largely been in the hands of the farmers themselves and not, as in large areas of Europe, in the hands of a feudal class.

16 All the more because the interests of the government and of the farmers are no longer necessarily parallel. There are no funds to buy out farmers, which is necessary to get the restructuring of the sandy soils areas, the numerous nature development projects and the recreational areas off the ground. It is no coincidence that different sectoral interests are increasingly being linked. The linking of sectoral interests, however, is no guarantee for the integral quality of the countryside. On the contrary, in many cases, it involves plans that destroy the specific qualities of the countryside. The development of the Blauwe Stad in northeast Groningen is a good example of this. See Frank Westerman, *De Graanrepubliek*, Amsterdam 2003.

masculine side. This division comes from the original division of labour on the farm. The masculine side of the farm is always called the rear, the feminine side the front. In the rear is where the barns are and where the farmyard and the land are connected. It is dependent on the landscape structure in which the 'rear' is located. In the old lands the rear is oriented to the access way; on the new land (reclamations, polders) the rear is oriented to the parcel.[14] The organisation of the farmyard and the specific landscape structure together determine the accessibility of the countryside and the relationship between the private and the public (or collective) domain. It is precisely this accessibility and specific relationship between the public and the private domains that have to a large extent traditionally defined the perception of the countryside.

In the countryside, accessibility has traditionally been based on informal, implicit rules that have been created within a collective, such as the intricate access structure of the hub farmsteads in Twente, for example, or the church paths that linked the countryside populace with the churches and villages. As a result of all manner of programmatic and socio-cultural processes and because of spatial changes as a result of land consolidation or the construction of new infrastructure, many of these networks have fallen into disuse, become fragmented or disappeared. These informal networks, or fragments thereof, can be put to use in new situations. This does not entail developing these networks as an autonomous structure imposed from above. The challenge in the countryside is to develop a form of public character related to everyday life, not increase penetration per se. This is a contrast to the public character of recreational walking and cycling routes, which are being laid out as an autonomous world in the landscape, alongside and across the farmer's land. This involves a remarkable turnaround. The urban consumer expects the countryside to be entirely open and accessible. This ignores the fact that the landscape is for the most part in private hands.[15] In this regard, it is remarkable that in the Netherlands the government is proposing an ambitious transformation of the countryside, even though its authority over it is marginal.[16] The result is that the countryside is becoming part of a recreational landscape entirely attuned to the demands of the urban consumer. The consumer sees himself, as it were, reflected in the recreational landscape and this suddenly lands him in an empty space. The landscape has not been brought closer but rather put at a distance. Instead of this, the challenge for the countryside should be linking the development of the public domain to the development of the countryside as an inhabited and cultivated landscape.

derijen, erven en ontsluitingswegen. De oorspronkelijke, complexe patronen zijn het resultaat van een beperkt aantal typologische wetmatigheden. Deze wetmatigheden komen voort uit een combinatie van twee factoren: de cultureel bepaalde organisatie van het boerenerf en de specifieke kenmerken van het landschap en de landbouw in een bepaalde streek. De organisatie van het boerenerf is gebaseerd op een universeel principe: het is opgedeeld in een vrouwelijke en een mannelijke kant. Deze verdeling komt voort uit de oorspronkelijke arbeidsverdeling op de boerderij. De mannelijke kant wordt op de boerderij altijd de achterkant genoemd, de vrouwelijke kant de voorkant. Aan de achterzijde staan de schuren en wordt het erf en het land ontsloten. Het is afhankelijk van de landschappelijke structuur waar de 'achterzijde' zich bevindt. In het oude land is de achterzijde gericht op de ontsluiting, op het nieuwe land (ontginningen, polders) is de achterzijde gericht op de kavel.[14] De organisatie van het erf en de specifieke landschapstructuur bepalen tezamen de toegankelijkheid van het platteland en de verhouding tussen het private en het publieke (of collectieve) domein. Het zijn juist de toegankelijkheid en de specifieke verhouding tussen het publieke en het private domein die in hoge mate de beleving van het platteland altijd hebben bepaald.

Op het platteland is de toegankelijkheid vanouds gebaseerd op informele, impliciete regels die binnen een collectief zijn ontstaan zoals bijvoorbeeld de fijnmazige ontsluitingsstructuur van de knooperven in Twente of de kerkenpaden die de plattelandsbevolking met de kerken en dorpen verbond. Als gevolg van allerlei programmatische en sociaal culturele processen en door ruimtelijke veranderingen ten gevolge van ruilverkavelingen of de aanleg van nieuwe infrastructuur zijn veel van deze netwerken in onbruik geraakt, gefragmenteerd of verdwenen. In nieuwe situaties kunnen deze informele netwerken, of fragmenten daarvan, worden ingezet. Het gaat er daarbij niet om deze netwerken als een autonome, van bovenaf opgelegde structuur te ontwikkelen. De opgave op het platteland is de ontwikkeling van een vorm van openbaarheid die gerelateerd is aan het alledaagse leven, niet vergroting van de doordringbaarheid per se. Dit is tegengesteld aan de openbaarheid van de recreatieve wandel- en fietsroutes die als een autonome wereld in het landschap worden gelegd, langs en door het land van de boer. Er is hier sprake van een merkwaardige omdraaiing. De stedelijke consument verwacht van het platteland dat het geheel open en toegankelijk is. Men gaat daarbij voorbij aan het feit dat het landschap voor het grootste deel in handen is van particulieren.[15] Het is wat dat betreft opmerkelijk dat in Nederland de overheid een ambitieuze transformatie van het platteland voorstelt, terwijl de zeggenschap die ze daar over heeft marginaal is.[16] Het gevolg is dat het platteland onderdeel wordt van het recreatieve landschap dat geheel afgestemd wordt op de behoeften van de stedelijke consument. De consument ziet zichzelf als het ware weerspiegeld in het recreatieve landschap en belandt daarmee plotseling in een leegte. Het landschap is niet naderbij gekomen, maar eerder op een afstand geplaatst. In plaats daarvan zou de opgave voor het platteland moeten zijn de ontwikkeling van het openbare domein te koppelen aan de ontwikkeling van het platteland als bewoond en bewerkt landschap.

de woningen een sociale betekenis toe te voegen. Deze informatie is gebaseerd op een gesprek met Greet Bierema op 27 september 2003. Zie ook: Greet Bierema en Els de Vries, *Boerenerven van de vier noordelijke provincies*, Zwolle 1994 en Yttje Feddes, in deze *Oase*, p. 67.

15 De Lage Landen bevinden zich bovendien in de bijzondere positie dat de grond voor een groot deel altijd in handen is geweest van de boeren zelf en niet, zoals in grote delen van Europa, in handen van een feodale klasse.

16 Temeer daar de belangen van de overheid en boeren niet meer vanzelfsprekend parallel lopen. Geld om de boeren uit te kopen, nodig om de herstructurering van de zandgronden, de vele natuurontwikkelingsprojecten en de recreatiegebieden van de grond te krijgen, is er niet. Het is niet voor niets dat steeds vaker verschillende sectorale belangen aan elkaar worden gekoppeld. De koppeling van sectorale belangen waarborgt echter niet de integrale kwaliteit van het platteland. Integendeel, in veel gevallen gaat het om plannen die de specifieke kwaliteiten van het platteland tenietdoen. De ontwikkeling van de Blauwe Stad in is daarvan een goed voorbeeld. Zie: Frank Westerman, *De Graanrepubliek*, Amsterdam 2003.

Nederland, Roden 1899

Belgie, Kortemark 1900

oase
63

pag
11

Nederland, Roden 1958

Belgie, Kortemark 1949

Nederland, Roden 1970

Belgie, Kortemark 1962

Nederland, Roden 2001

Belgie, Kortemark 2001

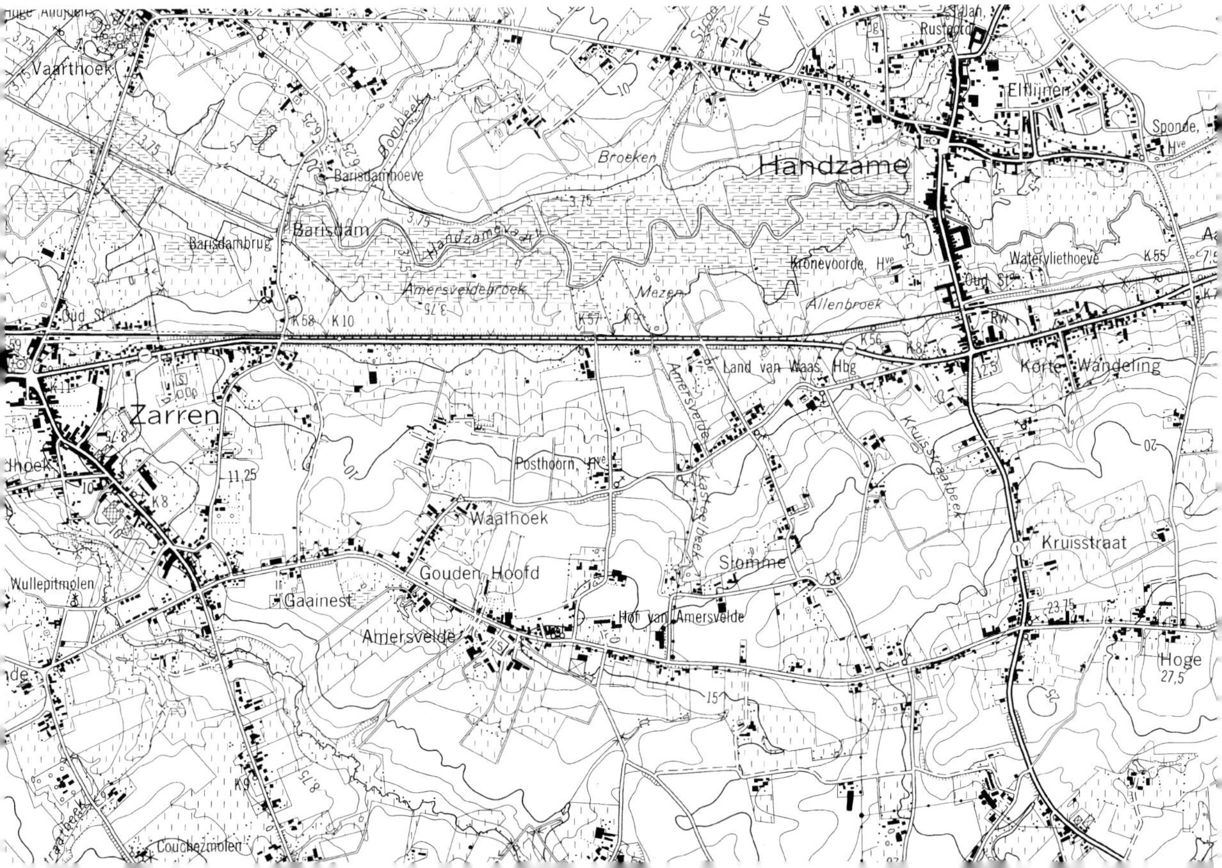

1   This article is an initial product of the project 'Skyline Vlaanderen' ('Flanders Skyline'), a survey into the visual conception and design of new landscapes, started within the Labo Stedenbouw (Urban Planning Laboratory) of the Department of Architecture & Urban Planning at Ghent University, under the direction of Pieter Uyttenhove and Philippe Van Wesenbeeck, and coordinated by Bruno Notteboom. The photos by Jan Kempenaers were made available by the Flemish Architecture Institute, those by Georges Charlier by the National Botanic Garden of Belgium, for which we extend our thanks.

2   L.Lebart, 'Chronophotographie et évaluation', Séquences Paysages, Revue de l'Observatoire photographique du paysage 2 (2000), pp. 7-10.

3   J. Desmet, Moeder natuur naakt!, Utrecht / Louvain, 1994, p. 166 and J. Massart, Les naturalistes actuels et l'étude de la nature, Brussels, 1913.

oase
63

pag
14

Bruno Notteboom and Pieter Uyttenhove

A documentary of the Flemish Countryside [1]
Photography of Jean Massart, Georges Charlier and Jan Kempenaers 1904 – 2003

The landscape was long the domain of farmers and engineers. When it comes to agriculture, urban planning often goes no further than colouring in yellow zones in regional plans or quantifying hectares of farmland. The spatial impact of agricultural evolutions such as the scale increase in production, the selection of particular crops, the industrialisation of livestock breeding or the setting of environmental standards is scarcely defined. The Flemish Architecture Institute aims to change this. Photograperher Jan Kempenaers was commissioned by the institute to produce a photographic documentary on the landscape. This involves updating a record of the 60 landscapes photographed by Georges Charlier in 1980 for the National Botanic Garden of Belgium for the exhibition and eponymous book *Landschappen in Vlaanderen vroeger en nu. Van groene armoede naar grijze overvloed* ('Landscapes in Flanders in the Past and Present – From Green Poverty to Grey Abundance'). These landscape pictures were themselves a resumption of a selection out of hundreds of pictures taken by the botanist Jean Massart between 1904 and 1911 for his research into the phyto-geography (the cohesion between geography and plant growth) in Belgium.

The Massart-Charlier-Kempenaers photo series is what was dubbed a 'chronophotographic' series in the nineteenth century. [2] The succession of pictures from about 1900, 1980 and 2003 provides a unique insight into the transformation of the Flemish landscape during the twentieth century.

About a hundred years ago Jean Massart picked his viewpoints in the landscape primarily based on strict scientific considerations. He was striving for a picture that showed a particular natural vegetation or cultivation in cohesion with the geography of the site. Both the Charlier and Kempenaers projects were confined to the resumption of these exact same pictures. Some of the pictures by Charlier and Kempenaers, therefore, are of little interest in themselves, for example when the photographer of 1980 or 2003 stands right by a corn field or in the middle of an industrial site. These days, Massart's viewpoints are not located in the most fascinating places, from a purely photographic standpoint, although they are so within the evolution of the landscape. These photos derive their value solely from their position in the triple series.

In other cases the landscape has apparently barely changed in a hundred years. A portion of Massart's landscapes later became nature reserves – the so-called *sites Massart*. He was the basis, for instance, for the preservation of the Soignes Forest near Brussels. Massart was an advocate for the protection of landscapes, not out of a romanticising of nature, but because of its research and usage value for biology and agriculture. [3] Whether in large-scale spatial interventions or landscapes that have remained intact, in either case the biologist, the agricultural expert or the farmer sees microtransformations, such as the reduction in the number of plant species. There lies the import of this photo series: it focuses attention on the qualities that really define the character of the landscape (on various levels of scale). The photo series acquire significance through the interpretation of biologists, geographers, residents and farmers.

Bruno Notteboom en Pieter Uyttenhove

Een documentaire van het Vlaamse platteland[1]
Fotografie van Jean Massart, Georges Charlier en Jan Kempenaers 1904 – 2003

Het landschap was lange tijd het domein van boeren en ingenieurs. Als het over landbouw gaat, beperken de planologie en stedenbouw zich vaak tot het inkleuren van gele zones in gewestplannen of tot het kwantificeren van hectares landbouwgrond. De ruimtelijke impact van de landbouwtechnische evoluties zoals de schaalvergroting van de productie, de keuze van bepaalde gewassen, de industrialisering van de veeteelt of milieunormeringen is nauwelijks in beeld gebracht. Het Vlaams Architectuurinstituut (VAi) heeft zich ten doel gesteld hierin verandering te brengen. Fotograaf Jan Kempenaers kreeg van het VAi de opdracht voor een fotografische documentaire over het landschap. Het ging om een actuele opname van de zestig landschappen die Georges Charlier fotografeerde in 1980 in opdracht van de Nationale Plantentuin van België voor de tentoonstelling en het gelijknamige boek *Landschappen in Vlaanderen vroeger en nu. Van groene armoede naar grijze overvloed*. Deze landschapsbeelden waren op hun beurt een herneming van een selectie uit honderden beelden die de botanicus Jean Massart tussen 1904 en 1911 maakte voor zijn onderzoek naar de fytogeografie (de samenhang tussen geografie en plantengroei) in België.

De fotoreeks Massart-Charlier-Kempenaers is wat in de negentiende eeuw een 'chronofotografische' reeks werd genoemd.[2] De opeenvolgende beelden van rond 1900, 1980 en 2003 bieden een uniek inzicht in de transformatie van het Vlaams landschap tijdens de twintigste eeuw.

Jean Massart koos zo'n honderd jaar geleden zijn standpunten in het landschap in de eerste plaats vanuit strikt wetenschappelijke overwegingen. Hij zocht naar een beeld dat een bepaalde natuurlijke vegetatie of cultuur in samenhang met de geografie van de *site* het best weergaf. De opdracht aan Charlier en Kempenaers was in beide gevallen beperkt tot het hernemen van exact deze beelden. Sommige beelden van Charlier en Kempenaers zijn daardoor *op zichzelf* weinig interessant, bijvoorbeeld wanneer de fotograaf anno 1980 of 2003 vlak voor een maïsveld staat of midden op een industrieterrein. De standpunten van Massart bevinden zich heden ten dage niet op de boeiendste plekken vanuit een louter fotografisch standpunt, wel binnen de evolutie van het landschap. De foto's verlenen hun waarde dan enkel uit hun positie in de reeks van drie.

In andere gevallen is het landschap in honderd jaar tijd ogenschijnlijk nauwelijks veranderd. Een deel van Massarts landschappen is naderhand natuurgebied geworden – de zogenaamde 'sites Massart'. Zo lag de inzet van Massart bijvoorbeeld aan de basis van de bescherming van het Zoniënwoud bij Brussel. Hij beijverde zich voor de bescherming van landschappen, niet vanuit een romantisering van de natuur, maar vanuit de studie- en gebruikswaarde ervan voor de biologie en de landbouw.[3] Of het nu gaat om grootschalige ruimtelijke ingrepen of om de landschappen die behouden zijn gebleven, in beide gevallen ziet de bioloog, de landbouwdeskundige of de boer microtransformaties zoals de reductie van het aantal plantensoorten. Deze microtransformaties zijn vaak veel ingrijpender dan grootschalige ingrepen. Hierin schuilt het belang van deze fotoreeks: hij vestigt de aandacht op de eigenschappen die het karakter van het landschap

1 Dit artikel is een eerste neerslag van het project 'Skyline Vlaanderen', een onderzoek naar beeldvorming en ontwerp van nieuwe landschappen dat binnen het Labo Stedenbouw van de vakgroep Architectuur & Stedenbouw aan de Universiteit Gent is opgestart onder leiding van Pieter Uyttenhove en Philippe Van Wesenbeeck, en dat wordt gecoördineerd door Bruno Notteboom. De foto's van Jan Kempenaers werden ter beschikking gesteld door het Vlaams Architectuurinstituut (VAi), die van Georges Charlier door de Nationale Plantentuin van België, waarvoor dank.

2 L. Lebart, 'Chronophotographie et évaluation', themanummer 'Séquences Paysages', *Revue de l'Observatoire photographique du paysage*, 2 (2000), pp. 7-10.

3 J. Desmet, *Moeder natuur naakt!*, Utrecht / Leuven 1994, p. 166 en J. Massart, *Les naturalistes actuels et l'étude de la nature*, Brussel 1913.

4   P. Uyttenhove, 'Utopie et espace du réformisme en Belgique (1830-1944)', 1988 (unpublished lecture).

5   É. Vandervelde, *L'exode rural et le retour aux champs*, Brussels, 1901.

6   É. Vandervelde and J. Massart, *Parasitisme organique et parasitisme social*, Paris, 1898; see also: É. Vandervelde, J. Demoor and J. Massart, *L'Evolution régressive en biologie et sociologie*, Paris, 1897. A similar interaction between social and biological sciences can also be found in the theories and survey methods of Patrick Geddes, for example.

7   Among others, in J. Massart, *Collection de cartes, schemas, profiles, coupes, tableaux etc. relatifs aux excursions scientifiques organisées par l'Extension de 1904 à 1908*, Brussels, 1909; J. Massart, *Esquisse de la Géographie botanique de la Belgique (Vol I and II)*, Brussels, 1910; J. Massart, *Nos Arbres*, Brussels, 1912.

Massart: Reportages in the Landscape

In contrast to most clinical biologists of the turn of the twentieth century, Massart's laboratory was the landscape. As a farmer's son he displayed a predilection for generic, cultivated landscapes. Precisely because his interest lay in the interaction between man and nature under the influence of agriculture, Massart's combinations of photographs, sketches, charts and tables are more significant than ever in understanding the landscape.

Massart's inventory work was in keeping with the scientific, political and economic climate of the end of the nineteenth century in Belgium. The boundaries between these areas of expertise were less sharply defined at the time.[4] Although Massart continually strived to operate as a scientist and was not given to speculations, he did lend his knowledge of biology to shoring up the political ideal of the leading socialist Émile Vandervelde (1866–1938) – the emancipation of the working class. This emancipation was to be implemented through the union of an agrarian and industrial way of life with a 'return to the fields'.[5]

In *Parasitisme organique et parasitisme social* ('Organic Parasitism and Social Parasitism'), in 1898, Massart describes parasitism in biology, and Vandervelde expounds on the noxious effects of social parasites such as slumlords and large landowners, endemic to capitalism. Massart thus indirectly contributes the 'scientific' support for Vandervelde's case for a collective use of land.[6]

Later Massart would turn his knowledge of the landscape to reporting on the damage inflicted by German troops during the First World War. Massart's methods in garnering knowledge on the landscape were strictly scientific, yet he was quite conscious of the fact that this knowledge had to be continually interpreted and transmitted. Standard works on phytogeography, such as 1910's *Esquisse de la géographie en Belgique* ('Sketch of Geography in Belgium') would later form the basis for more popularising didactic material on the landscape, such as 'Nos Arbres' ('Our Trees'), about trees and how they occur in the landscape. In this way he was able to put his stamp on the image of the Belgian landscape in the minds of a wide audience.[7]

Visits to the Landscape

By means of six series of photographs, we aim to show the transformation of the landscape under the influence of agriculture. The text fragments below, accompanying the pictures by Massart and Charlier, are quoted from *Landschappen in Vlaanderen vroeger en nu. Van groene rijkdom naar grijze armoede*, written in 1980 by botanist Leo Vanhecke of the National Botanic Garden of Belgium. The texts accompanying the pictures from 2003 are excerpts from interviews with Leo Vanhecke, Paul Van der Sluys, rural expert with the Flemish Land Agency, and Jan Kempenaers, photographer. This reading is no observation devoid of foreknowledge – it is after all the work of experts. The structure of the photo series itself guides the reading of the landscape. This does not mean, however, that this is a case of a preconceived story. The pictures evolve into a story about the landscape, often from an anecdote or a small-scale observation, a method with which Massart himself was not unfamiliar.

(op verschillende schaalniveaus) werkelijk bepalen. De fotoreeksen winnen aan betekenis door de interpretatie van biologen, geografen, bewoners en boeren.

Massart: reportages in het landschap

In tegenstelling tot de meeste klinische biologen van rond de eeuwwisseling was voor Massart het landschap het laboratorium. Als boerenzoon vertoonde hij een voorliefde voor generische, cultuurgebonden landschappen. Omdat zijn interesse juist uitging naar de interactie tussen mens en natuur onder invloed van de landbouw, zijn Massarts combinaties van foto's, schetsen, kaarten en tabellen meer dan ooit van belang om het landschap te begrijpen.

Het inventarisatiewerk van Massart paste in het wetenschappelijk, politieke en economische klimaat aan het einde van de negentiende eeuw in België. De grenzen tussen de kennisdomeinen waren destijds minder scherp gedefinieerd.[4] Hoewel Massart er steeds naar streefde om als wetenschapper te werk te gaan en zich niet waagde aan speculaties, leende hij zijn kennis van de biologie wel ter onderbouwing van het politiek ideaal van de socialistische voorman Émile Vandervelde (1866–1938): de emancipatie van de arbeidersklasse. Deze emancipatie zou bewerkstelligd moeten worden door de vereniging van een agrarische en een industriële levenswijze en de 'terugkeer naar de velden'.[5]

In *Parasitisme organique et parasitisme social* uit 1898 beschrijft Massart het parasitisme in de biologie, en zet Vandervelde de schadelijke effecten uiteen van sociale parasieten zoals huisjesmelkers en grootgrondbezitters, die eigen zijn aan het kapitalisme. Massart levert daarmee indirect de 'wetenschappelijke' onderbouwing voor Vanderveldes pleidooi voor een collectief grondgebruik.[6] Later zal Massart zijn kennis van het landschap aanwenden voor zijn verslaggeving van de schade die de Duitse troepen tijdens de Eerste Wereldoorlog aanrichtten. Massarts methode om kennis over het landschap te vergaren was strikt wetenschappelijk, tegelijkertijd was hij er zich van bewust dat deze kennis steeds geïnterpreteerd en overgedragen moest worden. Standaardwerken over de fytogeografie zoals *Esquisse de la géographie en Belgique* uit 1910 vormden later de basis voor meer populariserend didactisch materiaal over het landschap, zoals 'Nos Arbres', over bomen en hoe ze in het landschap voorkomen. Massart heeft daarmee bij een breed publiek zijn stempel gedrukt op het beeld van het Belgische landschap.[7]

Bezoeken aan het landschap

Aan de hand van zes beeldenreeksen trachten we de transformatie van het landschap onder invloed van de landbouw weer te geven. De onderstaande tekstfragmenten bij de beelden van Massart en Charlier zijn geciteerd uit *Landschappen in Vlaanderen vroeger en nu. Van groene rijkdom naar grijze armoede*, in 1980 geschreven door plantkundige Leo Vanhecke van de Nationale Plantentuin van België. De teksten bij de beelden uit 2003 zijn fragmenten uit gesprekken met Leo Vanhecke, Paul Van der Sluys, plattelandsdeskundige van de Vlaamse Landmaatschappij, en Jan Kempenaers, fotograaf. Deze lezing van het landschap is geen observatie zonder voorkennis, ze wordt tenslotte gedaan door deskundigen. Ook de opzet van de fotoreeksen geeft richting aan de lezing. Dat wil echter nog niet zeggen dat er sprake is van een vooraf bedacht verhaal. De beelden groeien uit tot een verhaal over het landschap, vaak vanuit een anekdote of een observatie op de kleine schaal – een methode die ook Massart niet vreemd was.

4   P. Uyttenhove, 'Utopie et espace du réformisme en Belgique (1830–1944)', 1988 (niet-gepubliceerde lezing).

5   É. Vandervelde, *L'exode rural et le retour aux champs*, Brussel 1901.

6   É. Vandervelde, J. Massart, *Parasitisme organique et parasitisme social*, Parijs 1898; zie ook: É. Vandervelde, J. Demoor, J. Massart, *L'Evolution regressive en biologie et sociologie*, Parijs 1897. Een dergelijke wisselwerking tussen sociale en biologische wetenschappen is ook terug te vinden in de theorieën en surveymethodes van bijvoorbeeld Patrick Geddes.

7   O.a. in J. Massart, *Collection de cartes, schemas, profiles, coupes, tableaux etc. relatifs aux excursions scienentifiques organisées par l'Extension de 1904 à 1908*, Brussel 1909; J. Massart, *Esquisse de la Géographie botanique de la Belgique* (deel I en II), Brussel 1910; J. Massart, *Nos Arbres*, Brussel 1912.

The Krekelbeek Valley Between Kortemark and Handzame

Jean Massang, 1911

1911

'A markedly diversified and small-scale landscape, where full-grown poplars and several large farmsteads with outbuildings block the view into the distance. Between the lower edge of the photo and the farmsteads left of the road, one can easily distinguish eight different landscape elements and cultivations. In the foreground a "family" flax pit, used to soak flax.[8] Around the pit, poplars and a lot of flax offal. All the way in the front (indistinct) nitrophile vegetation including stinging nettles. Between the parcels and the rural road, a side channel of the Krekelbeek which had just been deepened (dredgings on the banks). Three small parcels with various crops: root crops (fodder-beet? turnip?), rye (?) and potato (?). Grass meadow. Grain field. Row of poplars (indicating the further course of the side channel). In addition, in the background, in front and in back of the large farmstead, one can make out a hedge, part of which has grown into brushwood. Along the right-hand side of the road a shallow ditch and, presumably, a recently trimmed tree screen.' (Leo Vanhecke in 1980)

1980

'The farmsteads and poplars are gone, and one can now clearly make out a valley in the open land. To the left of the road, all the former small and large parcels have been grouped together. The various forms of cultivation have been levelled into one large grass expanse of the field-grass or rye-grass type, which in places, where the farmsteads once stood, is somewhat rougher. The boundaries of the former parcels and the circumference of the flax pit can still be made out. The side channel of the Krekelbeek, alongside the now paved roadway, and the farmstead to the right of the road are gone. The parcel boundary lines have been maintained. Along the right-hand side of the road, young trees have recently been planted. On the road embankments on the left and right, as the most noticeable weed species (dark bush-like plants), the stinging nettle runs riot.' (Leo Vanhecke in 1980)

2003

'The 2003 picture shows only a number of small mutations compared with 1980, such as the road that has been repaved and widened a bit, and small changes in the buildings. The decline in diversity due to scale expansion, however, has been made complete. The circumference of the flax pit can no longer be seen.

Deforestation in the area has made the soil steadily more marshy and less suited to construction. The disappearance of the rows of trees and the farmstead in this location therefore fits into the logic of the transformation of a landscape under new agricultural methods. One should not always greet this with nostalgia. It can also be positive – the result is simply different landscapes. In this case, for instance, you see much more open valley structure; before that the rows of trees created a curtain effect. It would be an illusion to restore a transformed landscape. The original landscape may have been interesting from a landscape point of view, but not as valuable biologically. It can now have more interest as a floodplain.' (Leo Vanhecke in 2003)

'In the course of this series the landscape has been totally transformed. An area that had formerly been used for arable farming is now used for large-scale livestock farming, a phenomenon encountered throughout Flanders. Deforestation means water flows directly into the creeks, causing many floods in recent years. In the future, such an area can acquire a new use as a regulated floodplain or wetland. Of course this will create a conflict between agriculture and nature. Farmers do not take kindly to losing their arable lands, while wetlands are welcomed by nature conservancies, because new biotopes arise, on the condition that the water is clean.' (Paul Van der Sluys in 2003)

Georges Charlier, 1980

Jan Kempenaers, 2003

8   'Roten', or soaking, is the constant exposure of flax stalks to moisture in order to be able to process them into textile fibres.

De vallei van de Krekelbeek
tussen Kortemark en Handzame

1911

'Een uitgesproken gediversifieerd en kleinschalig landschap, waar volgroeide populieren en enkele grote hoeven met bijgebouwen een vergezicht verhinderen. Tussen de benedenrand van de foto en de hoeven links van de weg kan men gemakkelijk acht verschillende landschapselementen en teelten onderscheiden. Op de voorgrond een "familiale" vlasput, gebruikt om het vlas te roten.[8] Rondom de put, populieren en veel vlasstrooisel. Helemaal vooraan (onduidelijk), nitrofiele vegetatie met grote brandnetel. Tussen de percelen en de landweg, een zijsloot van de Krekelbeek die net uitgediept werd (bagger op de boorden). Drie perceeltjes met verschillende gewassen: hakvruchten (voederbiet? raap?), rogge (?) en aardappel (?). Grasweide. Graanakker. Populierenrij (geeft de verdere loop van de zijsloot aan). Voorts, op de achtergrond, voor en achter de grote hoeve, kan men nog een deels tot struweel uitgegroeide haag bemerken. Langs de rechterzijde van de weg een ondiepe greppel en, vermoedelijk, een recent gekapte houtkant.'
(Leo Vanhecke in 1980)

1980

'De hoeven en populieren zijn verdwenen en duidelijk kan men nu in de open vlakte een vallei herkennen. Links van de weg werden alle vroegere kleine en grote percelen aaneengeklonken. De verschillende teelten werden genivelleerd tot één grote graasvlakte van het beemdgras-raaigrastype, die plaatselijk, waar de hoeven stonden, wat ruiger is. De grenzen van de vroegere percelen en de omtrek van de vlasput zijn nog goed terug te vinden. De zijsloot van de Krekelbeek, langs de nu verharde weg, en de hoeve rechts van de weg zijn verdwenen. De perceelsgrens bleef er behouden. Langs de rechterzijde van de weg werd recent jong hout geplant. Op de wegbermen links en rechts tiert welig, als meest opvallende kruidige soort (donkere struikvormige planten), de brandnetel.'
(Leo Vanhecke in 1980)

2003

'Het beeld van 2003 toont slechts een aantal kleine mutaties ten opzichte van 1980, zoals de weg, die opnieuw geasfalteerd en iets breder is, en kleine veranderingen in de gebouwen. De afname in diversiteit door de schaalvergroting is echter vervolmaakt. De omtrek van de vlasput is niet meer te zien.

Door de ontbossing in de streek werd de grond steeds drassiger en minder geschikt om te bebouwen. Het verdwijnen van de bomenrijen en de hoeve op die plaats past dus in de logica van de transformatie van een landschap door nieuwe landbouwmethodes. Men moet daar niet altijd nostalgisch over doen. Dit is ook positief, je krijgt gewoon andere landschappen. In dit geval bijvoorbeeld zie je veel meer open valleistructuur, daarvoor was er een gordijnwerking door de bomenrijen. Het is illusoir een getransformeerd landschap te herstellen. Het oorspronkelijk landschap was landschappelijk wel interessant, maar biologisch niet zo waardevol. Het kan nu interessanter zijn als overstromingsgebied.'
(Leo Vanhecke in 2003)

'Doorheen deze reeks is het landschap totaal getransformeerd. Een gebied dat vroeger voor akkerbouw werd gebruikt, dient nu vooral voor grootschalige veeteelt, een fenomeen dat overal in Vlaanderen terug te vinden is. Door de ontbossing stroomt het water meteen in de beken, waardoor er de laatste jaren veel overstromingen zijn. In de toekomst kan een dergelijk gebied een nieuw gebruik krijgen als gereguleerd overstromingsgebied of vernattingsgebied. Natuurlijk krijg je dan wel een conflict tussen landbouw en natuur. Boeren zien hun landbouwgronden niet graag verloren gaan, terwijl vernatting voor natuurverenigingen wel welkom is, omdat nieuwe biotopen ontstaan, op voorwaarde dat het water wel proper is.'
(Paul Van der Sluys in 2003)

8   Roten is vlasstengels aan voortdurende bevochtiging blootstellen om ze tot textielvezels te kunnen verwerken.

Arable Lands in Ruiselede

1905

'As barely tillable as they are, these sandy soils have contributed to the establishment of a dense agrarian population. Everyone tills his own piece of land, but because crop rotation is essential, the already minute properties are even further subdivided into different cultivations. The result is a patchwork of fertile miniature fields. Another typical aspect of the Flemish sandy-soil region is the numerous, perfectly finished haystacks (rye) in the field. One distinguishes two types: a bell-shaped one in the front and a more generally distributed, double-cone type with thatched roof covers. This is how part of the grain would be stored on the spot where it was harvested. It would be transported to the farm as the threshing progressed. A shortage of adequate storage space, but especially the fear of a total destruction of the harvest in an accidental barn fire, kept these haystacks in the field.[9] The grain mill on the left was built in 1840, when, evidently, this still seemed viable. It is a brick tower mill with a mansard-roof typical of the region (East and West Flanders). In the foreground to the left one can make out an orchard enclosed by a hedge.'
(Leo Vanhecke in 1980)

1980

'This photo was taken from the roof of a slaughterhouse (foreground). This landscape evolved from a small scale taken to the extreme into the monotony of the modern grass meadow. Here again we see the same two facets: the conversion of arable land into pastureland and scale expansion. A large proportion of the lands also lost its agrarian significance and acquired a more or less residential designation (lots of new construction and large gardens). The large hangarlike building on the left is a pig farm, now typical of the sandy-soil region, which has the greatest concentration of pigs in the country.[10] The mill was made a landmark, but more importantly, it is still in full operation.'
(Leo Vanhecke in 1980)

2003

The photo was again taken from the roof of the slaughterhouse. The mill is no longer in use, but one sail can still be seen among the trees.
'The number of landscape elements has been drastically reduced here. If one were to count them, they would go from 1,000 to 100 to 10. From a landscape standpoint this may make it poorer, but biologically, linear elements in the landscape are sometimes more interesting. The fields that became grassland have been replaced here by a paved parking lot. The pig-breeding farm is a typical example of an agriculture that is disconnected from the soil, and which acquires an entourage of all manner of ancillary industries, such as the slaughterhouse. The mill in the landscape is steadily becoming a nostalgic image that no longer has any relation to current agriculture.' (Leo Vanhecke in 2003)
'The screens of greenery around the farms are a typical way of "protecting" the landscape. Often very fast-growing plant species are selected for these green screens. This sometimes means throwing out the bay with the bathwater: you no longer see the farms, only compartments. You might wonder if the problem of so-called ugliness should not be resolved by stimulating better architecture for farm buildings.' (Paul Van der Sluys in 2003)

9   P. Lindemans, *Geschiedenis van de landbouw in België* (two parts), Antwerp, 1952.

10   L. Van Acker, 'Het probleem van de mestoverschotten', *Leefmilieu*, 3, pp. 77-83.

Landbouwgronden in Ruiselede

1905

'Licht bewerkbaar als ze zijn, hebben deze zandgronden de vestiging van een dichte agrarische bevolking in de hand gewerkt. Ieder bewerkt zijn eigen stukje grond, maar omdat afwisseling in de vruchtopeenvolging noodzakelijk is, zijn de al kleine eigendommen nog verder opgesplitst over verschillende teelten. Het resultaat is een lapjesdeken van vruchtbare miniatuurakkertjes. Typisch ook voor de Vlaamse zandstreek zijn de vele, perfect afgewerkte stromijten (rogge) op het veld. Men bemerkt twee typen: een stolpvormig vooraan en een meer algemeen verspreid, dubbelconisch type met rieten dakbedekking. Aldus werd een deel van het graan bewaard op de plaats waar het gewonnen werd. Het werd naar de hoeve gevoerd naarmate het dorsen vorderde. Gebrek aan voldoende bergruimte, maar vooral ook de vrees voor een totale vernietiging van de oogst bij een ongelukkige schuurbrand, hielden die mijten op de akker in stand.[9] De korenmolen links werd gebouwd in 1840, toen dit blijkbaar nog zinvol leek. Het is een stenen bovenkruier met streekeigen (Oost- en West-Vlaamse) mansardekap. Linksvoor bemerkt men nog een boomgaard omgeven door een haag.' (Leo Vanhecke in 1980)

1980

Deze foto werd genomen vanaf het dak van een slachthuis (voorgrond). Dit landschap evolueerde van een op de spits gedreven kleinschaligheid naar de monotonie van de moderne graasweide.

'Ook hier weer twee dezelfde facetten: het omzetten van akkerland tot weiland en de schaalvergroting. Een flink deel van de gronden verloor bovendien helemaal zijn agrarische betekenis en kreeg een min of meer residentiële bestemming (veel nieuwbouw en grote tuinen). Het grote loodsachtige gebouw links is een varkenshouderij, nu typisch voor de zandstreek met de grootste varkensdichtheid van ons land.[10] De molen werd geklasseerd, maar wat belangrijker is, hij is nog volop in bedrijf.'
(Leo Vanhecke in 1980)

2003

De foto werd opnieuw genomen vanaf het dak van het slachthuis. De molen is niet meer in gebruik, maar één wiek is nog altijd te zien tussen de bomen.

'Het aantal landschapselementen is hier wel zeer drastisch verminderd. Mocht je ze tellen, dan gaat het van 1000 naar 100 naar 10. Landschappelijk wordt het misschien armer, maar biologisch zijn lineaire elementen in het landschap soms interessanter. De akkers die grasland waren geworden, zijn hier vervangen door een verharde parking. De varkenskwekerij is een typisch voorbeeld van een landbouw die losgekoppeld is van de bodem, en een entourage krijgt van allerlei nevenindustrieën zoals het slachthuis. De molen in het landschap wordt steeds meer een nostalgisch beeld dat niets meer te maken heeft met de huidige landbouw.'
(Leo Vanhecke in 2003)

'De groenschermen rond de bedrijven zijn een typische manier om het landschap te "beschermen". Voor die groenschermen worden zeer snel opschietende plantensoorten gekozen. Daardoor wordt soms het kind met badwater weggegooid: je ziet de bedrijven niet meer, je ziet enkel nog compartimenten. Je kunt je afvragen of je dit probleem van de zogezegde lelijkheid dan maar niet moet oplossen door een betere architectuur voor bedrijfsgebouwen te bevorderen.'
(Paul Van der Sluys in 2003)

9   P. Lindemans, *Geschiedenis van de landbouw in België* (twee delen), Antwerpen 1952.

10   L. Van Acker, 'Het probleem van de mestoverschotten', *Leefmilieu*, nr. 3, pp. 77-83.

Arable Fields Around Eeklo

Jean Massart, 1911

1911

In the foreground to the right, part of a rye field, in the centre some flax fields, of which one is being weeded (kneeling people). The flax had been sown about a month before that. The parcels are separated by narrow drainage ditches along which alder trees grow. In the background to the left, ten square flax stacks – last year's harvest, ready to be soaked in the nearby Eeklo Canal. Constructed between four angled corner posts and topped by a straw roof, they form a kind of cross between the classic haystack and the Dutch hayrick with sliding roof. In the background, fading into the morning mist, a few of the spires of Eeklo.

In our regions, flax played a huge role for a very long time in the domestic industry in the countryside. It acquired an enviable historical reputation.[11] In 1911, however, flax cultivation is in full crisis.[12] Flax would be planted after rye or oats. The soil would first be repeatedly tilled and fertilized. A widely used fertilizer was rapeseed patties (pressed rapeseed, a residual product of oil mills), sometimes soaked in water or liquid cow manure.[13] Care during growth was no less important: weeding was done by hand, mostly women's hands.

1980

The rye fields and flax fields have been converted into a permanent grassland and into a hay field of Italian rye-grass (the parcel with tall grass past the cows). The alder tree screens and most of the ditches are gone. In the rear to the right, among the tall poplars, a football pitch. The edge of the town has crept closer. The church and the high-tension pylon stand out in the afternoon sun.

Flax cultivation continued to decline and reached a new nadir in 1972. Competition from other fibres (especially synthetics) and from other countries created market problems. Add to this the risks of cultivation and the inadequate opportunities for mechanisation (therefore high wage costs), and it is easy to see why flax cultivation was gradually less successful.[14]

2003

'The brown spots in the foreground are probably hay residue, which means this might be a field for livestock feed. Such fields are mowed in the spring; the grass is dried into hay which is stored in silos. After that it is grazed by cows. In relation to 1980 there are far fewer cows in the landscape. Cattle raising and breeding takes place increasingly indoors in breeding farms, and the feed is stored in silos or ensilaged. The reeds around the ditch also indicate that the pasture is no longer intensively grazed. The new reed ditches created are not interesting from an agricultural point of view, but they are so because of the diversity of flora and fauna.

In the photo you also see the strong visual impact of corn at the times when it is high. Corn sometimes really creates a new compartmentalisation of the landscape. Corn is used as feed for the animals that are bred and raised indoors; the rise of corn is thus connected to the disappearance of livestock from the fields.' (Leo Vanhecke in 2003)

'The disappearance of the cows is regional: in the polders you still see many more of them, often accompanied by a bull, to avoid the problems caused by continual artificial insemination.' (Paul Van der Sluys in 2003)

Georges Charlier, 1980

11   P. Lindemans, op.cit.

12   M. De Baeremaeker, W. Hendriks and J. Flaba, '150 jaar Belgische landbouw', *Agricontact*, 104, 1980, pp. 1-17.

13   Anon., *Monographie agricole de la région des polders*, Min. de l'Agric., Serv. des Agron. de l'Etat, Brussels, 1900; L. Van Acker, *Heideontginning in het zuiden van Brugge*, Biekorf, 1960.

14   Anon., 'De vlasteelt op de helling', *Agricontact*, 20, 1973, pp. 1-4; Anon., 'Recente evolutie op de vlasmarkt', *Agricontact*, 77, 1978, pp. 1-4; Anon., 'Land- en tuinbouwtelling op 15 mei 1979', *Agricontact*, 105, 1980, pp. 1-5.

Jan Kempenaers, 2003

Akkers rond Eeklo

1911

Rechts vooraan een gedeelte van een roggeakker; in het midden enkele vlasakkers, waarvan er één gewied wordt (geknielde personen). Het vlas was ongeveer een maand voordien gezaaid. De percelen worden van elkaar gescheiden door smalle drainagesloten waarlangs elzenhakhout groeit. Linksachter een tiental rechthoekige vlasmijten: de oogst van vorig jaar, klaar om geroot te worden in de nabije Vaart van Eeklo. Opgebouwd tussen vier schuin opstaande hoekpalen en voorzien van een strodak, vormen ze een soort kruising tussen de klassieke stromijt en de Nederlandse hooiberg met verschuifbaar dak. Op de achtergrond, verdwijnend in de ochtendnevel: enkele torens van Eeklo.

In onze gewesten speelde vlas zeer lang een enorme rol in de huisnijverheid op het platteland. Het verwierf zich een benijdenswaardige historische reputatie.[11] In 1911 bevond de vlasteelt zich echter al in volle crisis.[12] Vlas werd gezaaid na rogge of haver. De grond werd eerst herhaaldelijk bewerkt en bemest. Een veelgebruikte meststof hierbij was koolzaadkoeken (uitgeperst koolzaad, een restproduct van olieslagerijen), al dan niet geweekt in water of vloeibare koemest.[13] De verzorging tijdens de groei was niet minder belangrijk: het wieden gebeurde met de hand, meestal vrouwenhand.

1980

De roggeakker en vlasakkers werden omgezet tot permanent grasland en tot hooiakker van Italiaans raaigras (perceel met lang gras 'voorbij de koeien'). De elzenkatjes en de meeste slootjes verdwenen. Rechtsachter, tussen hoge populieren, een voetbalveld. De stadsrand kwam naderbij. Kerk en hoogspanningsmast vallen op in de namiddagzon.

De vlasteelt ging verder achteruit en bereikte in 1972 een nieuw dieptepunt. Concurrentie van andere vezels (vooral synthetische) en van andere landen veroorzaakt afzetproblemen. Voeg daarbij de teeltrisico's en de onvoldoende mogelijkheden tot mechanisatie (dus hoge loonkosten) en men begrijpt waarom de teelt van vlas steeds minder succes heeft.[14]

2003

'De bruine vlekken op de voorgrond zijn wellicht hooirestanten, wat betekent dat dit een akker voor veevoer kan zijn. Dergelijke akkers worden gemaaid in het voorjaar, het gras wordt gedroogd tot hooi, dat in silo's wordt opgeslagen. Daarna worden ze begraasd door koeien. Ten opzichte van 1980 zijn er veel minder koeien in het landschap. De kweek gebeurt veel meer binnen in kwekerijen en het voedsel wordt in silo's bewaard of ingekuild. Ook het riet rond de sloot wijst erop dat de weide niet meer intensief wordt begraasd. De nieuwe rietsloten die ontstaan zijn landbouwtechnisch niet interessant, maar wel uit de diversiteit van planten en dieren.

Op de foto zie je ook de sterke visuele impact van de maïs op de momenten dat hij hoog staat. De maïs brengt soms echt een nieuwe compartimentering aan in het landschap. Maïs wordt gebruikt als voedsel voor de dieren die indoor worden geteeld; de opkomst van de maïs hangt dus samen met het verdwijnen van het vee in het veld.'
(Leo Vanhecke in 2003)

'Het verdwijnen van de koeien is streekgebonden: in de polders zie je ze wel nog veel meer, vaak met een stier erbij, om te vermijden dat ze problemen krijgen door de voortdurende kunstmatige inseminatie.'
(Paul Van der Sluys in 2003)

11 Lindemans, op. cit.

12 M. De Baeremaeker, W. Hendriks, J. Flaba, '150 jaar Belgische landbouw', *Agricontact*, nr. 104, 1980, pp. 1-17.

13 Anoniem, *Monographie agricole de la région des polders*, Min. de l'Agric., Serv. des Agron. de l'Etat, Brussel 1900; L. Van Acker, *Heideontginning in het zuiden van Brugge*, Biekorf 1960.

14 Anoniem, 'De vlasteelt op de helling', *Agricontact*, nr. 20, 1973, pp. 1-4; Anoniem, 'Recente evolutie op de vlasmarkt', *Agricontact*, nr. 77, 1978, pp. 1-4; Anoniem, 'Land- en tuinbouwtelling op 15 mei 1979', *Agricontact*, nr. 105, 1980, pp. 1-5.

The Hollebeek in Temse

Jean Massart, 1905

1905

The Hollebeek is a natural creek that rises only slightly further near the higher-positioned southern edge of the Waasland. The undulations of the valley, which the Hollebeek has cut through, are in large part hidden by the fields of tall winter rye (to the left and right of the creek).

All over the place, between the parcels and along the ditches, stand poplars, while there are no hedges. One can speak of a filtered transparency. One also notices the pollard willows, some overgrown with ivy, and, at the foot of the second poplar to the right, a bush-shaped ash.

In the foreground the Hollebeek widens into a circular lake with very dense vegetation of water-crowfoot, presumably the pond water-crowfoot variety. This is a soaking pit as well, but then of the running-water type, in which dried flax could be soaked. Dried flax was usually brought in from elsewhere. Soaking in running water, the oldest method in our regions, ran into protest quite early on from the generally more urban population, which was inconvenienced by it further downstream.[15]

1980

In the recent photo the shape of the valley is more visible. At most 20 years ago the fields were converted into pastureland (part of the soaking pit was appropriated for this): for small farmers who cultivated five to 10 hectares of land, grain cultivation was no longer profitable. Many of the pollard willows along the Hollebeek had already been cleared. The remaining portion of the former soaking pit was slowly filled in with all manner of materials. In the Hollebeek, the course of which can still be made out, cow parsley now dominates.

2003

The location is close to a farm, now extending just beyond the left margin of the photograph. Each time, the photo was taken at the edge of a steadily expanding farm; in the 2003 photo this had reached the left edge of the picture. According to the photographer, the farmer no longer recognised the landscape in the pictures from 1911 and 1980.

'In the centre of the picture you see an ensilage for corn or some other winter feed. When this is full it is covered with the typical plastic and car tyres. Next to the ensilage a new row of trees has been planted, probably as a wind screen so that the plastic would not fly away. The rows of trees used to be typical of the Waasland and disappeared when they lost their significance as crops for firewood or when better methods to keep water out of the fields were found.' (Leo Vanhecke in 2003)

Georges Charlier, 1980

Jan Kempenaers, 2003

15   P. Lindemans, op. cit.

De Hollebeek in Temse

1905

De Hollebeek is een natuurlijke beek die een weinig verder ontspringt, nabij de hoger gelegen zuidelijke rand van het Waasland. De hellingen van de vallei, die de Hollebeek heeft ingesneden, worden grotendeels verborgen door de akkers met hoog opgeschoten winterrogge (links en rechts van de beek).

Overal tussen de percelen en langs de sloten staan populieren, terwijl hagen ontbreken. Men kan hier spreken van een gefilterd doorzicht. Men bemerkt ook de geknotte schietwilgen, waarvan sommige zijn begroeid met klimop, en, aan de voet van de tweede populier rechts, een struikvormige es. Op de voorgrond verbreedt de Hollebeek tot een cirkelvormige plas met een zeer dichte vegetatie van een (vermoedelijk schildvormige) waterrankonkel. Ook dit is een rootput, maar dan van het type met stromend water, waarin gedroogd vlas geroot kon worden. Gedroogd vlas werd veelal van elders aangevoerd. Het roten in stromend water, in onze gewesten de oudste vorm, stuitte al zeer vroeg op weerstand van de dikwijls meer stedelijke bevolking die er stroomafwaarts de hinder van ondervond.[15]

1980

De vorm van de vallei is beter zichtbaar. Hooguit twintig jaar geleden werden de akkers omgezet tot weiland (een deel van de rootput werd hierbij ingepalmd): voor kleine boeren die 5-10 ha grond bewerkten, was de graanteelt niet langer lonend. De knotwilgen langs de Hollebeek waren toen al grotendeels opgeruimd. Het overblijvend gedeelte van de vroegere rootput werd stilaan volgestort met allerhande materialen. In de Hollebeek, waarvan men nog duidelijk de loop herkent, domineert nu fluitenkruid.

2003

De plek ligt vlak bij een boerderij, nu uitgebreid tot net buiten de linkerrand van de foto. Volgens de fotograaf herkende de boer het landschap niet meer op de beelden uit 1911 en 1980.

'Midden in het beeld zie je een inkuilplaats voor maïs of ander wintervoer. Als die vol is wordt die afgedekt met de typische plastiek en autobanden. Naast de inkuilplaats is een bomenrij opnieuw aangeplant, waarschijnlijk als windscherm zodat de plastiek niet zou wegwaaien. De bomenrijen waren typisch voor het Waasland en verdwenen als ze hun betekenis als teelt voor brandhout verloren of als er betere methodes waren om het water uit de akkers te houden.'
(Leo Vanhecke in 2003)

oase
63

pag
25

15 Lindemans, op. cit.

The Tielrodepolder
Along the Left Bank of the Durme

Jean Massart, 1904

1904

'Walnut trees on the dike and a well-developed crest of reeds beyond the dike. The landscape suddenly rises in the background. This is the southern edge of the *Wase cuesta*, in which all the residential constructions are concentrated, at a safe height from flooding hazards.

The extremely flat alluvium of the foreground is taken over by hay fields here as well. It has shortly before been flooded and a fine layer of silt covers the grasses (Massart 1908a). Incidentally, it is to these regulated, deliberate inundations that these river lands owed their high yields and reputation as good hay land.'[16]
(Leo Vanhecke in 1980)

1980

After the Second World War, ideas about this changed. Something of a crusade was undertaken against all that was natural about these hay lands: 'The hay and the grass in such fields is so poor and contains so many weeds . . . that the health of the animals must undoubtedly be affected in an extremely negative way'.[17] A verdict that is symptomatic of the watershed our agriculture is experiencing. This agriculture will increasingly disconnect itself from its previous traditions.

One recent aspect in this renewal is the cultivation of corn, which has been expanding explosively since 1969 and which has significantly driven back the cultivation of all other feed crops. Much of this success can be attributed to the broad opportunities for mechanisation and therefore for labour reduction, but also to the fact that this cultivation can withstand high levels of over-fertilisation.[18] Corn fields are therefore not only able to convert fertiliser into green feed in a profitable way, they simultaneously can serve as dumping grounds for fertiliser surpluses, a short-sighted practice against which Verstraete rightly voices a warning.[19]

In the photo (indistinct) the greater part of the alluvium has been taken over by a cornfield. Another part was raised in 1980 and buried under rubbish – proof enough that these alluvial lands have completely lost their original significance. A few young fruit trees to the left indicate where the former Durmedijk ran.

2003

'The lands in the previous photos perhaps fell into disuse after the application of the Sigma Plan reinforced the dikes and there were no more floodplains. Low-lying areas were usually gradually filled in, sometimes with rubbish, covered, and parcelled out. In the 2003 picture the landfill has been again been planted and is being cultivated with fruit trees. What we had interpreted as fruit trees in 1980 were evidently fast-growing poplars, which now form a highly noticeable row of trees. A new orchard has evidently been planted.'
(Leo Vanhecke in 2003)

'It is typical for such lands to be filled in ad hoc, often by private operators or city people, who plant a kitchen garden. Lands lacking in quality and difficult to access are now often used for new farming ventures like ostrich farms.' (Paul Van der Sluys in 2003)

Georges Charlier, 1980

Jan Kempenaers, 2003

oase
63

pag
26

16   P. Lindemans, op.cit.

17   H. Reyntens, 'Onderzoek betreffende de weerstand tegen overstroming van verschillende gras- en klaversoorten en waarde der grasflora in Dender-Schelde- en Durmevallei', *Mededelingen Landbouwhogeschool Gent*, 14, pp. 251-262.

18   E. Van Bockstaele et al, 'Kunnen maïs met een tussenteelt of mengculturen van maïs met vlinderbloemigen een mogelijkheid zijn tot maximale groenvoederproductie?', *Landbouwtijdschrift*, 32 (1979), pp. 1095-1107.

19   W. Verstraete, 'Het verwerken van bio-industriële afvalstoffen: balans na tien jaar onderzoek', *Landbouwtijdschrift*, 32, (1979), pp. 93-103.

De Tielrodepolder
langs de linkeroever van de Durme

1904

'Notelaars op de dijk en een goed ontwikkelde buitendijkse rietkraag. Het landschap gaat op de achtergrond plots de hoogte in. Het is de zuidrand van de *Wase cuesta*, waarop zich alle bewoning concentreert, op veilige hoogte voor overstromingsgevaar.

Het zeer vlakke alluvium van de voorgrond wordt ook hier ingenomen door hooiland. Het werd kort voordien nog overstroomd en een fijn laagje slib bedekt de grassen (Massart 1908a). Het is overigens aan deze geregelde, opzettelijke inundaties dat de riviermeersen hun hoge opbrengst en reputatie van goed hooiland dankten.'[16] (Leo Vanhecke in 1980)

1980

Na de Tweede Wereldoorlog is men daar anders over gaan denken. Zoveel als een kruistocht wordt ondernomen tegen al wat natuurlijk is aan deze hooilanden: 'Het hooi en het gras van zulke weiden is zodanig slecht en bevat zoveel onkruidgewassen en onkruiden (...) dat zonder twijfel de gezondheid der dieren er ten zeerste ten nadele wordt door beïnvloed.'[17] Een uitspraak die symptomatisch is voor het keerpunt waarop onze landbouw zich dan bevindt. Meer en meer zal die landbouw zich losmaken van zijn vroegere tradities.

Een recent aspect in die vernieuwing is de teelt van maïs die zich sinds 1969 explosief uitbreidt en die de teelt van alle andere voedergewassen in sterke mate heeft teruggedrongen. Veel van dit succes is te danken aan de ruime mogelijkheden tot mechanisatie en dus ook tot arbeidsvermindering, maar ook aan het feit dat deze teelt een sterke overbemesting kan verdragen.[18] Maïsvelden zetten dus niet alleen op rendabele wijze mest om tot groenvoeder, ze kunnen tegelijkertijd ook als dumpingsplaats voor mestoverschotten dienen, een kortzichtige praktijk waartegen Verstraete terecht waarschuwt.[19]

Op de foto (onduidelijk) wordt het grootste gedeelte van het alluvium ingenomen door een maïsveld. Een ander gedeelte werd in 1980 opgespoten en onder stort bedolven: een afdoend bewijs dat deze alluviale gronden hun oorspronkelijke betekenis volkomen hebben verloren. Enkele jonge fruitbomen links duiden aan waar de vroegere Durmedijk liep.

2003

'De gronden zijn in de vorige foto's wellicht in onbruik geraakt nadat bij de toepassing van het Sigmaplan de dijken werden versterkt en er geen overstromingsgebieden meer waren.
Laaggelegen gronden werden dikwijls gaandeweg opgevuld, al dan niet met stortafval, afgedekt, en verkaveld. In het beeld van 2003 is het stort begroeid en in cultuur gebracht met fruitbomen. Wat we in 1980 lazen als fruitbomen waren blijkbaar snel groeiende populieren, die nu een in het oog springende bomenrij vormen. Nu is er blijkbaar een nieuwe boomgaard aangelegd.'
(Leo Vanhecke in 2003)

'Het is typisch dat dergelijke gronden een ad-hoc-invulling krijgen, vaak door particulieren of stadsmensen, die er een moestuin aanleggen. Kwaliteitsloze en moeilijk te bereiken gronden worden nu vaak gebruikt voor nieuwe teelten zoals de struisvogelteelt.'
(Paul Van der Sluys in 2003)

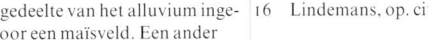

16 Lindemans, op. cit.

17 H. Reyntens, 'Onderzoek betreffende de weerstand tegen overstroming van verschillende gras- en klaversoorten en waarde der grasflora in Dender-Schelde- en Durmevallei', *Mededelingen Landbouwhogeschool Gent*, nr. 14, pp. 251-262.

18 E. Van Bockstaele e.a., 'Kunnen maïs met een tussenteelt of mengculturen van maïs met vlinderbloemigen een mogelijkheid zijn tot maximale groenvoederproductie?', *Landbouwtijdschrift*, 32 (1979), pp. 1095-1107.

19 W. Verstraete, 'Het verwerken van bio-industriële afvalstoffen: balans na tien jaar onderzoek', *Landbouwtijdschrift*, 32 (1979), pp. 93-103.

The Scheldt Dike in Bornem

1905

A double row of mature walnut trees on this summer dike between the Scheldt (right) and the Great Schoor (left): 'one of Belgium's most beautiful plantations of walnut trees.'[20]

'Along the riverside, at about the level of the average high-water line, pollard willows and a ring of tall reeds (3.5 to 4 metres!). The reeds are fronted (not visible on the photo) by three-sided rushes and water rushes.[21] The pollard willows support a diverse epiphyte flora, in which oak ferns, among others, are quite widespread.' (Gallemaerts 1908)

'Along the landside, at the foot of the dike, runs a ditch two metres wide in which all native species of duckweed and water soldiers are found.[22] Water soldiers sink to the bottom in winter and are not visible. The Great Schoor is entirely used as low willow-ground. The 'wijmen' or 'wissen'[23] (vines) were used for all manner of wickerwork in Lesser Brabant.' (Leo Vanhecke in 1980)

1980

'The walnut trees vanished only ten years ago. They were originally replaced by Canada poplars.[24] The landscape already been made banal to a large extent, the willow-grounds were turned into arable fields; the pollard willows, the reeds and the other vegetation along the Scheldt had disappeared. The ditch below the dike was devoid of vegetation.

Shortly after the unfortunate floods of January 1976, in which among other things three-quarters of the town of Ruisbroek was inundated, implementation of the Sigma Plan began. The reinforcement of the Scheldt dikes is one part of this. The reinforced dike in Bornem is higher and about twice as wide as it used to be. It is protected on the riverside by boulders. The embankment on the landside is filled in with perforated vales (grass vales), covered in topsoil and sown with grass. Asphalt service roads run along the top and the foot of the dike, alongside a newly excavated ditch. Trees and bushes are being completely cleared.'
(Leo Vanhecke in 1980)

2003

'The boulders that were added to reinforce the dikes came from the Ardennes. Shortly after construction the boulders sprouted all manner of plants typical of that region, because they had carried seeds along. After a while the vegetation that was native to the brackish marshes created by the tidal effect of the Scheldt was allowed to grow unhindered. This is a rare biotope in Europe; the banks have since been filled with preserves. The lands were easily bought up by nature conservancies, since they had little value for agriculture anyway.'
(Leo Vanhecke in 2003)

The asphalt maintenance roads are not heavily used as bicycle paths. In a café nearby the landlady told the photographer that after the filming of *Stille Waters*, a popular television series that presents the landscape in a nostalgic way, her business boomed phenomenally.

Georges Charlier, 1980

Jan Kempenaers, 2003

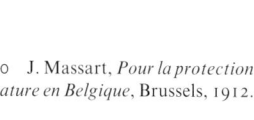

20   J. Massart, *Pour la protection de la nature en Belgique*, Brussels, 1912.

21   J. Massart, *Esquisse de la géographie botanique de la Belgique*, Rec. Inst. Bot. L. Err, 1908.

22   J. Massart 1912, op. cit.

23   Willow branches.

24   L. Vanhecke, 'De evolutie van onze landschappen: Bornem', *Dumortiera*, 1, pp. 31-32.

De Scheldedijk in Bornem

1905

Een dubbele rij volwassen notelaars op deze zomerdijk tussen de Schelde (rechts) en het Groot Schoor (links): 'l'une des plus belles plantations des Noyers qu'il y ait en Belgique'.[20]

'Langs de rivierzijde, ongeveer ter hoogte van de gemiddelde hoogwaterlijn, knotwilgen en een gordel van hoogopgaand riet (3,5-4 m!). De rietkraag wordt naar beneden toe (niet zichtbaar op de foto) voorafgegaan door driekantige bies en waterbies.[21] De knotwilgen dragen een gevarieerde epifytenflora, waarin onder meer eikvaren erg algemeen is.' (Gallemaerts 1908)

'Langs de landzijde, aan de basis van de dijk, een 2 meter brede sloot waarin alle inheemse eendenkroossoorten en krabbenscheer aanwezig zijn.[22] Krabbenscheer zakt 's winters naar de bodem en is niet zichtbaar. Het Groot Schoor wordt volledig gebruikt als griend. Met de wijmen of wissen[23] werd in Klein-Brabant allerlei vlechtwerk gemaakt.' (Leo Vanhecke in 1980)

1980

'De notelaars zijn nog maar een goede tien jaar verdwenen. Ze werden aanvankelijk vervangen door canadapopulieren.[24] Het landschap was toen al in hoge mate gebanaliseerd, de grienden waren omgezet tot akkers, de knotwilgen, de rietgordel en de overige vegetatie langs de Schelde waren verdwenen. De sloot onder aan de dijk was vegetatieloos.

Kort na de ongelukkige overstromingen van januari 1976, waarbij onder meer de gemeente Ruisbroek voor drie vierde onder water kwam, werd een begin gemaakt met de uitvoering van het Sigmaplan. De verzwaring van de Scheldedijken is hiervan een onderdeel. De verstevigde dijk te Bornem is hoger en ongeveer twee maal breder dan vroeger. Hij wordt aan rivierzijde beschermd door rotsblokken. Het talud aan landzijde is bekleed met geperforeerde dallen (grasdallen), bedekt met aarde en ingezaaid met gras. Geasfalteerde dienstwegen lopen op de kruin en aan de voet van de dijk, langs een nieuwgegraven sloot. Bomen en struiken worden volstrekt geweerd.' (Leo Vanhecke in 1980)

2003

'De rotsen die werden aangevoerd ter versteviging van de dijken kwamen uit de Ardennen. Kort na de aanleg ontsproten op de rotsen dan ook allerlei typische planten uit die streek, doordat zaden waren meegebracht. Na een tijdje liet men weer de vegetatie staan die eigen was aan de brakwaterschorren die ontstaan door de getijdenwerking van de Schelde. Dit is een zeldzame biotoop in Europa, ondertussen liggen de oevers in de streek vol met reservaten. De gronden konden makkelijk worden opgekocht door natuurverenigingen, aangezien ze toch geen waarde hebben voor de landbouw.' (Leo Vanhecke in 2003)

De asfaltonderhoudswegen worden nu druk gebruikt als fietspaden. In een café in de buurt vertelde de waardin aan de fotograaf dat na de opnames van *Stille Waters*, een populaire televisiereeks die het landschap op een nostalgische manier in beeld brengt, haar klandizie fenomenaal is gestegen.

20   J. Massart, *Pour la protection de la nature en Belgique*, Brussel 1912.

21   J. Massart, *Esquisse de la géographie botanique de la Belgique*, Rec. Inst. Bot. L. Err, 1908.

22   Massart 1912, op. cit.

23   Wilgentakken.

24   L. Vanhecke, 'De evolutie van onze landschappen: Bornem', *Dumortiera*, nr. 1, pp. 31-32.

25   One example is the Parkbos near Ghent, a multifunctional area of greenery where recreation, agriculture, housing and employment are combined in een existing landscape of meadows, fields, lanes and woods, the design of which is ongoing (see www.parkbos.be). The new generation of re-allotments, land allocation projects of the Flemish Land Agency, which had always employed a tabula rasa approach, now aim to integrate housing, employment, nature and agriculture.

oase
63

pag
30

The scale expansion of agriculture is noticeable in the photo series. The number of elements declines significantly and the landscape acquires an increasingly rough grain. The decline in landscape diversity entails an unmistakable impoverishment of the image. At the same time, other landscapes are created, with new qualities. With the disappearance of the rows of trees, the valley of the Krekelbeek has become an open landscape with wide vistas. Elsewhere, corn fields and green screens create new compartments in a landscape that was originally open. The biological diversity has been significantly reduced in many places. It turns out that in some places, however, more diversity has emerged. This often arises as an unintended result of an agricultural of infrastructural intervention. Along the new Scheldt dikes in Bornem, a new biotope has been created that has grown into a nature reserve in the course of twenty years. And the reeds along the side of the meadow in Eeklo have grown tall precisely because the cows are kept in stables and the meadows are no longer intensively grazed.

The use of the landscape is constantly changing. In Massart's time, flax was grown, soaked and stored on the land itself. Now almost all processing of agricultural products takes place in hangars or in silos. The farmer moves about his land less. Large-scale livestock farms are housed in white boxes that give no indication of what happens inside. They could be located anywhere; agriculture is becoming footloose. The continual mutation of the landscape through new agricultural techniques or through infrastructure projects, however, also gives some places a new significance. After the dike works on the Durme, the Tielrodepolder lost its function as a hay land, because it was no longer flooded by fertile silt. Thanks to its years of uncertainty, the polder is now being colonised by small-scale orchards and kitchen gardens. The agrarian landscape is mostly the logical fallout of what agricultural engineering projects on to it. The spatial planning picture is primarily the accidental result of the cultivation of the flat surface; the spatial effects are thus seldom consciously intended. The new qualities and places discussed above arise in a casual manner, often by not intervening and letting things run their course.

In future land use for agriculture will decline further and make way for, among other things, nature reserves and recreation.[25] These new programmes will attach a greater importance to the spatial-planning picture of the landscape. Consequently, designers are set to play a greater role in the shaping of the Belgian countryside. In agricultural scale expansion, one thinks of the landscape as a *tabula rasa*; in the new landscapes the opposite seens to be the objective. Attempts to design the small scale and the diversity of the landscape get bogged down in a nostalgic picture. This stage-managed landscape allows no more room for the fleeting quality that is being displayed than do the monocultivations. New opportunities for the user to claim the landscape for himself often emerge at the fringes or in a landscape in transition. They are created by mechanisms that cannot be encapsulated within a static picture or in a final status plan. The challenge is to understand these mechanisms and to use them in the design. The pictures by Massart, Charlier en Kempenaers not only show what has been lost, but more importantly make visible what the landscape already generates on its own.

Landschap in transitie

De schaalvergroting van de landbouw valt in de fotoreeksen meteen op. Het aantal elementen vermindert sterk en het landschap krijgt een steeds grovere korrel. De afname van landschappelijke diversiteit brengt onmiskenbaar een verschraling van het beeld met zich mee. Tegelijk ontstaan er andere landschappen met nieuwe kwaliteiten. De vallei van de Krekelbeek is bijvoorbeeld door het verdwijnen van de bomenrijen een open landschap met vergezichten geworden. Elders brengen maïsvelden en groenschermen nieuwe compartimenten aan in een landschap dat eerst open was. De biologische diversiteit is op veel plaatsen sterk gereduceerd. Op sommige plaatsen blijkt ook juist méér diversiteit op te duiken. Die ontstaat vaak als een onbedoeld gevolg van een landbouwtechnische of infrastructurele ingreep. Langs de nieuwe Scheldedijken in Bornem is een nieuw biotoop ontstaan die in twintig jaar is uitgegroeid tot natuurgebied. En de rietkraag aan de kant van de weide in Eeklo is opgeschoten juist omdát de koeien op stal staan en weides niet meer intensief begraasd worden.

Het gebruik van het landschap verandert voortdurend. In de tijd van Massart werd het vlas op het land zelf geteeld, geroot en opgeslagen. Nu gebeurt bijna alle bewerking van landbouwproducten in hallen of in silo's. De landbouwer begeeft zich steeds minder op het land. Grootschalige veehouderijen zijn gehuisvest in witte dozen die geen enkele indicatie geven van hetgeen zich daarbinnen afspeelt. Ze zouden overal kunnen staan, de landbouw en veeteelt worden footloose. De continue mutatie van het landschap door nieuwe landbouwtechnieken of door infrastructuurwerken geeft sommige plekken echter ook een nieuwe betekenis. Na de dijkwerken aan de Durme verloor de Tielrodepolder zijn functie als hooiland, omdat hij niet meer overstroomd werd door vruchtbaar slib. Dankzij de jarenlange ongewisse toestand wordt de polder nu gekoloniseerd door kleinschalige boomgaarden en moestuinen. Het agrarische landschap is meestal de logische neerslag van wat de landbouwtechniek er op projecteert. Het ruimtelijk beeld is vooral een toevallig resultaat van de bewerking van het platte vlak, de ruimtelijke effecten zijn dus zelden bewust bedoeld. De nieuwe kwaliteiten en plekken die hierboven worden besproken, ontstaan op een terloopse manier, vaak door niét in te grijpen en de dingen op hun beloop te laten.

In de toekomst zal het grondgebruik voor landbouw verder afnemen en plaatsmaken voor onder meer natuur en recreatie.[25] Bij deze nieuwe programma's zal een grotere betekenis worden gehecht aan het ruimtelijk beeld van het landschap. Ontwerpers zullen in de toekomst waarschijnlijk een grotere rol spelen bij de vormgeving van het Belgische platteland. Bij de schaalvergroting van de landbouw denkt men het landschap als tabula rasa, bij de nieuwe landschappen wordt veelal het tegenovergestelde nagestreefd. Pogingen om de kleinschaligheid en de diversiteit van het landschap te ontwerpen, doen het verzanden in een nostalgisch beeld. Dit geënsceneerde landschap laat net zomin als de monoculturen ruimte voor de terloopse kwaliteit die wordt getoond. Nieuwe mogelijkheden voor de gebruiker om zich het landschap toe te eigenen, duiken vaak op in de marge of in een landschap in transitie. Ze ontstaan volgens mechanismen die zich niet laten vangen in een statisch beeld of in een eindtoestandsplan. De uitdaging is die mechanismen te begrijpen en ze in te zetten in het ontwerp. De beelden van Massart, Charlier en Kempenaers tonen niet alleen wat verloren is gegaan, maar maken vooral zichtbaar wat het landschap al vanzelf genereert.

25 Een voorbeeld is het Parkbos bij Gent, een multifunctioneel groengebied waar recreatie, landbouw, wonen en werken gecombineerd worden in bestaand landschap van weides, akkers, dreven en bossen, dat verder wordt ontworpen (zie www.parkbos.be). Ook de nieuwe generatie ruilverkavelingen en landinrichtingsprojecten van de Vlaamse Landmaatschappij, die zich altijd bedient van een tabula-rasa-aanpak, hebben nu de ambitie wonen, werken, natuur en landbouw te integreren.

oase
63

pag
32

Joks Janssen

Forced Farewell
On the Rise of the Superfarmer

'Agriculture does not necessarily require peasants'
John Berger

The historical and cultural image of the landscape, as it resonates throughout all manner of discussions these days, is – however closely tied to the contrast between nature and culture, between city and countryside – still primarily the legacy of a rural landscape, a landscape of agriculture. This rural landscape has also ensured regional diversity and the related idea of landscape identity. The origin of the word landscape reminds us of this regional and territorial connection. From the beginning it has also hinted at the presence of human beings in the landscape.[1] The landscape is not so much a natural scene as a human construct in which the characteristic features of the region find expression. In European painting, the landscape was long a landscape of farms, of fields, pastures and rural roads, a landscape shaped by the specific organisation of agriculture. Ever since the emergence of the landscape as a separate category, free of the land as an unmediated physical environment, aesthetic sensibility has been linked not so much to the image of the wilderness or the wasteland, but rather to that of the garden, a cultivated piece of ground. The countryside, after all, had to be tamed, colonised, made suitable for urban life. The image of the unspoiled and peaceful countryside played a significant role in this. And thus the landscape that displayed itself to the Western world was a neatly parcelled countryside, with flourishing crops and roaming livestock, which functioned as the hinterland and complement of the city. Only with the advent of the Romantic Period, product of the Enlightenment, was this image of the landscape adjusted and supplemented by more disturbing and sublime elements, such as the sea, mountains and woodlands, which eventually drove the agrarian landscape from the canvas. In the nineteenth century, however, the country was rediscovered by painters such as Turner, Corot, the Barbizon school and the Impressionists, laying the foundation for a representation of stereotyped rural areas still popular today.

The advent of regional geography, originally the basis of geographic sciences, with its description of the mutual connections and integrations between geographic facts and phenomena within a single (natural) territory, was also closely tied to the rural landscape resulting from agrarian land use. The work of the French geographer Paul Vidal de la Blanche (1845–1918), who in *Principes de la géographie humaine* ('Principles of Human Geography') sketched a picture of the region as a product of the struggle between human civilisation and natural obstacles, is illustrative in this regard. As a consequence of a particular technological and organisational civilisation, the human being reaches a characteristic mode of existence, which is subsequently translated into a physical arrangement of the landscape. The evocative and pictorial descriptions of these regions (pays) by Vidal de la Blanche provide first and foremost an insight into the pre-industrial and rural landscape.[2] A landscape still defined to a significant extent by traditional agrarian living, in which the unity of place and custom still coincides, and tradition, by means of the regime of repetition, of seasons and times of the

1 The old High German word 'lantscaf' means an 'extensive inhabited area with uniform social and legal standards'. Analogous to the Latin 'provincia' and 'regio', the Middle German 'lantschaft' means the 'totality of inhabitants of a country/territory that is capable of acting politically'. The word landscape is a particularly commonly used word in Germanic languages to describe a region or territory. In Romance languages, the word is derived in virtually all cases from the Latin *pagus*, meaning 'rural district'.

2 'Above all Vidal's synthesis is pictorial. It emphasises form and pattern as they appear to the eye. This is true not only for the mode of life which he presents as integrated so neatly into its milieu. It is evoked by the image of the farmer, his house village and cart.', in: D.E. Cosgrove, *Social formation and symbolic landscape*, Madison, 1984, p. 29.

Joks Janssen

Gedwongen afscheid
Over de opkomst van de superboer

'De landbouw heeft de kleine boer niet per se nodig'
John Berger

Het historische en culturele beeld van het landschap zoals dat vandaag de dag doorklinkt in allerhande discussies is, hoewel sterk verbonden met het contrast tussen natuurlijk en cultuurlijk, tussen stad en platteland, toch voornamelijk de erfenis van een ruraal landschap, een landschap van de landbouw. Dit rurale landschap heeft tevens gezorgd voor de regionale diversiteit en het daarmee verbonden idee van landschappelijke identiteit. De oorsprong van het woord landschap herinnert ons nog aan deze regionale en territoriale gebondenheid. Vanouds duidt het tevens op de aanwezigheid van de mens in het landschap.[1] Het landschap is niet zozeer een natuurlijke scène, maar vooral een menselijke bewerking waarin de kenmerkende eigenschappen van de streek tot uitdrukking komen. In de Europese schilderkunst is het landschap dan ook lange tijd een landschap van boerderijen, van akkers, velden en landwegen – een landschap dat door de specifieke organisatie van de landbouw zijn vorm verkrijgt. Sinds het ontstaan van het landschap als een aparte categorie, los van het land als onbemiddelde fysieke omgeving, is de esthetische sensibiliteit niet zozeer verbonden met het beeld van de wildernis of de woestenij, maar met dat van de tuin, een gecultiveerd stukje aarde. Het platteland moest immers worden getemd, gekoloniseerd, geschikt gemaakt voor het stedelijk leven. Het beeld van het onbedorven en vredige platteland speelde daarbij een grote rol. Zo was het landschap dat zich aan de westerse wereld toonde een keurig verkaveld platteland, met bloeiende gewassen en rondscharrelend vee, dat fungeerde als achterland en complement de stad. Pas met de opkomst van de romantiek, product van de Verlichting, wordt dit beeld van het landschap aangepast en aangevuld met meer onheilspellende en sublieme elementen, zoals de zee, bergen en bossen, die uiteindelijk het agrarische landschap van het witte doek verdringen. In de negentiende eeuw wordt het platteland echter opnieuw ontdekt door schilders als Turner, Corot, de school van Barbizon en de impressionisten, die de basis leggen voor een nog steeds voortdurende populaire representatie van stereotiepe plattelandsstreken.

Ook het ontstaan van de regionale geografie, van oorsprong de basis van de geografische wetenschappen, is met de beschrijving van de onderlinge betrekkingen en integraties tussen geografische feiten en verschijnselen binnen eenzelfde (natuurlijk) territorium, nauw verbonden met het rurale landschap dat voortkomt uit het agrarische bodemgebruik. Exemplarisch in dit verband is het werk van de Franse geograaf Paul Vidal de la Blanche (1845–1918), die in *Principes de la géographie humaine* een beeld schetst van de regio als een product van de strijd tussen menselijke beschaving en natuurlijke belemmeringen. Als gevolg van een bepaalde technische en organisatorische beschaving komt de mens tot een typische bestaanswijze, die zich vervolgens vertaalt in een ruimtelijke ordening van het landschap. De evocatieve en piturale beschrijvingen van deze regio's ('pays') door Vidal de la Blanche geven eerst en vooral inzicht in het

oase
63

pag
33

[1] Het oude Hoogduitse woord 'lantscaf' betekent een 'omvangrijk bewoond gebied met uniforme sociale en wettelijke standaards'. Overeenkomend met het Latijnse 'provincia' en 'regio', betekent het Middelhoogduitse 'lantschaft' de 'totaliteit van inwoners van een land/territorium dat in staat is politiek te handelen'. Met name in de Germaanse talen is het woord landschap een veel voorkomende term om een regio of territorium te beschrijven. In de Romaanse talen stamt het woord in bijna alle gevallen af van het Latijnse 'pagus', dat 'ruraal district' betekent.

1	Woeste gronden
2	Bosschen
3	Beplantingen
4	Veehouderij
7	Drieslagstelsel
8	Vlaamsche bouwerij
9	Korenbouwerij zonder braak
10	met braak
11	met beweiding
12	Tarweteelt
13	Zeeuwsche tarweteelt
14	Onregelmatige bouwerij
15	Vruchtwisseling
16	Wisselbouwerij
17	Rijndeelt
18	Warmoezerijen enz.

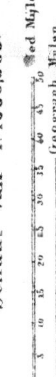

De landbouwstelsels in Nederland volgens W.C.H. Staring / The agricultural systems in the Netherlands according to W.C.H. Staring

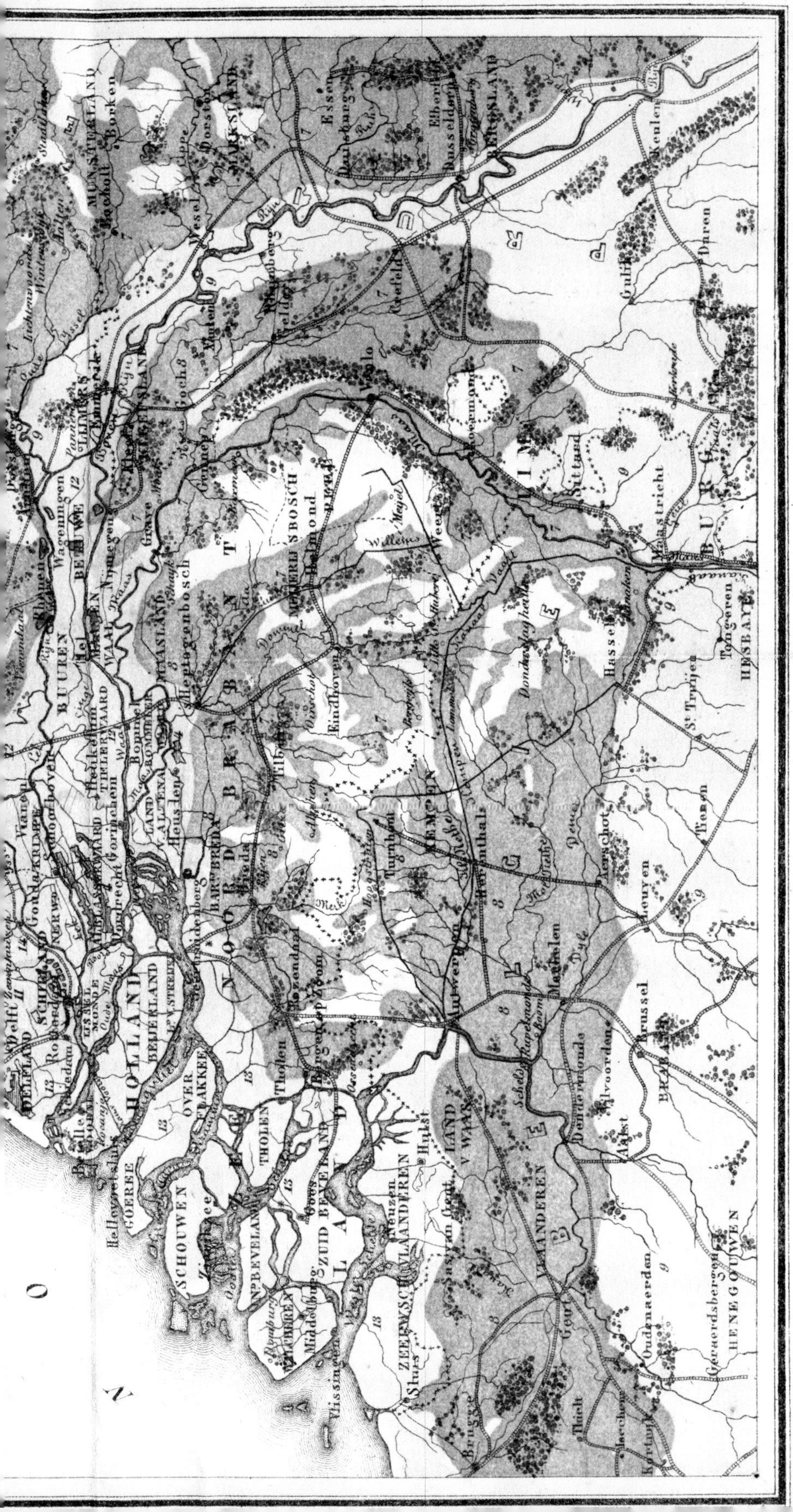

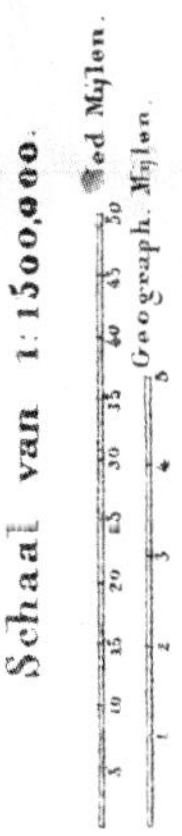

oase
63

pag
35

Schaal van 1:1500.000.

3   J. Berger, 'Introduction, in: *Pig Earth, Into Their Labours trilogy*, London, 1979, p. 31.

4   H. Knippenberg and B. de Pater, *De eenwording van Nederland*, Nijmegen, 1988, p. 104 and further.

5   J.T.P. Bijhouwer, *Het Nederlandse landschap*, Amsterdam, 1971, p. 12.

6   J.B. Jackson, 'A pair of ideal landscapes', in: *Discovering the Vernacular Landscape*, New Haven, 1984, pp. 9-55.

days, assures the continuity of existence. According to John Berger, it is this traditional culture, the culture of survival, in which the future is seen as a succession of recurring actions, which is so characteristic of the farmer's life.[3]

Not from a geographic, but rather from a agricultural viewpoint, the Dutch geologist and agronomist W.C.H. Staring, in the mid-nineteenth century, identified agricultural systems that had been created as the result of years of use of means of production in the same combinations, and the development of the land according to a fixed plan.[4] These agricultural systems, which would later form the foundation for the partition of the Netherlands into agricultural areas, were based on a unity of actions over a long period in a single area. According to Staring, knowledge of a region should be based on a well-founded understanding of the agricultural system being applied. In each region, after all, a characteristic structuring and arrangement of the landscape, which was connected to the arrangement of farms, the development of the land, and the keeping of livestock, was evident. The agrarian landscape could thus be considered as the physical result of a specific agricultural culture.

Intervention Landscape

In the Netherlands as well, the relatively wide diversity of (regional) landscapes is the product of centuries-old agricultural husbandry, of a struggle between human beings and their natural environment. The familiar coherent landscape types, inimitably catalogued and described by landscape architect J.T.P. Bijhouwer in *Het Nederlandse landschap* ('The Dutch Landscape'), form the syntheses of this complex and multi-faceted process.[5] These landscape types, however, are not the deliberate product of human intervention, of a physical arrangement that imposes its order on nature and the landscape. Instead it is a question of a continual adaptation of human beings to nature, of the farmer to a situation of constant instability. The relationship between what has come into being and what is produced, between physical order and physical arrangement, is not sharply defined, but rather diffuse and subject to change. The landscape historian J.B. Jackson once described it, in terms of ideal types, as 'vernacular', as a product of interaction between inhabitants and geography.[6] It is a landscape of the day-to-day, which is characterised by high mobility and change. Not as a consequence of restlessness and an optimal use of land, but of a continual adaptation to the natural circumstances through the cultivation of the land *in situ*. Jackson contrasts this with the political landscape, a landscape of deliberate, planned intervention by government authorities: 'By political I mean those spaces and structures designed to impose or preserve a unity and order on the land, or in keeping with a long-range, large-scale plan.' The political landscape is not hindered by geographic or topographic limitations, but rather imposes its order on the local landscape. Whereas the political landscape, according to Jackson, is designed to make it possible for people to live in a just society, the day-to-day landscape evolved over the course of the struggle for survival human beings wage with the natural environment.

The radical changes that took place in the Dutch countryside after 1950 can be understood, somewhat caricaturally, as the transformation of a rural landscape, as described by Bijhouwer, into a political landscape, as described by Jackson. Whereas the landscape diversity in the pre-war situation was still the product of a locally connected agrarian way of life, in the post-war period it is deliberately subjected to a primarily political project of agricultural policy. This

preïndustriële en rurale landschap.[2] Een landschap dat nog in hoge mate wordt bepaald door het traditionele agrarische wonen, waarin er nog eenheid van plaats en zede is, en de traditie, middels het regime van de herhaling, van seizoenen en tijden van de dag, de continuïteit van het bestaan zeker stelt. Volgens John Berger is het deze traditionele cultuur, de 'culture of survival', waarbij de toekomst wordt gezien als een opeenvolging van steeds terugkerende handelingen, die zo kenmerkend is voor het boerenbestaan.[3]

Niet vanuit een geografisch, maar vanuit een landbouwkundige optiek komt de Nederlandse geoloog en landbouwkundige W.C.H. Staring halverwege de negentiende eeuw tot de vaststelling van landbouwstelsels die ontstaan als gevolg van een jarenlang gebruik van productiemiddelen volgens dezelfde combinaties, en een bebouwing van de grond op basis van een vast schema.[4] Deze landbouwstelsels, die de latere grondslag zullen vormen voor de indeling van Nederland in landbouwgebieden, zijn gebaseerd op een eenheid van handelen gedurende een lange periode over eenzelfde gebied. Volgens Staring diende de kennis van een streek te worden gebaseerd op een gefundeerd inzicht in het toegepaste landbouwstelsel. In elke streek was immers een typerende ordening en inrichting van het landschap waarneembaar die samenhing met de inrichting van boerderijen, de bebouwing van het land, en het houden van vee. Het agrarisch landschap kon zo worden opgevat als de fysieke resultante van een specifieke landbouwcultuur.

Interventielandschap

Ook in Nederland is de relatief grote diversiteit aan (regionale) landschappen een product van eeuwenlange landbouwhuishouding, van een strijd tussen de mens en zijn natuurlijke omgeving. De bekende samenhangende landschapstypen, zoals het esdorpenlandschap, rivierenlandschap, kampenlandschap en slagenlandschap, door de landschapsarchitect J.T.P. Bijhouwer op onnavolgbare wijze verzameld en beschreven in *Het Nederlandse landschap*, vormen de synthese van dit complexe en veelvormige proces.[5] Deze landschapstypen zijn echter niet het welbewuste product van menselijk ingrijpen, van een ruimtelijke inrichting die zijn orde oplegt aan de natuur en het landschap. Er is eerder sprake van een continue aanpassing van de mens aan de natuur, van de boer aan een toe-

2 'Above all Vidal's synthesis is pictoral. It emphasises form and pattern as they appear to the eye. This is true not only for the mode of life which he presents as integrated so neatly into its milieu. It is evoked by the image of the farmer, his house village and cart.' In: D.E. Cosgrove, *Social Formation and Symbolic Landscape*, Madison 1984, p. 29.

3 'Inleiding', in: J. Berger, *De vrucht van hun arbeid*, Amsterdam 1998, pp. 31.

4 H. Knippenberg, B. de Pater, *De eenwording van Nederland*, Nijmegen 1988, pp. 104 e.v.

5 J.T.P. Bijhouwer, *Het Nederlandse landschap*, Amsterdam 1971, p. 12.

Situering van hoeve in het zandlandschap /
Location of farmyard within the sandy soils landscape

7   H. Lörzing, 'Milton Friedman op de trekker', *de Volkskrant*, 19 January 1995.

8   See for instance E.W. Hofstee, '75 jaar ontwikkeling van de Nederlandse landbouw', in: A. Lammerts and others (ed.), *Driekwart eeuw plattelandsgroei*, Wageningen, 1963, pp. 92-128.

9   'Aside from the difficulties inherent in poor soils in areas where roads are bad, housing remote, water solutions insufficient and where the sale of products was inadequate and mainly confined to the local village, where [farmers] were not only dependent on landowners but also on buyers, and where tithe predominated and capital was lacking, aside from all of this, throughout history the Meijerij was subject to the calamities of war.', in: W.J.D. Iterson, *Schets van de landhuishouding der Meijerij*, 's-Hertogenbosch, 1868, pp. 5-6.

10   The 'three course system means the cultivation system operates according to a schedule of crop rotation: winter grain, summer grain, fallow. The fallow period is necessary to allow the soil regain its vigour. The emphasis in this extensive system was on arable crops. Livestock was kept for the service of arable farming.

project, categorised as modernisation by Berger, created a landscape that forced a literal break with the existing landscape types. Post-war agriculture, and the landscape in its wake, was the subject of strict governmental involvement, aiming to influence the structure of agriculture. An intervention landscape was created, a landscape as a result of political regulation.[7] On the sandy soils in the south of the Netherlands, this shift in agricultural policy and the relationships between agriculture and landscape made possible a highly explosive agrarian development. Especially in the Peel, in the east of Brabant, an exceptionally efficient agrarian production landscape was constructed, which can be presented as emblematic of this shift. This landscape is the result of a process that can be perfectly described by means of the ups and downs of the small farming industry.

Transition in Agriculture

At the end of the nineteenth century, when the modernisation of agriculture in the West and the North of the country had definitely progressed, agriculture on the sandy soils seemed to be in deep crisis. The 1886 report of the National Agriculture Commission paints a worrying picture of agriculture in the east and south of the Netherlands.[8] In another, more personal report on the situation of agriculture in North Brabant a similar picture of poverty and underdevelopment emerges.[9] Because of their peripheral location and geological composition, these areas had missed the boat of development. The meagre sandy soils produced inadequate harvests and were under relatively extensive use under the three course rotation system.[10] The use of the land, entirely determined by fertilizer production and fertilizer storage, had resulted in a landscape that consisted for the most part of vast, common heathlands owned by municipalities, and within them, like islands, small clusters of construction in a minutely determined parcel allotment. In Brabant, as a legacy of Frankish inheritance custom, the family farm was divided among the children. In terms of inheritance law, Brabant belonged to the so-called 'partition areas'. This resulted in small farms and a significant fragmentation of the parcels. There were no large, connected pasture and meadow land fields; the landscape presented an intricate, fragmented and irregular picture. The farming industry that this landscape fostered was typologically organised by farms of the Frankish type, farms that are characterised by a long volume combining the house and the working quarters under one roof. Because the number of livestock was limited and the operations were closely geared to one another, this was the most appropriate form for small and medium-sized sandy-soil farm. Extensions of the farm barns and outbuildings were situated ad hoc on the estate. The most labour-intensive farmlands were located close to the estate, such as nurseries, fruit orchards and cultivated fields; the pasture and meadow lands were located further away from the farm.

The pressure on the available land was very high. Because the heathlands were an integral part of the agricultural system, there was hardly any reclamation of wasteland. This kept many farms small and created further fragmentation of the parcels due to increased population pressure. The general picture of the sandy soils at the end of the nineteenth century was not considered very rosy by many agricultural experts. The situation was labelled 'primitive' and 'backward'. According to the experts, many mistakes continued to be made in the farming practice. It should be noted that this is a coloured representation based on a comparison with the market-oriented, capital-intensive and specialised farms in Holland. It was not so much that the 'primitive' farms in Brabant were

stand van voortdurende onbestendigheid. De verhouding tussen het ontstane en het gemaakte, tussen ruimtelijke orde en ruimtelijke inrichting, is er niet scherp omlijnd, eerder diffuus en aan verandering onderhevig. Door de landschapshistoricus J.B. Jackson is dit landschap eens ideaaltypisch omschreven als 'vernacular', als product van de interactie tussen bewoners en geografie.[6] Het is een landschap van het alledaagse, dat wordt gekenmerkt door een hoge mobiliteit en verandering. Niet als gevolg van rusteloosheid en een optimalisering van het grondgebruik, maar van een continue aanpassing aan de natuurlijke omstandigheden door de bewerking van het land *in situ*. Daar tegenover stelt Jackson het 'political landscape', een landschap van welbewuste, planmatige ingrepen door de overheid: 'By political I mean those spaces and structures designed to impose or preserve a unity and order on the land, or in keeping with a long-range, large-scale plan.' Het politieke landschap stoort zich niet aan geografische of topografische beperkingen, maar legt zijn orde aan het lokale landschap op. Waar het politieke landschap volgens Jackson bewust is vormgegeven om het voor mensen mogelijk te maken in een rechtvaardige maatschappij te leven, evolueert het alledaagse landschap in de loop van de overlevingsstrijd die de mens met de natuurlijke omgeving aangaat.

De ingrijpende wijzigingen die na 1950 op het Nederlandse platteland hebben plaatsgevonden zijn, enigszins karikaturaal, te begrijpen als de transformatie van een ruraal landschap, zoals beschreven door Bijhouwer, naar een politiek landschap, zoals omschreven door Jackson. Is de landschappelijke diversiteit in de vooroorlogse situatie nog het product van een lokaal gebonden agrarische bestaanswijze, in de naoorlogse periode wordt ze bewust onderworpen aan een voornamelijk (landbouw)politiek project. Dit project, dat door Berger als modernisatie is getypeerd, heeft een landschap voortgebracht dat een letterlijke breuk forceerde met de bestaande landschapstypen. De naoorlogse landbouw, en in het kielzog daarvan het landschap, werd onderworpen aan een strikte overheidsbemoeienis die zich richtte op de beïnvloeding van de landbouwstructuur. Zo ontstond een interventielandschap, een landschap als resultante van politieke regulering.[7] Op de zandgronden in het zuiden van Nederland heeft deze verschuiving in de landbouwpolitiek en de betrekkingen tussen landbouw en landschap een zeer explosieve agrarische ontwikkeling mogelijk gemaakt. Met name in de Peel, in het oosten van Brabant, werd een uiterst efficiënt agrarisch productielandschap uitgebouwd, dat als emblematisch voor deze verschuiving kan worden opgevoerd. Dit landschap is de resultante van een proces dat zich uitstekend laat beschrijven door middel van de lotgevallen van het kleine boerenbedrijf.

Overgang in de landbouw

Aan het einde van de negentiende eeuw, als de modernisering van de landbouw in het westen en het noorden van het land zich definitief heeft doorgezet, lijkt de landbouw op de zandgronden in diepe crisis te verkeren. Het rapport van de Staatscommissie voor de Landbouw uit 1886 schetst een zorgwekkend beeld van de landbouw in Oost- en Zuid-Nederland.[8] In een ander, meer persoonlijk verslag over de situatie van de landbouw in Noord-Brabant komt een soortgelijk beeld van armoede en onderontwikkeling naar voren.[9] Vanwege de perifere ligging en geologische geaardheid hadden deze gebieden de boot van de ontwikkeling gemist. De schrale zandgronden leverden een gebrekkige opbrengst en kenden een relatief extensief gebruik volgens het drieslagstelsel.[10] Het gebruik van de bodem, dat geheel in het teken stond van mestwinning en mestbewaring,

6 J.B. Jackson, 'A pair of ideal landscapes', in: *Discovering the Vernacular Landscape*, New Haven 1984, pp. 9-55.

7 H. Lörzing, 'Milton Friedman op de trekker', *de Volkskrant*, 19 januari 1995.

8 Zie o.a. E.W. Hofstee, '75 jaar ontwikkeling van de Nederlandse landbouw', in: A. Lammerts e.a. (red.), *Driekwart eeuw plattelandsgroei*, Wageningen 1963, pp. 92-128.

9 'Behalve de moeijlijkheden eigen aan alle schrale gronden in streken, waar bovendien wegens slecht, woningen afgelegen, wateroplossingen onvoldoende zijn en waar de afzet van voortbrengselen gebrekkig en hoofdzakelijk tot het eigen dorp beperkt was; waar men dus behalve van grondeigenaars nog afhankelijk was van kooplieden, en waar tienden heerschten en kapitaal ontbrak; behalve dit alles, droeg de Meijerij door alle tijden heen de rampen des oorlogs.' In: W.J.D. Iterson, *Schets van de landhuishouding der Meijerij*, 's-Hertogenbosch 1868, pp. 5-6.

10 Onder het drieslagstelsel wordt het akkerbouwstelsel verstaan dat wordt bebouwd volgens het vruchtwisselingsschema: wintergraan, zomergraan, braak. De periode van braak is nodig om de grond weer op kracht te laten komen. Bij dit extensieve stelsel lag de nadruk op de akkerbouw. De veeteelt stond in dienst van de akkerbouw.

11   G. van den Brink, "De arbeid is alles, de mensch niets…" Aard en ontwikkeling van het boerenbedrijf in de Kempen 1800-1900', *Tijdschrift voor Sociale Geschiedenis*, vol.17, no. 1, 1991, pp. 50-72.

behind their colleagues in the north and west, but that they had a different rationale because of diverse circumstances. The farms were not so much oriented toward the market as they were toward self-sufficiency, a broadening of social security and a minimisation of business risks. These family farms managed to survive unfavourable conditions because of their more independent position in regard to the market. The flexible deployment of labour and the capacity for 'self-exploitation' were important factors for survival.[11]

This situation was only altered roughly starting in 1890, primarily because of industrialisation. From that point on, agricultural modernisation also got underway on the sandy soils. A complex set of factors led to the disappearance of the 'old' forms of agriculture in a matter of a few decades. Remarkably, however, these changes were highly beneficial to the small farmers. The most significant factor is the introduction of artificial fertilizer, which provided a solution to the fertilizer problem and made possible a substantial increase in the productivity of the land. Artificial fertilizer virtually deprived the heathlands of any function, and new reclamation areas became possible. In addition, moving butter making from the farm to the butter factories played a significant part. These changes were made possible through the founding of farmers' organisations and cooperatives, which by means of information, credit extension and purchase policy provided needed support to small farmers. This network of cooperative organisations, with its principle of mutual self-help, formed a socio-economic instrument to achieve change and modernisation in agriculture. They formed an essential link between the farmer and the global market. In the wake of these organisations, various objects, all components of this agriculture network, were introduced into the countryside: a system of dairy factories, NCB warehouses, transport and shipping enterprises, turf and straw container factories, banks, schools, etc. This introduced a new order into the existing landscape patterns and structures, creating hybrid combinations that were on the one hand grounded in the traditional culture of the countryside and on the other hand made optimal use of the new conditions that had emerged with the expansion of the train, tram and road network and the electrification of the countryside. This made it possible to link many separate farming enterprises together into a significant factor in the national and international market. Artificial fertilizer and dairy factories, both products of the industrial organisation, were turned into an advantage for the capital-deprived small farmer through the cooperative organisation, which handled purchasing and distribution. These opportunities to increase per-hectare production allowed small farmers to substantially expand their livelihood.

Because the new reclamation areas reduced the pressure on livelihood and because artificial fertilizer made more intensive production possible, the 'partition' of farms was no longer seen as a problem. In addition, the high birth rates and the rapid decline in death rates at the bemginning of the twentieth century factored into the strong growth in the number of small farm enterprises in Brabant. The eventual result of these socio-economic developments was that inhabitants became disconnected from their land. In effect, a commercialisation of the land took place. Whereas in the rural, pre-industrial order, land and labour could not be considered separately, in the capitalist order agriculture was best served by a privatisation of common lands, in order to achieve the greatest possible freedom in dealing with ownership of the land. The countryside was made subject to the needs of an expanding urban population. Although the land could not be mobilised, its products could be transported. The mobility of goods

had een landschap tot gevolg dat voor het grootste deel bestond uit uitgestrekte, gemeenschappelijke heidegronden in eigendom van gemeenten, en daarbinnen als eilanden, kleine clusteringen van bebouwing in een fijn versneden verkaveling. In Brabant werd als gevolg van de Frankische erfrechtgewoonte het ouderlijk bedrijf bij de erfenis onder de kinderen verdeeld. In erfrechtelijk opzicht behoorde Brabant daarmee tot de zogenaamde 'splitsingsgebieden'. Dit leidde tot kleine bedrijven en een sterke versnippering van de kavels. Grote aaneengesloten weide- en hooilanden kwamen er niet voor, het landschap gaf een fijnmazig, versnipperd en onregelmatig beeld. Het boerenbedrijf dat dit landschap voortbracht, was typologisch georganiseerd door de langgevelboerderij, die woning en bedrijfsruimte integreerde onder één kap. Omdat de veestapel veelal beperkt van omvang was en de bedrijfsactiviteiten nauw op elkaar waren afgestemd, was dit de meest geschikte vorm voor het kleine en middelgrote zandbedrijf. Bij uitbreiding van het bedrijf werden ad hoc schuren en bijgebouwen op het erf geplaatst. De meest arbeidsintensieve landerijen lagen dicht bij het erf, zoals tuinderijen, fruitboomgaarden en akkers, de wei- en hooilanden lagen op grotere afstand van de boerderij.

De druk op de beschikbare grond was zeer groot. Omdat de heide een onlosmakelijk onderdeel vormde van het landbouwsysteem was er van ontginning van woeste grond nauwelijks sprake. Hierdoor bleven veel bedrijven klein en vond, bij toegenomen bevolkingsdruk, verdere versnippering van de percelen plaats. Het algemene beeld van de zandgronden aan het einde van de negentiende eeuw wordt door vele landbouwdeskundigen als weinig rooskleurig beschouwd. De toestand werd bestempeld als 'primitief' en 'achterlijk'. Aan de uitgeoefende bedrijfsvoering kleefden volgens de deskundigen vele fouten. Opgemerkt moet worden dat het hier een gekleurde beeldvorming betreft die zich baseerde op een vergelijking met de marktgeoriënteerde, kapitaalintensieve en gespecialiseerde boerenbedrijven in Holland. De 'primitieve' boerenbedrijven in Brabant liepen niet zozeer achter op hun collega's in het Noorden en Westen, maar kenden door diverse omstandigheden een andersoortige rationaliteit. De bedrijven waren niet zozeer gericht op de markt als wel op zelfvoorziening, op een verbreding van de bestaanszekerheid en een minimalisering van bedrijfsrisico's. Door een meer onafhankelijke positie ten opzichte van de markt konden deze gezinsbedrijven ook bij ongunstige omstandigheden blijven voortbestaan. De flexibele inzet van arbeid en het vermogen tot 'zelfexploitatie' vormden daarbij belangrijke overlevingsfactoren.[11]

In deze situatie komt pas ruwweg vanaf 1890 verandering door met name de industrialisatie. Vanaf dat moment zet de modernisering van de landbouw ook op de zandgronden door. Een complex van factoren zorgt er voor dat binnen het tijdsbestek van enkele decennia de 'oude' vormen van landbouw verdwijnen. Opvallend is echter dat deze veranderingen de kleine boeren juist sterk bevoordelen. De belangrijkste factor is wel de invoering van kunstmest, die een oplossing bracht voor het mestvraagstuk en een aanzienlijke verhoging van de productiviteit van de grond mogelijk maakte. Als gevolg van de kunstmest raakt de heidegrond vrijwel functieloos en worden ontginningen mogelijk. Daarnaast was de verplaatsing van de boterbereiding op de boerderij naar de boterfabrieken van groot belang. Deze veranderingen werden mogelijk gemaakt door de oprichting van boerenorganisaties en coöperaties, die middels voorlichting, kredietverschaffing en aankoopbeleid, de kleine boeren een noodzakelijke ondersteuning boden. Dit netwerk van coöperatieve organisaties, met hun principe van wederkerige zelfhulp, vormden een sociaal-economisch instrument om

11   G. van den Brink, "'De arbeid is alles, de mensch niets..."Aard en ontwikkeling van het boerenbedrijf in de Kempen 1800–1900", *Tijdschrift voor Sociale Geschiedenis*, jrg. 17 (1991) nr. 1, pp. 50-72.

12 K. Polanyi, *The Great Transformation*, Boston, 1957.

13 Private entrepreneurs with capital from Holland sometimes established farms 40 hectares in size, thereby eclipsing at a single stroke the small Brabant sandy-soil farm – on average about 5 hectares. These large-scale projects were sometimes coupled with the construction of spacious country houses and park-like surroundings.

14 S.L. Louwes, 'Het gouden tijdperk van het groene front; het landbouwbeleid in de na-oorlogse periode', in: *Nederland na 1945*, Deventer, 1980.

for an expanding market was assured by the construction of transport systems that provided access to the countryside.[12]

New Space

In the Peel as well, the systematic reclamation of large sections of the wasteland and peat moors created a new playing field for the small farm enterprise starting in 1900. Although the drive to reclamation between 1900 and 1930 also led to large-scale interventions in the landscape that deviated significantly from the existing fragmented ownership structure, the largest section of the Peel was cultivated by much smaller parcels upon which young farmers, with the help of rent-free loans from the State as well as the help of the municipalities, could start new farms.[13] This collectively supported reclamation policy truly took off after 1920, when the national government extended advantageous credits for the setting up of small agricultural enterprises and contributed a portion of the wages of unemployed labourers, so that job-creation projects could be started. At the same time, the labour intensity on these farms was systematically increased. Many farms acquired the character of a family business. Limited mechanisation on these farms meant there was a great need for manpower. Redeployment to the industrial enterprises in the countryside was only a necessary alternative for the very smallest farmers and farm labourers.

Around 1930, however, agriculture was hit by a serious crisis that was primarily the result of overproduction of grain on the world market and the economic crisis that broke out in the United States in 1929. This crisis, which brought the problems of the small farmers to the fore, was also the occasion for a large-scale expansion of active government involvement in agriculture.[14] The small farming enterprises had fallen behind not only because of the miserable economic conditions, but also because of their limited expertise, the spread-out positions of the

Elektrificatie van het platteland / Electrification of the countryside

tot verandering en modernisering van de landbouw te komen. Ze vormden een essentiële schakel tussen boer en wereldmarkt. In het spoor van deze organisaties werden diverse objecten, onderdeel van dat landbouwnetwerk, in het platteland gevoegd: een stelsel van onder meer zuivelfabrieken, pakhuizen van de NCB, transport- en expeditiebedrijven, turf- en strohulzenfabrieken, banken en scholen. Zo werd een nieuwe ordening toegevoegd aan de bestaande landschappelijke patronen en structuren, waardoor hybride combinaties werden gevormd die zich enerzijds inschreven in de traditionele plattelandscultuur, en anderzijds optimaal gebruikmaakten van de nieuwe condities die ontstonden met de uitbouw van trein-, tram- en wegennet en de elektrificatie van het platteland. Zo was het mogelijk vele afzonderlijke boerenbedrijven aaneen te schakelen tot een factor van betekenis in de (inter)nationale markt. Kunstmest en melkfabriek, beide product van de industriële revolutie, werden door de coöperatieve organisatie, die zorgde voor inkoop en distributie, een voordeel voor de kapitaalarme kleine boer. Deze mogelijkheden voor het opvoeren van de productie per hectare stelde de kleine boer in staat zijn bestaansbasis aanzienlijk te vergroten.

Doordat de druk op de bestaansbasis afnam als gevolg van de ontginningen, en een intensievere productie mogelijk werd door de kunstmest, werd 'splitsing' van bedrijven niet langer als een probleem ervaren. Daarnaast waren de hoge geboortecijfers en de snelle daling van het sterftecijfer aan het begin van de twintigste eeuw factoren in de sterke groei van het aantal kleine boerenbedrijven in Brabant. Het uiteindelijke gevolg van deze sociaal-economische ontwikkelingen was een ontkoppeling van bewoners en hun grond. Feitelijk vond een commercialisatie van de bodem plaats. Waar in het rurale, preïndustriële bestel land en arbeid niet los van elkaar te denken zijn, is in het kapitalistische bestel de landbouw het beste gediend bij een privatisering van de gemeenschappelijke gronden, om een zo groot mogelijke vrijheid in de omgang met het eigendom van het land te verkrijgen. Het platteland werd aan de noden van een expanderende stedelijke bevolking onderworpen. Hoewel de grond niet kon worden gemobiliseerd, konden de producten daarvan wel degelijk worden getransporteerd. De mobiliteit van goederen voor een expanderende markt werd zeker gesteld door de aanleg van transportsystemen die het platteland ontsloten.[12]

Nieuwe ruimte

Ook in de Peel ontstond vanaf 1900 door de stelselmatige ontginning van grote delen van de woeste grond en het hoogveen een nieuw speelveld voor het kleine boerenbedrijf. Hoewel de ontginningsdrift in de periode 1900–1930 ook zorgde voor grootschalige interventies in het landschap, die sterk afweken van de bestaande versnipperde en gefragmenteerde bezitsstructuur, werd het grootste deel van de Peel echter ontgonnen door veel kleinere percelen waarop jonge boeren, met hulp van renteloze voorschotten van het Rijk en met hulp van gemeenten, nieuwe boerderijen konden starten.[13] Deze collectief ondersteunde ontginningspolitiek nam een grote vlucht na 1920, toen de rijksoverheid gunstige kredieten verschafte voor de oprichting van kleine landbouwbedrijven en een bijdrage verschafte aan de lonen van werkloze arbeiders, zodat werkverschaffingsprojecten konden worden opgestart. Tegelijkertijd werd de arbeidsintensiteit op deze bedrijven stelselmatig opgevoerd. Veel bedrijven kregen het karakter van een gezinsbedrijf. Door de beperkte mechanisatie van deze bedrijven was er een grote behoefte aan arbeidskrachten. Afvloeiing naar het industriebedrijf

12 K. Polanyi, The great transformation, Boston 1957.

13 Kapitaalkrachtige particuliere ondernemers uit Holland stichtten soms boerenbedrijven met een omvang van 40 ha, daarmee in één klap het kleine bedrijf van de Brabantse zandgrond (gemiddeld circa 5 ha) achter zich latend. Deze grootschalige projecten gingen soms gepaard met de aanleg van riante buitenhuizen en parkachtige omgevingen.

15 With the agricultural crisis and the exclusionary attitude of foreign trading partners, the free market was replaced by a protectionist model. The crisis legislation provided for a coherent system of price, breeding and production controls, regulations on import and export and tariffs on products.

16 Starting in 1936, small mixed farms received assistance from the Small Farms Department in the form of information and assistance measures. Farms up to 5 hectares received financial assistance, and later payments in kind (artificial fertilizer, livestock feed, etc.) in order to provide some remedy for the bad economic situation. This arrangement, which would only systematically dismantled in the post-1950 period, was used by many small farmers in Brabant.

17 'The beneficial aspects of traditionally derived forms should be adopted and brought into line with current requirements for sound farming practice', was how the authors of the publication *Boerderijen in Nederland* (Arnhem, 1941) put it.

parcels and the high lease prices. The Dutch government implemented the Agricultural Crisis Act in 1933, which provided measures for limiting surpluses so that profitable production could be made possible.[15] These were measures with particularly advantageous consequences for large farmers. The small farmer, however, was hit extra hard by the crisis. An attempt to address this issue was made by creating the Small Farms Department in 1936. Because small farmers were trying to earn an income elsewhere and therefore neglecting their farms, they were set to work, in the framework of job-creation, to bring cultural-technical improvements to their own farms.[16] At the same time, the disproportionate ratio of available land to the number of young farmers looking for a farm was exacerbated by the crisis. The redeployment of farmers to sectors other than agriculture stagnated because of limited industrial activity. Many children of farming families were therefore compelled to continue to work on the family farm, even though there was insufficient productive work to be done.

In contrast to other provinces where reclamation stalled around 1930 as a result of the agrarian crisis, reclamation areas in Brabant were maintained due to government interventions and high population pressure. With the help of the Agricultural Workers Act – in order to combat the poverty resulting from high unemployment – simple farm workers' cottages were built on parcels of about 2 to 3 hectares of land. The farm labourer could build up a 'semi-livelihood' here, with some chickens, pigs and cows. Simultaneously, along with reclamation initiatives by farmers and farm labourers supported by municipalities, the municipalities themselves increasingly took the initiative to plant woodlands. This two-pronged municipal policy in effect resulted in the development of two new landscape patterns: on the one hand the large-scale woodlands on the poorest sandy soils and on the other hand the smaller-scale private reclamations by farmers and farm labourers, typified by a regular pattern of ditches, roads, tree plantings and farms. Both patterns formed new elements in the intricate and small-scale parcelled cultural landscape of the Brabant sandy soils. Alongside the landscape of the traditional and pre-industrial farm, built around a collective use of wasteland, now emerged a primarily artificial and rationally parcelled landscape, maintained by regulation of the water management and use of artificial fertilizer. With the advent of mechanised reclamation by the Nederlandse Heidemaatschappij (Dutch Heathland Reclamation Society), reclamation was incorporated within a large-scale and rationally organised policy. The incremental approach was replaced by engineering thinking, which along with greater government involvement delineated the playing field for reclamation along increasingly stricter lines. The arrangement of farms and estates was also subjected to the logic and standards of agricultural and reclamation engineering and modern business practice. In setting up new farms, however, an attempt was still made to fit in with locally related farm types.[17] More streamlined and rationalised versions of the Frankish farm made their appearance.

Problems of the Small Farmer

Around 1950, following a period of reconstruction and recovery, most farms had regained their original, pre-war operational size and capacity. The sandy soil farms in Brabant were still small, on average less than 10 hectares in size. The mixed farm type was dominant. A characteristic of this type was the spreading of economic and technical risks over diverse branches of operation. This resulted in a hybrid combination of arable and pasture lands, arable crops, some

op het platteland vormde alleen voor de allerkleinste boeren en boerenarbeiders een noodzakelijk alternatief.

Rond 1930 echter raakte de landbouw verstrikt in een ernstige crisis die in hoofdzaak ontstond door overproductie van graan op de wereldmarkt en de economische crisis die in 1929 in Amerika uitbreekt. Deze crisis, die de problematiek van de kleine boeren op de voorgrond plaatste, vormde tevens de aanleiding voor een omvangrijke uitbreiding van de actieve overheidsbemoeienis in de landbouw.[14] De achterstand van de kleine boerenbedrijven zou niet alleen worden bepaald door de miserabele economische omstandigheden, maar ook door de geringe vakbekwaamheid, de verspreide ligging van de percelen en de hoge pachtprijzen. De Nederlandse regering stelde in 1933 de Landbouwcrisiswet in, die voorzag in maatregelen betreffende het beperken van overschotten zodat lonende productie mogelijk werd gemaakt.[15] Dit waren maatregelen die vooral voor grote boeren 'gunstige' uitwerkingen hadden. De kleine boer werd echter extra hard getroffen door de crisis. Gepoogd werd om met de oprichting van de Dienst voor de Kleine Boerenbedrijven (DKB) in 1936 iets aan dit vraagstuk te doen. Omdat kleine boeren hun inkomsten elders poogden te verwerven en hun bedrijf daardoor verwaarloosden, werden ze in het kader van de werkverschaffing tewerkgesteld op eigen bedrijf om cultuurtechnische verbeteringen aan te brengen.[16] Tegelijkertijd werd door de crisis de wanverhouding tussen beschikbare grond en het aantal jonge boeren op zoek naar een bedrijf pregnant. Afvloeiing van boeren in andere sectoren dan de landbouw stagneerde als gevolg van geringe industriële bedrijvigheid. Veel boerenzoons bleven daarom noodgedwongen werkzaam op het ouderlijk bedrijf, ook al was er onvoldoende productieve arbeid voorhanden.

In tegenstelling tot andere provincies, waar de ontginning rond 1930 stokte als gevolg van de agrarische crisis, werden in Brabant de ontginningen door overheidsingrijpen en de sterke bevolkingsdruk voortgezet. Met behulp van de Landarbeiderswet werden – om het pauperisme als gevolg van de grote werkloosheid te bestrijden – eenvoudige landarbeiderswoningen gebouwd op percelen van ca. 2-3 hectare grond. Hier kon de landarbeider een 'half bestaan' opbouwen, met wat kippen, varkens en koeien. Tegelijkertijd met de door gemeenten ondersteunde ontginningsinitiatieven van boeren en landarbeiders namen gemeenten zelf steeds vaker het initiatief tot bebossing van gronden. Met dit gemeentelijk tweesporenbeleid werden feitelijk twee nieuwsoortige landschapspatronen uitgebouwd: enerzijds de grootschalige bosgebieden op

14   S.L. Louwes, 'Het gouden tijdperk van het groene front; het landbouwbeleid in de na-oorlogse periode', in: J.E. Ellemers (e.a.), *Nederland na 1945*, Deventer 1980.

15   Met de landbouwcrisiswet en de afwerende opstelling van buitenlandse handelspartners werd de vrije handel verruild voor een protectionistisch model. De crisiswet voorzag in een samenhangend stelsel van prijs-, teelt-, en productieregelingen, voorschriften bij in- en uitvoer en heffingen op producten.

16   Het kleine gemengde bedrijf werd vanaf 1936 door de DKB ondersteund door voorlichting en steunmaatregelen. Bedrijven tot 5 ha kregen geldelijke uitkeringen, en later betalingen in natura (kunstmest, veevoer, etc.) om de slechte economische situatie enigszins te ondervangen. Van deze regeling, die pas stelselmatig werd afgebouwd in de periode na 1950, hebben veel kleine boeren in Brabant gebruikgemaakt.

oase
63

pag
45

Ontginningsdorp Venhorst / Venhorst, a land-reclamation village

Landarbeiderswoningen in de Peel / Farm labourer's house in De Peel

18   A. Maris and others, *Het kleine-boeren-vraagstuk op de zandgronden*, Assen, 1951.

19   See, for an elaboration of this industrialisation policy in the North Brabant countryside: J. Janssen, *Nostalgisch landschap: planning tussen musealisering en modernisering*, Oase no. 60, 2002.

20   The geographer Brian Ilbery speaks of a productive phase (1950-1980) and a post-productive phase (after 1980) in post-war European agriculture. The productive phase is characterised by a strong emphasis on boosting farm production coupled with modernisation and industrialisation of agriculture. Equally characteristic of this phase is significant government intervention in the agricultural structure. In the post-productive phase the emphasis shifted to a reduction of production, including an effort to integrate agriculture into a broader context of rural economy and environmental factors. B. Ilbery and I. Bowler, 'From Agricultural Productivism to Post-Productivism', in: B. Ilbery (ed.), *The Geography of Rural Change*, Harlow, 1998, pp. 57-84.

horticulture, a few cows, chickens and pigs, loosely grouped in various buildings around the estate. Although a less intricate and more rational landscape evolved on the cultivated lands through a planned system of farming estates and parcels, the mixed farm type was in general use here as well.

In the period after 1950, however, there was a definite interruption in the development of the small farm on the sandy soils. Before the war, the emphasis had been mostly on increasing and improving operational management, on increasing per-hectare production. There was still remarkably little attention paid to mechanisation that might reduce the level of labour needed. The modernisation of agriculture was almost seamlessly incorporated in the existing landscape. Although the landscape did undergo transformations, there was as yet no question of a large-scale and radical change in the existing physical conditions for production. Following the recovery in the years prior to 1950, a number of other problems had come to light, however, which led to an active government policy to influence the agricultural structure. As a result of the depression years and the war period, the agrarian professional population had grown faster than the available employment in agriculture. Thus there was an evident 'imbalance' between the working manpower and the available arable land. This imbalance resulted in a very low labour productivity on the sandy soils. The high levels of manpower and the number of small farms were quickly seen as problematic.[18] The overcrowding of the agrarian sector might lead to the irresponsible partitioning of farms. Now that the reclamation of wasteland was almost complete, this land could no longer provide an outlet for the expansion of the number of farms. A redeployment of manpower out of agriculture was urgently needed. The regional industrialisation policy implemented by the government was a deliberate response to this. Industrialisation was stimulated in peripheral areas of the countryside, especially on the sandy soils.[19]

The handling of the issue of small farmers, and therefore the appreciation of the position of the small farmer in the agricultural sector from the late nineteenth century onward is indicative of the development of Dutch agriculture. This development was geared to exchange the local know-how and the locally achieved 'natural' balance between agricultural practice and physical context in favour of large-scale, rational and scientifically based agricultural practice. The small farmer was seen as a typical product of small-scale, local and traditional agricultural practice, which, although tolerated, was not seen as 'full-fledged'. Starting in 1950 the position of the small farmer was deliberately marginalized. This marginalization is linked with the progress of the productive phase in agriculture, which began in the 1950s and reached its peak in the 1960s and '70s.[20]

Ontginningsboerderij in de Peel / Land-reclamation farm in De Peel

17 'Zoo dient het goede van aan traditie ontsproten vormen te worden overgenomen en met gezonde bedrijfseischen van deze tijd in overeenstemming gebracht', zo stelde de auteurs van de publicatie *Boerderijen in Nederland*, Nederlandsche Heidemaatschappij, Arnhem 1941.

de allerschraalste zandgronden en anderzijds de meer kleinschalige private ontginningen van boeren en landarbeiders, gekenmerkt door een regelmatig patroon van sloten, wegen, opgaande beplanting en boerderijen. Beide patronen vormden nieuwe elementen in het fijnmazig en kleinschalig verkaveld cultuurlandschap van de Brabantse zandgronden. Naast het landschap van het traditionele en preïndustriële boerenbedrijf, opgebouwd rond een collectief gebruik van woeste grond, ontstond nu een voornamelijk kunstmatig en rationeel verkaveld landschap, dat door regulatie van de waterhuishouding en kunstmatige bemesting in stand werd gehouden. Met de komst van de gemechaniseerde ontginning door de Nederlandse Heidemaatschappij werd de ontginning ingepast binnen een grootschalig en rationeel georganiseerde politiek. De incrementele aanpak werd vervangen door een ingenieursdenken dat tezamen met een grotere overheidsinterventie het speelveld voor de ontginning steeds strikter afbakende. Ook de inrichting van boerderijen en erven werden onderworpen aan de logica en normen van de landbouw- en ontginningstechniek en de moderne bedrijfsvoering. In de opzet van nieuwe bedrijven werd echter nog gepoogd aan te sluiten bij de streekgebonden boerderijtypen.[17] Meer gestroomlijnde en gerationaliseerde versies van de langgevelboerderij deden zo hun intrede.

Problematiek van de kleine boer

Rond 1950, na een periode van wederopbouw en herstel, hadden de meeste bedrijven hun oorspronkelijke vooroorlogse bedrijfsgrootte en capaciteit weer bereikt. De zandbedrijven in Brabant waren nog steeds klein, gemiddeld nog geen 10 hectare groot. Het gemengde bedrijfstype was dominant. Kenmerkend voor dit type was de spreiding van economische en technische risico's over diverse bedrijfstakken. Dit resulteerde in een hybride combinatie van bouw- en weiland, akkergewassen, wat tuinbouw, enkele koeien, kippen en varkens, losjes gegroepeerd in verschillende gebouwen rond het erf. Hoewel op de ontgonnen gronden een grofmaziger en meer rationeel landschap evolueerde met een planmatige opzet van boerenerf en verkaveling, was ook hier het gemengde bedrijfstype algemeen.

In de periode na 1950 treedt echter een duidelijke cesuur op in de ontwikkeling van het kleine boerenbedrijf op de zandgronden. Voor de oorlog lag de nadruk voornamelijk op de verhoging en verbetering van de bedrijfsvoering, op de verhoging van de productie per hectare. Er werd nog bijzonder weinig aandacht besteed aan mechanisering waarmee de hoeveelheid benodigde arbeid verminderd zou kunnen worden. De modernisering van de landbouw werd bijna

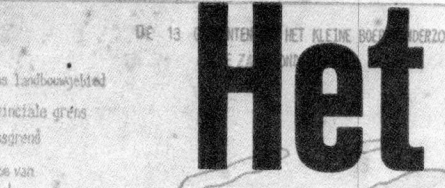

Het Kleine-Boeren vraagstuk op de zandgronden

Landbouw-Economisch Instituut

Van Gorcum - Assen

naadloos ingepast in het bestaande landschap. Hoewel het landschap wel degelijk veranderingen onderging, was van een grootschalige en ingrijpende wijziging van de bestaande fysieke productieomstandigheden nog geen sprake. Na het herstel in de jaren vóór 1950 trad echter een aantal andere problemen aan het licht, die aanleiding vormden voor een actieve overheidspolitiek ter beïnvloeding van de landbouwstructuur. Als gevolg van de crisisjaren en de oorlogsperiode was de agrarische beroepsbevolking sterker gegroeid dan de beschikbare werkgelegenheid in de landbouw. Er was dus een 'wanverhouding' te constateren tussen de werkzame arbeidskrachten en de beschikbare cultuurgrond. Deze wanverhouding resulteerde in een zeer lage arbeidsproductiviteit op de zandgronden. Al snel werd de hoge arbeidsbezetting en de hoeveelheid kleine bedrijven als problematisch ervaren.[18] De overbezetting van de agrarische sector zou tot onverantwoorde splitsing van bedrijven kunnen leiden. Nu de ontginning van woeste grond bijna volledig was voltooid, bood ook dit geen soelaas meer voor de uitbreiding van het aantal bedrijven. Een afvloeiing van arbeidskrachten uit de landbouw was dringend noodzakelijk. Het door de overheid ingezette regionale industrialisatiebeleid speelde hier bewust op in. De industrialisatie van perifere plattelandsgebieden werd gestimuleerd, met name op de zandgronden.[19]

De omgang met het kleine-boerenvraagstuk, en dus de waardering van de positie van de kleine boer in de landbouwsector vanaf het eind van de negentiende eeuw, is indicatief voor de ontwikkeling in de Nederlandse landbouw. Die ontwikkeling is erop gericht de lokale kennis en het lokaal opgebouwde 'natuurlijke' evenwicht tussen landbouwbeoefening en fysieke context te verruilen voor een grootschalige, rationele en op wetenschappelijke kennis gebaseerde landbouwbeoefening. De kleine boer werd gezien als een typisch product van de kleinschalige, lokale en ambachtelijke landbouwbeoefening die, hoewel gedoogd, niet voor 'vol' werd aangezien. Vanaf 1950 wordt de positie van de kleine boer bewust gemarginaliseerd. Deze marginalisering hangt samen met de opkomst van de productieve fase in de landbouw, die haar ontstaan in de jaren vijftig en haar hoogtepunt in de jaren zestig en zeventig kent.[20] Kenmerkend voor deze fase is de ontkoppeling van de agrarische bedrijfsvoering van de directe lokale en fysieke context en de opname ervan in een agro-industrieel complex. De afhankelijkheid tussen landbouwbeoefening en landschap werd minder direct van aard. Door de economische en technische optimalisering van de bedrijfsvoering kon het landschap worden gemanipuleerd in elke gewenste richting. In de productieve fase steunt de landbouw in sterke mate op generieke, wetenschappelijk verkregen kennis over de landbouw, op een omvangrijk agro-businesscomplex en een vervlechting van landbouwbelangen in het landbouwmodel. Deze drie peilers vormden tezamen een landbouwnetwerk dat kennis produceerde die in verregaande mate de voorwaarden bepaalden voor de bedrijfsuitoefening en productieomstandigheden in de agrarische sector.[21] De in de loop van de tijd ontwikkelde lokale ervarings- en praktijkkennis van boeren werd zo verruild voor de als objectief te boek staande kennis van onderzoeksinstituten en -instellingen. De boer als ervaringsdeskundige en -expert bij uitstek moest het afleggen tegen de bureaucratische machinerie van het ministerie van Landbouw.

Omdat het kleine boerenbedrijf niet of nauwelijks in staat was de productie te verhogen door intensivering van de bedrijfsvoering of verbetering van de productieomstandigheden, bleef er volgens deskundigen maar één mogelijkheid tot voortbestaan over, namelijk een schaalvergroting van het bedrijf.[22] In het Agrarisch Welvaartsplan voor Noord-Brabant (1955) wordt deze conclusie als

18   A. Maris e.a., *Het kleine-boerenvraagstuk op de zandgronden*, Assen 1951.

19   Zie voor de uitwerking van deze industrialisatie politiek op het Noord-Brabantse platteland: J. Janssen, 'Nostalgisch landschap: planning tussen musealisering en modernisering', *Oase*, nr. 60, 2002.

20   De geograaf Brian Ilbery spreekt over een productieve fase (1950–1980) en een postproductieve fase (na 1980) in de naoorlogse Europese landbouw. De productieve fase wordt gekenmerkt door een sterke nadruk op de verhoging van de bedrijfsproductie die gepaard gaat met modernisatie en industrialisatie van de landbouw. Eveneens kenmerkend voor deze fase is een sterke overheidsinterventie in de landbouwstructuur. In de postproductieve fase is de nadruk verschoven naar een verlaging van de productie, waarbij een integratie van de landbouw in bredere ruraal-economische en omgevingsfactoren wordt nagestreefd. B. Ilbery, I. Bowler, 'From agricultural productivism to post-productivism', in: B. Ilbery (red.), *The Geography of Rural Change*, Harlow 1998, pp. 57-84.

21   J.D. van der Ploeg, *De virtuele boer*, Assen 1999.

22   De kwestie van het kleine boerenbedrijf maakte duidelijk dat er een verschil van mening bestond tussen de boeren uit het noorden en die uit het zuiden van Nederland. De KNBTB (Katholieke Nederlandse Boeren en Tuinders Bond) had door zijn sterke binding met de Brabantse zandboeren een meer kritische houding ten opzichte

21   J.D. van der
Ploeg, *De virtuele
boer*, Assen, 1999.

22   The issue of the
small farm makes clear
that a difference of
opinion existed
between the farmers in
the North and in the
South of the
Netherlands. The
KNBTB (Catholic
Netherlands Farmers
and Market-Gardeners
Federation), due to its
strong links to the
sandy-soil farmers of
Brabant, had a more
critical attitude
toward the logic inher-
ent in the 'small farm-
ers issue'. It still
believed in a future for
small farms.

A characteristic of this phase was the disconnection of the agrarian operation from the immediate local and physical context and its absorption into an agro-industrial complex. The interdependency between agricultural practice and landscape became less direct in nature. Economic and technological optimisation of operations allowed for manipulation of the landscape in any direction desired. During the productive phase, agriculture was to a significant degree reliant on generic, scientifically derived knowledge about agriculture; on a large agro-business complex; and on an interweaving of agricultural interests in the agricultural model. These three pillars combined to form an agricultural network that produced knowledge that determined to a large extent the provisions for the operations and the production conditions of the agrarian sector.[21] The local experience and practical know-how acquired over time by farmers was exchanged for what was considered the objective knowledge of research institutes and institutions. The farmer as a quintessentially empirical expert was forced to bow to the bureaucratic machinery of the ministry of agriculture.

Because the small farming enterprise can only slightly boost production, if at all, through intensifying operations or improvements in the production conditions, there remained only one possibility for survival, according to experts – increasing the scale of the enterprise.[22] In the Agrarian Welfare Plan for North Brabant (1955) this conclusion is presented as inescapable: 'In the smaller farms – on average, farms of less than 5 to 6 hectares – a reasonable production per worker can only be achieved by an expansion of the enterprises.'

Rationalisation of agricultural practice was the mainstay of this system of modernisation for the agrarian sector. The development of agriculture progressed according to regulations, procedures and models that were derived from a search for rationalisation. The small farmer and his characteristic way of life – or rather survival – no longer fit into the course of this development. Set against the future of large-scale, high-tech farms, the small farmer eking out a living on his plot of land quickly paled in comparison. The inevitability of the future that had been outlined meant that one also had to say goodbye to the culture that came with this type of farming. Although farm life before the Second World War could still be characterised as a special way of life, modernisation in the 1950s and '60s made it the practice of a profession like any other. John Berger, in *Pig Earth*, states that the modernisation of agriculture has not only resulted in the disappearance of the small farmer, since he could not keep up with the demands of progress, but also in the transformation of the remaining farmers into a new category of economic and social beings. The remaining farmers became businessmen, learned accounting, and operated within the framework of continuing rationalisation. According to Berger, this shift marks the transition from a survival culture to a culture of progress. Another important point is that this break also coincides with a change in thinking about the future and future opportunities. The future is increasingly determined by actions that have to be taken in the present. Future thinking thereby structures the present, determines what can and cannot be done in societal terms. This means the farmer must act as a businessman, focused on directing operations in line with an inescapable vision of the future. The survival culture, so characteristic of the mixed farm on the sandy soils, was exchanged for a culture of progress, in which it was no longer tradition that ruled, but rather business plans, bank guarantees and credits. The formerly labour-intensive sector became dominated by capital investment, flexibility, business optimisation, etc.

onontkoombaar gepresenteerd: 'Op de kleinere bedrijven – in het algemeen de bedrijven beneden de 5 à 6 ha. – zal een redelijke productie per werker slechts door vergroting der bedrijven te verwezenlijken zijn.'

Rationalisatie van de landbouwbeoefening was de kurk waarop dit systeem van modernisatie van de agrarische sector dreef. De ontwikkeling van de landbouw vond plaats volgens regels, procedures en modellen die voortkwamen uit het streven naar rationalisatie. De kleine boer en zijn typische vorm van (over)leven pasten niet meer in deze ontwikkelingsrichting. Afgezet tegen de toekomst van grootschalige en hoogtechnologische bedrijven, verbleekte het armoedig gekeuter van het kleine boerenbedrijf al snel. De onontkoombaarheid van deze uitgestippelde toekomst maakte dat men ook afscheid moest nemen van de met dit type boerenbedrijf samenhangende cultuur. Hoewel het boerenleven voor de Tweede Wereldoorlog nog te karakteriseren valt als een afzonderlijke levenswijze, is deze door de modernisering in de jaren vijftig en zestig slechts de uitoefening van een beroep als alle andere. John Berger stelt in *Het varken aarde* dat de modernisering van de landbouw niet alleen heeft geleid tot de verdwijning van de kleine boer, deze kon immers niet voldoen aan de eisen van de vooruitgang, maar ook tot de transformatie van de overblijvende boeren tot een nieuwe categorie economische en sociale wezens. De overgebleven boeren werden ondernemer, leerden rekenen, en handelden binnen het kader van de voortgaande rationalisering. Volgens Berger is deze verschuiving te markeren als de overgang van een overlevingscultuur naar een cultuur van de vooruitgang. Belangrijk is ook dat deze breuk samenhangt met een verandering in het denken over toekomst, en toekomstige mogelijkheden. Steeds vaker werd de toekomst bepalend voor de acties die in het heden moesten worden genomen. Het toekomstdenken structureert daarbij het heden, bepaalt wat in maatschappelijk opzicht wel en niet kan. Daardoor moet de boer optreden als ondernemer, gericht op het ordenen van de bedrijfsvoering naar een onontkoombaar toekomstbeeld. De overlevingscultuur, zo kenmerkend voor het gemengde bedrijf op de zandgronden, werd verruild voor een cultuur van de vooruitgang, waarin niet langer de traditie, maar bedrijfsplannen, bankgaranties en kredieten de dienst uitmaakten. De voorheen arbeidsintensieve sector raakte in de ban van kapitaalinvesteringen, flexibiliteit, bedrijfsoptimalisering, et cetera.

Het plooien van de ruimte

Het naoorlogse landbouwbeleid kan, ruwweg vanaf 1950, worden omschreven als een beleid gericht op het verlagen van de kostprijs van landbouwproducten en het verhogen van de productiviteit middels de inzet van schaalvergroting, intensivering en mechanisering. Belangrijk bij de realisatie van deze doelstelling was de inzet van het structuurbeleid, gericht op de verbetering van de landbouwstructuur.[23] Met het landbouwstructuurbeleid kon 'een doelbewuste beïnvloeding van de landbouwstructuur door middel van een aantal (complexen) van maatregelen' ter hand worden genomen.[24] Om kostprijsverlaging te kunnen realiseren, was het opvoeren van de efficiency van de sector noodzakelijk. De ruimtelijke situatie op de zandgronden was in veel gevallen echter ongeschikt voor efficiencyverhoging. Dit omdat de grootste belemmeringen in de productiviteitsverhoging voortkwamen uit de slechte verkaveling, ongunstige ligging en grootte van boerderijen, waterbeheersing en ontsluiting van landbouwgronden. Het instrumentarium dat werd gehanteerd om het structuurbeleid uit te voeren, verschoof daardoor vrijwel geheel naar terrein van de cultuurtechniek, en in het bijzonder naar dat van

van de logica die besloten lag in het 'kleine-boerenvraagstuk'. De bond zag nog wel degelijk een toekomst weggelegd voor de kleine bedrijven.

23   Het structuurbeleid voorziet niet in vaste prijzen of inkomenstoeslagen, maar ondersteunt door middel van subsidies projecten in de sfeer van onderwijs, voorlichting, onderzoek, nieuwe landbouwtechnieken en -methoden en landinrichtingsprojecten om efficiëntere productie mogelijk te maken. Het structuurbeleid is voornamelijk een nationale aangelegenheid.

24   S. Herweijer, 'Structuurbeleid in de landbouw', in: *Cultuurtechnische verhandelingen*, Den Haag 1969, p. 13.

23   The structural policy does not provide for set prices or income supports, but provides assistance through subsidies projects in the sphere of education, information, research, new agricultural techniques and methods and land organisation projects to facilitate more efficient production. The structural policy is primarily a national matter.

24   S. Herweijer, 'Structuurbeleid in de landbouw', in: *Cultuurtechnische verhandelingen*, The Hague, 1969, p. 13.

25   A. van den Brink, *Structuur in Beweging; het landbouwstructuurbeleid in Nederland 1945-1985*, Wageningen, 1990, p. 73.

26   S. Herweijer op. cit., p. 24.

27   The regional improvement programmes can be seen as a form of social planning that, as the rural counterpart of the regional industry policy, were intended to improve socio-economic conditions in the countryside by providing information and training on farm operation and economy, domestic management and agrarian social issues. The influence of American agricultural information campaigns on the regional improvement programme was very significant. American experiences made particular inroads in the Netherlands under the aegis of the Marshall Plan. E. Karel, 'De illusie van het maakbare platteland? Streekverbetering 1956-1970', in: P. Kooij and others, *De actualiteit van de agrarische geschiedenis*, Groningen, 2000, pp. 65-96.

Folding Space

Post-war agricultural policy, roughly starting around 1950, can be described as a policy aimed at lowering the cost of agricultural products and increasing productivity by means of expansions, intensification and mechanisation. An important facet in the achievement of these objectives was the implementation of structural policy, geared toward improving the agricultural structure.[23] The agricultural structure policy made it possible to exercise 'a purposeful influence on the agricultural structure by means of a number of (sets of) measures'.[24] In order to bring costs down, increasing efficiency in the sector was crucial. The physical situation on the sandy soils, however, was in many cases unsuited for increases in efficiency. This was due to the fact that the greatest obstacles to increasing productivity were a result of the poor parcel allotment, unfavourable location and size of farms, water management and access to agricultural lands. The instruments used to carry out the structural policy therefore shifted almost entirely to the domain of agricultural engineering, and in particular to that of land consolidation.[25] The objective of land consolidation was 'the improvement of conditions, promoting the further development of the farms into rational production units'.[26] The agricultural engineering machinery that was to combat the 'evil of fragmentation' on the Brabant sandy soils targeted the physical limitations of the rural landscape, which offered insufficient opportunities for the viable farms. Increased concentration of capital, land and labour were paramount in this operation. Whereas swapping land in the pre-war period, made possible by the Land Consolidation Act of 1924, was intended primarily as an instrument for land consolidation, without the implementation of radical changes in ownership and parcel allotment structure, drainage situation and planting, the 1954 legislation made a reordering of the entire physical structure of large areas of the countryside possible. This resulted in the development of the agricultural sector in the direction of large farms organized along industrial lines in a scale expansion of the structures and patterns of the landscape. The landscape plans that had to be devised within the framework of land consolidation mostly attempted to follow along with the scale expansion of agriculture. By means of tree plantings, new structure-defining lane and moat systems were developed that were adapted to the significantly larger size of parcel and farm layouts, varying from 10 to 30 hectares. The tree plantings mainly coincided with the construction of new roads, the moats mainly with old sandy tracks or new waterways to be dug. In order to arrive at these 'reasonable' parcel forms, the timber along parcel boundaries was removed, many unsurfaced roads disappeared, steep sides and other ground features were levelled and groves and remnants of wasteland were put into cultivation. In the wake of these physical changes in the countryside, an information offensive – based on an American model – was initiated in order to do away with socio-economic deprivation situations in agrarian regions. Technical, farm economics and domestic instruction was first initiated in the Brabant model village of Kerkhoven, near Oisterwijk, and was continued after 1956 in the form of broad-based regional improvement projects in which both information and subsidy schemes played a significant role.[27] It was necessary to bring about a change in mentality in order to achieve an increase in production, on the farm as well as in the home. A more functional arrangement and improvement of the farmhouse, as well as improvement of hygiene conditions, were paramount. Thus a strict separation between living and work quarters was proposed, in order to achieve a new arrangement of the

de ruilverkaveling.[25] Het doel van de ruilverkaveling was 'de verbetering van de omstandigheden waardoor een verdere ontwikkeling van de bedrijven tot rationele produktie-eenheden wordt bevorderd'.[26] De cultuurtechnische machinerie die de 'kwaal der versnippering' op de Brabantse zandgronden moest tegengaan, richtte zich tegen de fysieke beperkingen van het rurale landschap, dat onvoldoende mogelijkheden bood voor de levensvatbare bedrijven. Het sterker concentreren van kapitaal, grond en arbeid stond in deze operatie voorop. Was de vooroorlogse ruilverkaveling, mogelijk gemaakt door de Ruilverkavelingswet van 1924, vooral bedoeld als instrument voor kavelruil zonder dat ingrijpende wijzigingen in eigendoms- en perceelsstructuur, ontwateringstoestand en beplanting werden doorgevoerd, de wet van 1954 maakte een herordening van de totale fysieke structuur van grote plattelandsgebieden mogelijk.

Zo resulteerde de ontwikkeling van de landbouwsector in de richting van grote, op industriële leest geschoeide bedrijven in een (letterlijke) schaalvergroting van de structuren en patronen van het landschap. De landschapsplannen die in het kader van de ruilverkaveling moesten worden opgesteld, trachtten veelal mee te bewegen op de schaalvergroting van de landbouw. Middels opgaande beplanting werden nieuwe structuurbepalende lanen- en singelstelsels ontwikkeld die waren geënt op de sterk vergrote kavel- en bedrijfsinrichting, variërend van 10 tot 30 hectare. De opgaande beplanting viel veelal samen met de aanleg van nieuwe wegen, de singels veelal met oude zandwegen of nieuw te graven waterlopen. Ter verkrijging van deze 'redelijke' kavelvormen werd het houtgewas langs perceelsgrenzen verwijderd, vervielen veel onverharde wegen, werden steilkanten en andere terreinvormen geëgaliseerd en bosschages en resten woeste grond in cultuur gebracht. In het spoor van deze fysieke wijzigingen op het platteland werd een voorlichtingsoffensief (naar Amerikaans model) opgestart om sociaal-economische achterstandssituaties in agrarische regio's weg te werken.

Technische, bedrijfseconomische en huishoudelijke voorlichting kreeg in het Brabantse voorbeelddorp Kerkhoven bij Oisterwijk een eerste uitdrukking, na 1956 gecontinueerd door breed opgezette streekverbeteringsprojecten waarbij zowel voorlichting als premieregelingen een grote rol speelden.[27] Mentaliteitsverandering was noodzakelijk om te komen tot productiviteitsverhoging, zowel op het bedrijf als in de woning. Een doelmatiger inrichting en verbetering van de boerenwoning, alsook een bevordering van de hygiënische omstandigheden stonden hierbij voorop. Zo werd een rigoureuze scheiding tussen woon- en werkruimten voorgesteld, om een andere inrichting van de woon- en werkruimten te kunnen doorvoeren: bedsteden werden opslagruimten, open zolders werden verbouwd tot slaapkamers, de keuken kreeg ventilatie, toiletten, douches en wasruimten werden aangelegd, enzovoort.[28] De diffuse overgangen tussen woon- en werkruimten in de traditionele langgevelboerderijen, waarin alles onder één dak samenviel, kregen een duidelijke begrenzing: schuur werd open loopstal, de woonkeuken kreeg een kookelement en werd uitgebreid met een washok, woonkamers werden gesplitst in woon- en zitkamer. Deze interne reorganisatie zette zich na 1960 extern door, het woonhuis werd losgekoppeld van de bedrijfsruimte en presenteerde zich als neoboerderette, van alle gemakken voorzien. Vaak verloor de oorspronkelijke boerderij door nieuwbouw van grotere en modernere stallen op het erf haar functie als bedrijfsruimte. Deze ruimte kon vervolgens worden gebruikt voor onder meer uitbreiding van het woongedeelte, de opslag van allerhande materiaal of de vestiging van een kantoor.

25 A. van den Brink, *Structuur in Beweging; het landbouwstructuurbeleid in Nederland 1945–1985*, Wageningen 1990, p. 73.

26 Herweijer op. cit., p. 24.

27 Streekverbetering kan worden opgevat als een vorm van sociale planning die als rurale tegenhanger van het regionale industriebeleid de sociaal-economische omstandigheden op het platteland moest verbeteren door middel van bedrijfstechnische en economische, landbouwhuishoudelijke en agrarisch-sociale voorlichting. De invloed van de Amerikaanse landbouwvoorlichting op de streekverbetering was zeer sterk. Met name in het kader van de Marshallhulp drongen Amerikaanse ervaringen op dit gebied in Nederland door. E. Karel, 'De illusie van het maakbare platteland? Streekverbetering 1956 1970', in: P. Kooij (e.a.), *De actualiteit van de agrarische geschiedenis*, Groningen 2000, pp. 65-96.

28 Voor de opvoering van de productie van mens en dier op het boerenbedrijf waren zowel bedrijfstechnische als landbouwhuishoudelijke veranderingen noodzakelijk. Veelal betekende dat dat een rationalisatie van de bedrijfsvoering werd gecompleteerd door een rationalisatie en efficiencyverbetering van de huishouding.

oase
63

pag
54

living and work quarters: bedsteads became storage spaces, open attics were converted into bedrooms, the kitchen was fitted with ventilation, toilets, showers and laundry rooms were built, etc.[28] The diffuse transitions between living and work quarters in the traditional Frankish farms, in which everything was combined under one roof, were clearly delineated: the barn became an open loose yard, the open kitchen was fitted with a hob and expanded with a laundry room, living rooms were split into living and sitting rooms. This internal reorganisation continued outside after 1960; the home was separated from the work area and presented the aspect of a neo-farmette, with all comforts and conveniences. Often the original farm building lost its function as a working area due to the construction of new, larger and more modern sties and stables on the estate. This space could subsequently be used for expansion of the living area, the storage of all manner of materials, the establishment of an office, etc.

Leaders

The core of agricultural policy from the 1960s onward was grounded on the principle of 'selective continuity'. A distinction was made between so-called leading farms, middle-sized farms and small farms.[29] The leading farms were seen as the ideal type of farm within the agricultural system, as the linchpin of agricultural policy. Leading farms were fast-growing, large-scale and high-tech farms. The strong growth of such farms was crucial in ensuring a healthy agricultural structure. The growth of the small farms paled in comparison to the growth of the 'leaders'. Optimising production conditions for the leading farms was a central objective of the agricultural policy. This growth philosophy became a compelling factor in farm operations.[30] A problem, however, was that an optimising leading farm presupposed a continuous reordering of the landscape. The landscape became an obstacle, a limiting factor for the leading farm. The advent of leading farms signified a break with the past, in which the local variety of social, economic and landscape variables had formed the context for farming practice. The middle-sized farms might feasibly be transformed into leaders with possible government assistance, but for the small farms there was nothing left but a marginal existence. The entire system was geared to eliminating the small farms and to reinforce the large-scale farms. The small farms would thus make room for the larger farms. Especially in the Peel, where the reclamation companies literally provided space for the developments of scale expansion and specialisation, industry in Eindhoven and Helmond held great appeal for children of farming families and small farmers, making redeployment possible, and the pioneer spirit easily absorbed new developments, the changes were carried through on a large scale and at a rapid rate.

An iron rule within agricultural modernisation was that reorganisation would create space for further growth and scale expansion of the sector. 'The size of the farms will probably increase faster than before. The share of larger farms in the total production will continue to increase. This is especially the case in poultry farming, but it is also a factor in pig farming, which compromises the livelihood of the small mixed farm.'[31] However, there were significant differences in outlooks on this issue between agriculture ministers Mansholt and Vondeling (both PvdA, or Labour Party) and their successors V.G.M. Marijnen (KVP, or Catholic Popular Party) and P.J. Lardinois (KVP).[32] In the view of Mansholt and Vondeling, the small farms were a vulnerable spot in the agrarian struc-

28 In order to boost human and animal productivity on the farm, changes had to be made in operational as well as domestic management. Often this meant that a rationalisation of farming practice was complemented by a rationalisation and improvent of efficiency in the household.

29 J. Frouws, *Mest en macht: een politiek-sociologische studie naar belangenbehartiging en beleidsvorming inzake de mestproblematiek in Nederland vanaf 1970*, Wageningen, 1994.

30 This philosophy of continued growth is proving tenacious. In this regard, this statement by a North Limburg chicken farmer is typical: 'Scale expansion is an absolute necessity for survival. Agriculture works just like industry. A profitable production is only possible if you work in large quantities and labour productivity increases.' The previously mentioned classification scheme of leader, middle-sized and small farms aroused a strong competitive instinct among farmers: 'You always have to make sure that you're among the top 25% of farms. You run fewer risks that way.' Op. cit. in: P. de Jaeger, *Hoe verder boeren*, Breda, 1998, p. 147 and p. 156.

31 S. Herweijer op. cit., p. 28.

32 Mansholt was minister of Agriculture from 1945 to 1957, Staf in 1958 (ad interim), Vondeling in 1958, Staf again in 1958 and 1959, Marijnen from 1959 to 1963 and Lardinois from 1967 to 1973.

Koplopers

De kern van het landbouwbeleid vanaf de jaren 1960 was gestoeld op het principe van 'selectieve continuïteit'. Er werd een onderscheid gemaakt in zogenaamde koploperbedrijven, middenbedrijven en kleine bedrijven.[29] De koploperbedrijven werden als de ideaaltypische bedrijven binnen het landbouwsysteem gezien, als spil van het landbouwbeleid. Koploperbedrijven waren snel groeiende, grootschalige en hoogtechnologische bedrijven. De sterke groei van dergelijke bedrijven was noodzakelijk om een gezonde landbouwstructuur te verzekeren. Tegen de groei van de 'koplopers' verbleekte de groei van de kleine bedrijven. Een optimalisering van de productievoorwaarden voor de koploperbedrijven was een centraal doel in het landbouwbeleid. Deze groeifilosofie werd voor veel boeren een dwingende factor in de bedrijfsuitoefening.[30] Problematisch was echter dat het optimaliserende koploperbedrijf een voortdurende herordening van het landschap veronderstelde. Het landschap werd een obstakel, een beperkende factor voor het koploperbedrijf.

De komst van de koploperbedrijven betekende een breuk met het verleden, waarin de lokale variëteit aan sociale, economische en landschappelijke variabelen de context voor de bedrijfsuitoefening vormden. De middenbedrijven zouden met eventuele steun van de overheid nog kunnen transformeren tot koploper, maar voor de kleine bedrijven restte niets anders dan een marginaal bestaan. Het gehele systeem was erop gericht de kleine bedrijven te laten afvloeien en de grootschalige bedrijven te versterken. De kleine bedrijven zouden zo ruimte maken voor de grotere bedrijven. Met name in de Peel, waar de ontginningsbedrijven letterlijk de ruimte boden voor de ontwikkelingen van schaalvergroting en specialisatie, de industrie in Eindhoven en Helmond een grote aantrekkingskracht had op boerenzonen en kleine boeren waardoor afvloeiing kon plaatsvinden, en de pioniersgeest nieuwe ontwikkelingen gemakkelijk opnam, werden de veranderingen op grote schaal en in snel tempo doorgevoerd.

Een ijzeren wet binnen de modernisatie van de landbouw was dat door sanering ruimte kon worden gecreëerd die was vereist voor verdere groei en schaalvergroting van de sector. 'De toeneming van de omvang van de bedrijven zal waarschijnlijk sterker zijn dan voorheen. Het aandeel van de grotere bedrijven in de totale productie zal verder toenemen. Dit is met name in de pluimveehouderij, maar ook in de varkenshouderij een factor, die de bestaansbasis van het kleine gemengde bedrijf aantast.'[31] Er bestond echter een groot verschil van inzicht over deze kwestie tussen landbouwministers Mansholt en Vondeling (beide PvdA) en hun opvolgers V.G.M. Marijnen (KVP) en P.J. Lardinois (KVP).[32] In de optiek van Mansholt en Vondeling vormden de kleine bedrijven een kwetsbare plek in de agrarische structuur.[33] Het streven van Mansholt was om de boer op 'het goed geleide en sociaal en economisch verantwoorde' bedrijf zo veel mogelijk bestaanszekerheid te geven.[34] Dit bedrijf week echter sterk af van de bedrijven zoals die voorkwamen op de zandgronden. De kleine boer die daar met zijn gemengde bedrijf probeerde te overleven, paste niet langer in de door Mansholt uitgetekende rationele landbouwcultuur. De ideologie van 'Blut und Boden' was hem vreemd. Hij zag de boer als een laatste relict uit de feodale tijd. Noodzakelijk was een transformatie van boer tot moderne arbeider; een arbeider die op een goed geoutilleerd, grootschalig bedrijf de productie van graan en vlees voor zijn rekening nam, en voldoende tijd overhield om op vakantie te kunnen gaan. Een moreel en religieus geïnspireerde lofzang op de verbondenheid van de boer met zijn grond, en zijn op de natuur afgestemde levenswijze,

29   J. Frouws, *Mest en macht: een politiek-sociologische studie naar belangenbehartiging en beleidsvorming inzake de mestproblematiek in Nederland vanaf 1970*, Wageningen 1994.

30   Deze filosofie van voortgaande groei blijkt hardnekkig. Typerend in dit verband is de uitspraak van een Noord-Limburse kippenhouder: 'Schaalvergroting is pure noodzaak om te overleven. De landbouw werkt net als de industrie. Een rendabele productie is alleen maar mogelijk als je in grote aantallen werkt en de productiviteit per arbeidskracht toeneemt.' Het al eerder genoemde classificatieschema van koploper-, midden- en kleinbedrijf veroorzaakte bij de boeren een sterke competitiedrang: 'Je moet altijd zorgen dat je bij de 25% beste bedrijven hoort. Dan loop je de minste risico's.' Geciteerd in: P. de Jaeger, *Hoe verder boeren*, Breda 1998, p. 147 en p. 156.

31   Herweijer op. cit., p. 28.

32   Mansholt was minister van Landbouw van 1945 tot 1957, Staf in 1958 (ad interim), Vondeling in 1958, Staf wederom in 1958 en 1959, Marijnen van 1959 tot 1963 en Lardinois van 1967 tot 1973.

33   M. Smits, *Boeren met beleid*, Nijmegen 1996, p. 178.

34   J.J. Woltjer, *Recent verleden. Nederland in de twintigste eeuw*, Amsterdam 1992, p. 354.

33 M. Smits, *Boeren met beleid*, Nijmegen, 1996, p. 178.

34 J.J. Woltjer, *Recent verleden; Nederland in de twintigste eeuw*, Amsterdam, 1992, p. 354.

35 The objective of this common agricultural policy was improving productivity, assuring an acceptable income for farmers, reaching equilibrium between supply and demand and guaranteeing food of adequate quality at a reasonable price. See: W. Asbeek Brusse, 'Modernisering en plattelandsontwikkeling in Europa', in: *Het platteland in een veranderende wereld. Boeren en het proces van modernisering*, Hilversum, 1994, pp. 317-332.

ture.[33] Mansholt endeavoured to give the farmer on 'the well-run and socially and economically responsible' farm as much social security as possible.[34] Such a farm, however, was quite different from farms as they existed on the sandy soils. Small farmers who tried to survive there with their mixed farms no longer fit into the rational agricultural culture outlined by Mansholt. The ideology of 'Blood and soil' was alien to him. He saw the farmer as a last relic of feudal times, it was crucial to transform the farmer into a modern worker, a worker who took charge of the production of grain and meat on a well-equipped, large-scale farm, and had enough time left over to go on holiday. A morally and religiously inspired ode to the solidarity of the farmer with his land and his way of life attuned to nature was wasted on him. Farmers who could not keep up with Mansholt's pace of innovation, and continued to struggle in 'backward' fashion against the elements in order to provide for mere subsistence, deserved to be removed from the agricultural system. When in the second half of the 1950s the intensification and mechanisation to boost productivity on the small farms seemed to have reached its limit, Mansholt wanted to prevent the creation of yet more small farms. Vondeling, in his *Policy Document on Structural Policy in Agriculture* (1958), painted a picture of the 'too small farms' that stood in the way of the scale expansion of agriculture. In the *Multi-Year Plan for Land Consolidation and Other Agricultural Engineering Projects in the Netherlands* (1958) a selection criterion was adopted to accelerate the progress and efficiency of land consolidation. Areas with more than 50-60 farms per 1000 hectares did not qualify for the 'new style' land consolidation. This naturally meant that those areas that consisted of a large number of small, mixed farms would be excluded. When the KVP ministers took office, the problems of the small farm on the sandy soils became once again a subject of concern. The poor economic situation of these farms led minister Marijnen to set up a Reorganisation Fund, in order to allow a 'warmer' reorganisation of the struggling farms.

In the 1960s, despite increasing consumption, the margin for increased production fell. This was due to higher agricultural production in countries where Dutch agricultural products were sold. The realisation that growth was not infinite slowly set in. The response of the sector to this change was to get rid of manpower. This was made possible in part by a continued development in mechanisation and technology. However, as a result of the implementation of a European agriculture policy, agricultural production steadily increased. An important factor is the path taken by the European Community in 1962 under Mansholt's leadership, which led to a common internal market.[35] It began with a system of import levies, base prices, intervention prices for products from outside the EC. This produced advantageous market conditions for the Netherlands. The opportunities for export of agricultural products expanded and the costs for the market and price policy were borne in common. Products for which there was no market were bought up by the EC at intervention prices. The certainty of selling at profitable prices was the signal for many farmers to take definite steps to modernise. The general picture in the 1970s is of a significant fall in the number of farms and workers in agriculture and a strong rise in production. The modernisation of the agricultural sector went on. With it, more and more 'small' farmers were compelled either to catch up or cease operations. Indeed, the level of investments involved in scale expansion and intensification of operations rose enormously.

was aan hem niet besteed. Boeren die het vernieuwingstempo van Mansholt niet konden bijbenen, en op 'achterlijke' wijze bleven vechten tegen de elementen om zo in een schamel levensonderhoud te kunnen voorzien, dienden uit het landbouwsysteem te worden verwijderd.

Toen in de tweede helft van de jaren vijftig de intensivering en mechanisering ten behoeve van de productiviteitsverhoging op de kleine bedrijven verzadigd leek, wilde Mansholt voorkomen dat er nog meer kleine bedrijven ontstonden. Vondeling schetste in zijn *Nota over het structuurbeleid in de Landbouw* (1958) het beeld van de 'te kleine bedrijven' die de schaalvergroting in de landbouw in de weg stonden. In het *Meerjarenplan voor ruilverkaveling en andere cultuurtechnische werken in Nederland* (1958) werd om de voortgang en efficiëntie van de ruilverkaveling te bespoedigen geopteerd voor een selectiecriterium. Gebieden met meer dan 50-60 bedrijven per 1000 hectare kwamen niet in aanmerking voor de ruilverkaveling 'nieuwe stijl'. Dat betekende natuurlijk dat die gebieden die bestonden uit een groot aantal kleine, gemengde bedrijven zouden worden uitgesloten. Met de komst van de KVP-ministers werd de problematiek van het kleine boerenbedrijf op de zandgronden weer tot een onderwerp van zorg. De slechte economische toestand van deze bedrijven zette minister Marijnen ertoe aan een Saneringsfonds op te richten om de noodlijdende bedrijven op 'warme' wijze te kunnen saneren.

In de jaren zestig werd, ondanks een toenemende consumptie, de marge voor productieverhoging kleiner. Dit werd veroorzaakt door een hogere landbouwproductie in landen waar Nederlandse landbouwproducten werden afgezet. Het besef dat de groei niet eindeloos voortging, drong langzaam door. Het antwoord van de sector op deze verandering was het uitstoten van arbeidskrachten. Dit werd mede mogelijk gemaakt door een verdergaande mechanisatie en technologisering. Echter als gevolg van de instelling van een Europees landbouwbeleid nam de landbouwproductie gestaag toe. Belangrijk is het traject dat door de Europese Gemeenschap in 1962 onder leiding van Mansholt werd ingezet en dat leidde tot een gezamenlijke interne markt.[35] Het begon met een stelsel van importheffingen, richtprijzen, interventieprijzen voor producten van buiten de EG. Dit leverde voor Nederland gunstige marktvoorwaarden op. De exportmogelijkheden voor landbouwproducten breidden uit en de kosten voor het markt- en prijsbeleid werden gezamenlijk gedragen. Producten waarvoor geen markt was, werden door de EG tegen een interventieprijs opgekocht. De zekerheid van afzet tegen lonende prijzen was voor veel boeren het startsein om definitief te moderniseren. Het algemene beeld in de jaren zeventig was een sterke afname van het aantal bedrijven en werknemers in de landbouw en een sterke toename van de productie. De modernisering van de landbouwsector zette door. Daarbij zagen steeds meer 'kleine' boeren zich genoodzaakt ofwel een inhaalslag te maken, ofwel over te gaan tot bedrijfsbeëindiging. De kosten van de investeringen die gemoeid waren met schaalvergroting en intensivering van de bedrijfsvoering immers enorm.

Superboeren

De varkenshouderij maakte de omslag naar sterke schaalvergroting en specialisatie op de Brabantse zandgronden mogelijk.[36] Veel boeren die zich in de middengroep bevonden, konden zich middels specialisatie in deze sector tot de koplopers van het landbouwsysteem ontwikkelen. Van oudsher werden op de gemengde bedrijven al varkens gehouden als aanvulling op het inkomen dat

35 Doel van dat gezamenlijk landbouwbeleid was de verbetering van de productiviteit, het verzekeren van een aanvaardbaar inkomen voor de boeren, het bereiken van een evenwicht tussen vraag en aanbod en het garanderen van voldoende kwalitatief voedsel tegen een redelijke prijs. Zie: W. Asbeek Brusse, 'Modernisering en plattelandsontwikkeling in Europa', in: H. Diederiks, J.Th. Lindblad, B. de Vries, *Het platteland in een veranderende wereld. Boeren en het proces van modernisering*, Hilversum 1994, pp. 317-332.

36 A.H. Crijns, *Van overgang naar omwenteling in de Brabantse land- en tuinbouw*, Tilburg 1998, pp. 122-123.

36 A.H. Crijns,
*Van overgang naar
omwenteling in de
Brabantse land- en
tuinbouw*, Tilburg,
1998, p. 122-123.

37 J. Bieleman,
'Boeren werd agribusi-
ness – een synthese',
in: *Techniek in
Nederland in de
twintigste eeuw, deel 3:
Landbouw & voeding*,
Zutphen, p. 227.

38 A.H. Crijns
op. cit., p. 129.

Superfarmers

Pig farming made the conversion to extensive scale expansion and specialisation on the sandy soils of Brabant possible.[36] Many farmers that were in the middle group were able to develop into leaders of the agricultural system by specialising in this sector. Pigs had traditionally been kept on mixed farms as a supplement to the income that was mainly earned in arable farming and livestock breeding. Pig farming remained an inseparable part of the mixed farm after 1950 as well. It was simply intensified and expanded with more heads of livestock. The emphasis within the farm was shifted to several branches of operation through which labour productivity could be increased. Between 1960 and 1980, however, pig farms in Brabant underwent explosive development. Many mixed farms gave up 'superfluous' branches of operation, picked out, specialised in and focused on one or two branches, such as pig and chicken farming. This was due to a complex set of factors. Several of these are the common EC market and price policy, the advent of high-tech farming and livestock housing systems and an agricultural policy shift in which the family farm was once again given a chance. It was precisely young farmers with too little land for cost-effective arable crop or dairy farm, who switched to pig farming. Such a switch, after all, gave them a chance to remain farmers. The innovative and business-oriented approach of these farmers, along with the results of agricultural science research, provided a basis for increased productivity and intensification of the pig sector. Brabant's farmers proved particularly intelligent in finding 'ways to increase the output per unit of labour, or labour productivity'.[37] This resulted in innovations in farm organisation and farm structure, but also in physical construction. The tactic of 'everything under one roof' made way for efficiently laid out sties with large feeder silos. Although initially an attempt was made to incorporate the changes in the existing buildings by means of conversions and extensions, the introduction of free-standing sty systems with integrated climate control, feeder systems and manure grates provided an unprecedented opportunity to cut labour and boost productivity. Around these sties, which were erected behind the house as dour brick masses with grey corrugated steel roofs and a row of silos alongside, a new network of supplier and processing enterprises was built: compound feed businesses, transport businesses, slaughterhouses, etc. – all part of a functional agroindustrial complex that took its place in the landscape, patterned in terms of expanse and production capacity on the size of the new farms. 'Bigness' entered the countryside as well. Oversized farms appeared just outside the village or half concealed behind a line of trees in the outlying area. Land consolidation, which had replaced the labyrinthine alternation of open and closed areas in the landscape with emptiness and transparency, made the confrontation between massive, large-scale volumes and the surrounding landscape all the more intense.

The notion that Mansholt had once envisioned, namely a normal workweek with regularly scheduled holidays for the farmer, was eventually made a reality in pig farming. 'In 1985 approximately one quarter of the farmers, by employing a farm caretaker, were able to go on holiday for one or two weeks.'[38] The rise in leisure time was supported and sustained by new patterns of consumption, which on the waves of Fordian welfare creation was devoted to boosting the comforts of the home. Meanwhile, the strict hygiene requirements that were imposed on the production process resulted in an increasingly strict segregation of work area and home. The loose configuration of buildings, which in the mixed farms sometimes bore the appearance of a spontaneous settlement, made

veeal in de akkerbouw en veeteelt werd vergaard. Ook na 1950 bleef de varkenshouderij nog onlosmakelijk deel uitmaken van het gemengde bedrijf. Alleen
werd ze sterk geïntensiveerd en uitgebreid met grotere eenheden vee. De nadruk
binnen het bedrijf werd verlegd naar enkele bedrijfstakken, waardoor de
arbeidsproductiviteit kon worden opgevoerd. In de periode 1960–1980 is de ontwikkeling van varkenshouders in Brabant echter zeer explosief. Veel gemengde
bedrijven stootten 'overtollige' bedrijfstakken af, ontmengden, specialiseerden
en richtten zich op één à twee takken, zoals de varkens- en kippenhouderij. Dit
werd veroorzaakt door een complex van factoren, waaronder het gezamenlijke
EG-markt- en prijsbeleid, de komst van hoogtechnologische bedrijfs- en stalsystemen en een landbouwpolitieke verschuiving waarin het gezinsbedrijf weer
kansen werd geboden. Juist jonge boeren met te weinig grond voor een rendabel
akkerbouw- of melkveebedrijf stapten over op de varkenshouderij. Deze overstap
bood immers kansen om boer te blijven. De innovatieve en ondernemersgerichte
aanpak van deze boeren, zorgde tezamen met de bevindingen van landbouwwe-
tenschappelijk onderzoek voor een basis voor de productiviteitsverhoging en
intensivering van de varkenssector.

De Brabantse boeren bleken bijzonder intelligent in het zoeken naar 'wegen
om de opbrengst per eenheid van arbeid, de arbeidsproductiviteit, te vergroten'.[37] Dit leidde tot vernieuwingen in de bedrijfsorganisatie en bedrijfsstruc-
tuur, maar ook in de ruimtelijke opbouw. De tactiek van alles onder één dak
maakte plaats voor efficiënt ingerichte stallen met grote voedersilo's. Hoewel
in aanvang nog werd getracht de veranderingen op te nemen in de bestaande
gebouwen door ver- en aanbouw, bood de komst van vrijstaande stalsystemen
met geïntegreerde klimaatbeheersing, voedersystemen en mestroosters een
ongekende mogelijkheid tot arbeidsverlichting en productieverhoging. Rond
deze stallen, die als nurkse bakstenen volumes met grijze golfplaten daken
achter de woning werden opgetrokken, een reeks silo's ernaast, werd een nieuw
netwerk van toeleverende en verwerkende bedrijven uitgebouwd: mengvoeder-
bedrijven, transportbedrijven, slachterijen, enzovoort. Alle onderdeel van een
functioneel agro-industrieel complex dat zich, qua omvang en productiecapa-
citeit afgestemd op de maat van de nieuwe bedrijven, in het landschap voegde.
'Bigness' deed zo ook op het platteland zijn intrede. Bovenmaatse bedrijven
doken op net buiten het dorp of half verscholen achter een rij bomen in het
buitengebied. De ruilverkaveling, die de labyrintische afwisseling van open en
gesloten in het landschap verving door leegte en transparantie, maakte deze con-
frontatie tussen massieve, grootschalige volumes en het omringende landschap
nog pregnanter.

Het idee dat Mansholt ooit voor ogen stond, namelijk een normale werkweek
met op gezette tijden vakantie voor de boer, werd uiteindelijk in de varkenshouderij gerealiseerd. 'In 1985 ging ongeveer een kwart van de boeren, met
inschakeling van een bedrijfsverzorger voor één of twee weken op vakantie.'[38]
De toegenomen vrije tijd werd ondersteund door nieuwe consumptiepatronen,
die op de golven van de Fordistische welvaartscreatie werden besteed aan de
comfortverhoging van de eigen woning. Intussen zorgden de strenge hygiënische
eisen die aan het productieproces werden gesteld voor een steeds striktere scheiding tussen bedrijfsruimte en woning. De losse configuratie van gebouwen, die
bij het gemengde bedrijf soms het karakter van een spontane nederzetting droeg,
maakte plaats voor twee separate zones, keurig van elkaar gescheiden, met elk
hun eigen ordening. Een hekwerk rond de stallen, borden die aangeven dat het
betreden van het erf niet gewenst is, ventilatieafvoeren op het dak, een brand-

37   J. Bieleman,
'Boeren werd agribus-
iness – een synthese',
in: J. Schot, A. Rip
(red.) *Techniek in
Nederland in de
twintigste eeuw, deel 3:
Landbouw & voeding*,
Zutphen 2000, p. 227.

38   Crijns op. cit.,
p. 129.

39 'Flexible accumulation . . . is marked by a direct confrontation with the rigidities of Fordism. It rests on flexibility with respect to labour processes, labour markets, products and patterns of consumption. It is characterized by the emergence of entirely new sectors of production, new ways of providing financial services, new markets, and, above all, greatly intensified rates of commercial, technological, and organizational innovation.' D. Harvey, *The Condition of Postmodernity*, Oxford, 1990, p. 147.

oase
63

pag
60

way for two separate zones, neatly set apart from each other, each with its own arrangement. A fence around the sties, signs that indicate that entering the yard is not welcome, ventilation ducts on the roof, a spotless yard, and a line of trees to hide the whole thing from view on the street side. In contrast, the house, situated a bit higher and surrounded by a nice green lawn, dispenses with the somewhat gaunt economic efficiency of the yard. This is where the farmer displays his increased standard of living, and the altered relationship with the landscape is represented by the painstakingly maintained ornamental garden and the little paddock with a few exotic small animals.

Faltering Development

The sandy soils were in the vanguard of developments toward a large-scale and (capital-) intensive agriculture sector. From an area of poverty and deprivation, it transformed into the experimental garden for an extremely modern bioindustry. Specialisation took place in a horizontal as well as a vertical sense, through segregation of production lines and a shortening of the production column. The farm became a link in a long chain of multiple organisations and operated in a market environment undergoing globalisation. The sandy-soil farmer evolved from a subsistence farmer to large-scale supplier to the Euro market. This evolution from subsistence farmer to superfarmer unfolded in a relatively short time and is the result of an agricultural policy that would no longer provide a place for the small mixed farm in the modern agricultural system. A period of relative success for small farms (1890–1950) was followed by a period in which a significant polarisation emerged between small and large farmers (1950–1990). The large, capital-intensive farms pushed the small-scale, labour-intensive farms out of the agricultural system. In this process of marginalisation and suppression, the landscape that existed in cohesion with this small-scale farm type was also radically transformed.

At the moment, however, the dynamics of this explosive development are stalled, as is the physical planning it brought about. The Fordian development regime of a steady and stable economic growth coupled to large-scale Keynesian government interventions is over. It is making way for a regime of flexible accumulation.[39] The intensive, concentrated and extremely specialised agriculture, with pig farming as the emblematic example, is breaking open. The uniform and coarsely structured bioindustry, which dominated the physical picture of the Peel late into the 1980s, is today not only being literally replaced – through the demolition of sties in the framework of the Reconstruction – but also supplemented by initiatives of a different sort: camping on the farm, the construction of riding and horse-breeding stables, the transformation of the unused barn into a caravan garage, the conversion of a farm into a post-modern homestead. The landscape is bubbling with change, including in the Peel. For the moment these new forms of land use are being implemented alongside a continuing scale expansion and specialisation of the bioindustry. For, although the diversification of operations is correcting the one-sided and uniform image of agriculture and generating a new kind of rurality, technological development and the 'classical' mechanism of scale expansion is far from played out for many farmers.

schoon erf, en een rijtje bomen om het geheel vanaf de straatzijde aan het zicht te ontrekken. De woning daarentegen, iets verhoogd gelegen en omringd door een fris groen gazon, laat de ietwat schrale economische efficiency van het erf achter zich. Hier etaleert de boer zijn toegenomen welvaart, en is de veranderde verhouding tot het landschap afleesbaar uit de keurig onderhouden siertuin en het veldje met wat exotisch kleinvee.

Haperende ontwikkeling

De zandgronden liepen voorop in de ontwikkelingen naar een grootschalige en (kapitaal)intensieve landbouwsector. Van een gebied in armoede en achterstand transformeerde het zich tot de proeftuin voor een uiterst moderne bio-industrie. Zowel in horizontale als in verticale zin vond specialisatie plaats door ontmenging van productielijnen en verkorting van de productiekolom. Het boerenbedrijf werd tussenschakel in een lange keten van meerdere organisaties en opereerde in een globaliserende marktomgeving. De zandboer werd van keuterboer tot grootleverancier voor de Euro-markt. Deze evolutie van keuter- tot superboer heeft zich in betrekkelijk korte tijd voltrokken en is resultante van een landbouwpolitiek die het kleinschalige gemengde bedrijf niet langer een plaats in het moderne landbouwsysteem bood. Een periode van relatief succes voor kleine boerenbedrijven (1890–1950) wordt afgewisseld door een periode waarin een sterke polarisatie tussen kleine en grote boeren optreedt (1950–1990). De grote, kapitaalintensieve bedrijven drukken de kleinschalige arbeidsintensieve bedrijven uit het landbouwsysteem. In dit proces van marginalisatie en verdrukking werd ook het landschap dat samenhing met dit kleinschalige bedrijfstype ingrijpend gewijzigd.

Momenteel stokt echter de ontwikkelingsdynamiek achter deze explosieve ontwikkeling, evenals de ruimtelijke orde die ze voortbracht. Het Fordistisch ontwikkelingsregime van een gestage en stabiele economische groei gekoppeld aan grootschalige keynesiaanse overheidsinterventies is uitgewerkt. Het maakt plaats voor een regime van flexibele accumulatie.[39] De intensieve, geconcentreerde en uiterst gespecialiseerde landbouw, met de varkenshouderij als emblematisch voorbeeld, breekt open. De uniforme en op grofkorrelige leest geschoeide bio-industrie, die tot ver in de jaren tachtig het ruimtelijke beeld van de Peel beheerste, wordt vandaag de dag niet alleen letterlijk vervangen (door de sloop van stallen in het kader van de Reconstructie), maar ook aangevuld met andersoortige initiatieven: kamperen bij de boer, de bouw van maneges en paardenfokkerijen, de transformatie van ongebruikte schuur tot caravanstalling, de omzetting van een boerderij tot postmoderne woonhoeve. Het landschap tintelt van verandering, ook in de Peel. Vooralsnog worden deze nieuwe vormen van landgebruik uitgebouwd naast een voortgaande schaalvergroting en specialisering van de bio-industrie. Want hoewel deze diversificatie van de bedrijfsvoering het eenzijdige en uniforme beeld van de landbouw corrigeert en een nieuw soort landelijkheid genereert, is de technologisering en het 'klassieke' mechanisme van schaalvergroting voor veel boeren nog lang niet uitgespeeld.

39   'Flexible accumulation (…) is marked by a direct confrontation with the rigidities of Fordism. It rests on flexibility with respect to labour processes, labour markets, products and patterns of consumption. It is characterized by the emergence of entirely new sectors of production, new ways of providing financial services, new markets, and, above all, greatly intensified rates of commercial, technological, and organizational innovation.' D. Harvey, *The condition of postmodernity*, Oxford 1990, p. 147.

Yttje Feddes

The Designed Landscape of the Zuiderzee Polders
An Analysis of the Significance of
Farmyards and Roadside Plantings

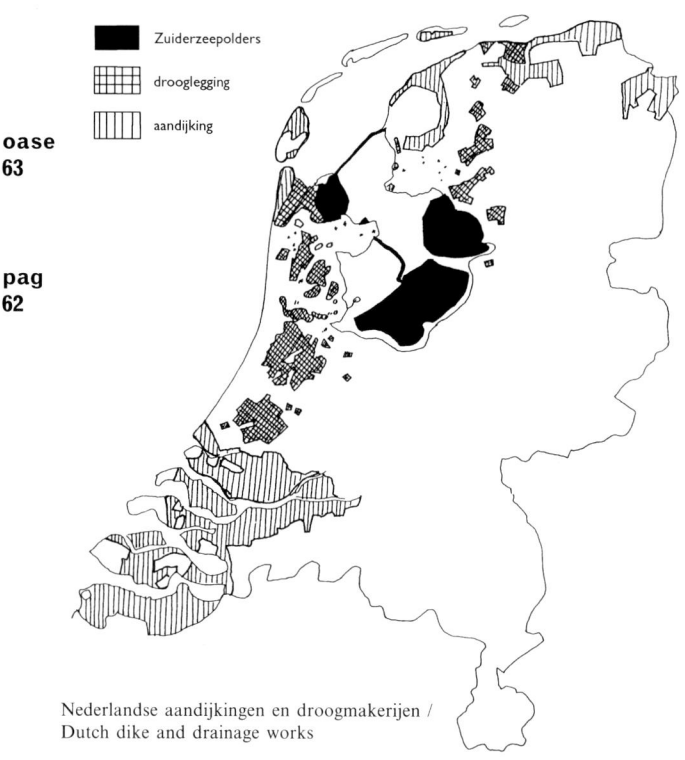

- Zuiderzeepolders
- drooglegging
- aandijking

Nederlandse aandijkingen en droogmakerijen /
Dutch dike and drainage works

The Zuiderzee works are part of a long tradition of dike building and land reclamation in the Netherlands. By the scale of the project and its central management by the national government, the draining and laying down of four polders in the former Zuiderzee, which reclaimed about 160,000 hectares of land between 1930 and 1970, mark a unique period in the history of land allocation. The most important objective of the land reclamation was the creation of new agricultural land on good, fertile soil. Agriculture had primacy in the layout of the new polders. This means that the development of the farm can be read quite accurately from the layout of subsequent polders.

In the Wieringermeerpolder, created in the 1930s, the standard parcel size is 250 by 800 metres. The dimensions were based on the drainage engineering that was available at the time, as well as views on the desirable size of a farm. This parcel size dictated a minimum farm area of 20 hectares and made possible an average farm area of 40 hectares.

Most of the parcels in the Wieringermeer-polder border a canal on which farm products could be transported by ship.

In order to increase farm area, the parcel size was continually expanded – in de Noordoostpolder to 300 by 800 metres and in Eastern Flevoland to 300 by 1000 metres. Transport over water proved outmoded as early as 10 years after the completion of the Wieringermeerpolder; in the Noordoostpolder only a small portion of the farms border on navigable canals, and in Eastern Flevoland the polder waterways no longer serve any shipping function. The layout of Southern Flevoland sees a leap in scale, with a basic module of 500 by 1700 metres. In practice, this leap in scale proved awfully large; therefore additional farms were added to perpendicular roads in order to reduce the farm area and the parcel size.

This standardisation and increase in scale are part of the modernisation of agriculture set in motion by the Dutch government under the leadership of agriculture minister S. Mansholt after the Second World War. In land consolidation on existing land as well as in the layout of new polders, the policy was focused on making the 'external conditions of production' – that is to say, access, drainage and parcel allocation – as equal for all farms as possible. Much pressure was brought to bear on agricultural experts to apply the ideal parcel size, once established, to all polders without modification. A very determined attempt was made to equalise the differences in ground levels and soil conditions present in the exposed sea floor through cultivation and drainage. The result of this effort is a landscape that is far more homogeneous on the surface than in the underlying layers. This makes the agrarian parcel pattern the base layer for the layout of every polder, and it determines the variations in spatial scale.

The Landscape Design Layer

The basis for the government's decision, in 1918, to implement the Zuiderzee Works was a 1894 plan by C. Lely. This plan was not unique; in the course of the nineteenth centu-

Yttje Feddes

Het ontworpen landschap der Zuiderzeepolders
Analyse van de betekenis van boerenerven en wegbeplantingen

De Zuiderzeewerken passen in een lange Nederlandse traditie van aandijkingen en droogmakerijen. Het droogmalen en inrichten van vier polders in de voormalige Zuiderzee waarmee tussen 1930 en 1970 ongeveer 160.000 hectare nieuw land werd gewonnen, vormt door de omvang van het project en de centrale regie die de rijksoverheid daarbij had een unieke periode in de geschiedenis van de landinrichting. Het belangrijkste doel van de polderaanleg was het maken van nieuwe landbouwgrond op een goede vruchtbare bodem. Bij de inrichting van de nieuwe polders had de landbouw het primaat. De ontwikkeling van het landbouwbedrijf is daardoor nauwkeurig af te lezen aan de inrichting van de opeenvolgende polders.

In de Wieringermeerpolder, aangelegd in de jaren dertig van de twintigste eeuw, is standaardkavelmaat 250 bij 800 meter. De maatvoering was gebaseerd op de drainagetechniek die op dat moment beschikbaar was en de opvattingen over de gewenste omvang van een landbouwbedrijf. Door deze kavelmaat werd een minimale bedrijfsomvang van 20 hectare vastgelegd en een gemiddelde bedrijfsomvang van 40 hectare mogelijk gemaakt. De meeste kavels in de Wieringermeerpolder grenzen aan de achterzijde aan een vaart waarover de landbouwproducten per schip konden worden afgevoerd.

Om de bedrijfsomvang te vergroten, wordt de kavelmaat steeds verder opgerekt: in de Noordoostpolder naar 300 bij 800 meter en in de Oostelijk Flevoland naar 300 bij 1000 meter. Het transport over water bleek tien jaar na voltooiing van de Wieringermeerpolder al achterhaald; in de Noordoostpolder grenst slechts een klein deel van de landbouwbedrijven aan bevaarbare tochten en in Oostelijk Flevoland hebben de poldertochten geen functie meer als vaarweg. Bij de inrichting van Zuidelijk Flevoland werd een schaalsprong gemaakt door uit te gaan van basismodule van 500 bij 1700 meter. In de praktijk bleek die schaalsprong erg groot, op een aantal plaatsen zijn daarom extra bedrijven aan insteekwegen toegevoegd om de bedrijfsomvang en de kavelmaat te verkleinen.
Deze standaardisatie en schaalvergroting

passen in de modernisering van de landbouw die na de Tweede Wereldoorlog door de Nederlandse overheid onder leiding van landbouwminister S. Mansholt in gang werd gezet. Zowel in de ruilverkavelingen op het oude land als bij de inrichting van de nieuwe polders was het beleid er op gericht de 'externe productieomstandigheden' – dat wil zeggen de ontsluiting, ontwatering en verkaveling – voor alle landbouwbedrijven zo veel mogelijk gelijk te trekken. De landbouwkundigen was er veel aan gelegen om de eenmaal vastgestelde ideale kavelmaat per polder ongewijzigd toe te passen. Met grote volharding werd geprobeerd om de verschillen in hoogteligging en bodemgesteldheid die op de drooggevallen zeebodem aanwezig waren, te nivelleren door grondbewerking en ontwate-

Verkavelingsmodules van de Zuiderzeepolders /
Parcel allotment modules of the Zuiderzee polders

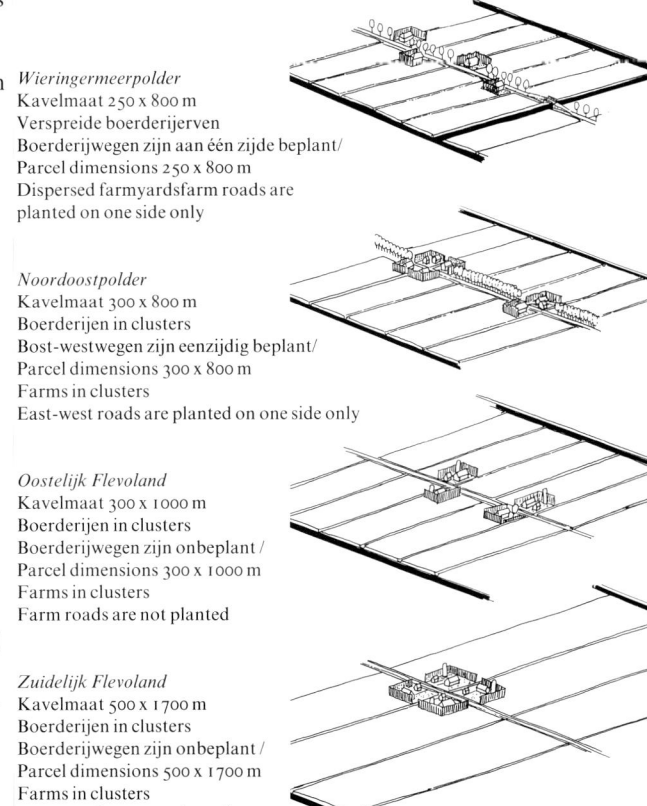

Wieringermeerpolder
Kavelmaat 250 x 800 m
Verspreide boerderijerven
Boerderijwegen zijn aan één zijde beplant/
Parcel dimensions 250 x 800 m
Dispersed farmyardsfarm roads are
planted on one side only

Noordoostpolder
Kavelmaat 300 x 800 m
Boerderijen in clusters
Bost-westwegen zijn eenzijdig beplant/
Parcel dimensions 300 x 800 m
Farms in clusters
East-west roads are planted on one side only

Oostelijk Flevoland
Kavelmaat 300 x 1000 m
Boerderijen in clusters
Boerderijwegen zijn onbeplant /
Parcel dimensions 300 x 1000 m
Farms in clusters
Farm roads are not planted

Zuidelijk Flevoland
Kavelmaat 500 x 1700 m
Boerderijen in clusters
Boerderijwegen zijn onbeplant /
Parcel dimensions 500 x 1700 m
Farms in clusters
Farm roads are not planted

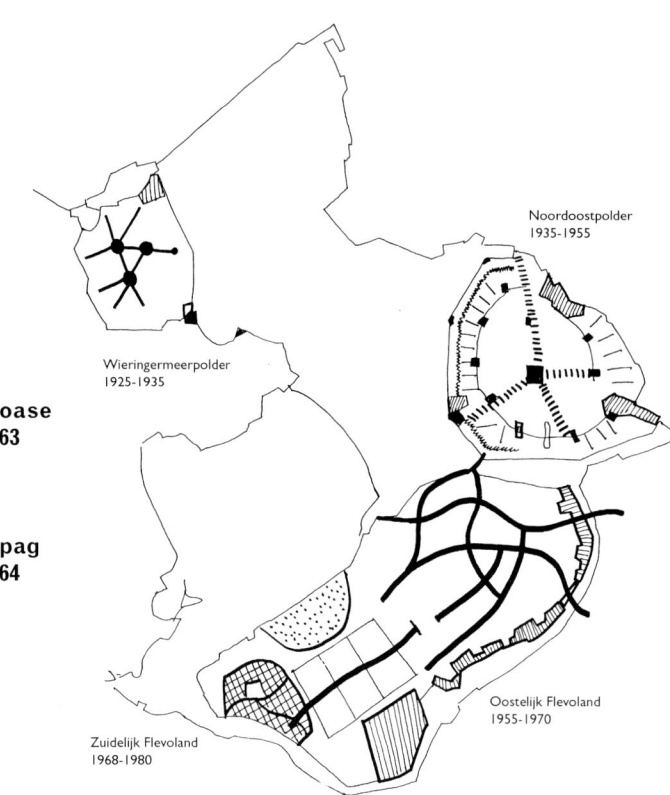

Noordoostpolder
1935-1955

Wieringermeerpolder
1925-1935

Oostelijk Flevoland
1955-1970

Zuidelijk Flevoland
1968-1980

De inrichting van de Zuiderzeepolders als staalkaart van de twintigste-eeuwse stedenbouw en landschapsarchitectuur / The layout of the Zuiderzee polders as a sampling of twentieth-century urban planning and landscape architecture

polders of North and South Holland, the commission identified the layout measures that can shape the Holland polder landscape. The commission understood all too well that the immense void to be conquered in the new polders bore no relation to the scale of the land reclamation on the existing land. The grid pattern of the Beemster, for example, a polder quite appreciated by the commission as a richly laid out reclaimed land, would result in a monotonous and hermetic landscape, without proper orientation opportunities, if applied to the much larger Noordoostpolder. The commission: 'The Beemster is beautiful in the midst of the Holland landscape, as a special case. Unlimited repetition would mean turgid pathos.' Therefore new concepts were sought, in order to arrive at a good distribution of space for the new polders. When we look back at the layout of the polders, a sampling of twentieth-century attitudes toward landscape creation and urban planning emerges.

The introvert enclaves arranged round a central point in the Wieringermeerpolder and the Noordoostpolder represent the orderly society in the Netherlands before the Second World War. Both polders have a homely atmosphere because farmhouses have been placed along almost every road. Eastern Flevoland, designed in the 1960s, is, on the contrary, emphatically oriented to the outside world. This polder is set up asymmetrically. The most important space-shaping elements are the edge bordering the old land and the lively pattern of heavily planted transverse roads. Finally, Southern Flevoland is a model of the negotiation-based planning of the 1970s. Agriculture is no longer the all-defining land user. The different programmes are grouped in great units neatly sorted in relation to one another, but they lack a linking landscape concept.

The recommendations of the Urban Planning Council probably came a bit late to make a substantive contribution to the layout plan for the Wieringermeerpolder as a whole. The urban planner M.J. Granpré Molière did have an impact in making the central section of polder stand out by locating three villages there, at the intersections of the waterways. The landscape architect J. Bijhouwer worked on the planting around the five villages and around the farmsteads. In the polders that were completed later, a more significant give-and-take took place between the ideal agricultural model and views on the desirable living environment. Besides Bijhouwer, the landscape architects Nico de Jonge and Piet Kelder (both

ry, countless variants for the taming and draining of the Zuiderzee had been considered. After the government made its decision, the challenge for architects and urban planners became an urgent one. For them it was not simply a question of efficiency but also of an attractive and liveable new landscape. The Urban Planning Council appointed a commission, chaired by the attorney D.F. Hudig, to issue recommendations for the layout of the new polders. This commission issued a report in 1928 entitled 'The future landscape of the Zuiderzee polders'. This publication is still striking in the perspicacity and care with which it investigated the suitability of the building blocks and layout principles of existing Holland land reclamation areas for the layout of the new polders.

The commission's premise was that modern people should be able to experience the beauty of the utility landscape. In the view of the commission, it is not necessary to add all manner of extras to the landscape or strive for 'variation for the sake of variation', but the new polders should be designed with the needed layout elements to evoke a sense of beauty and create a salutary living environment. Designing layout elements with sobriety and tender loving care – that is the challenge. By analysing the road profiles, the positioning of the properties, the water, the dikes, and the railroad lines in the existing

ring. Het resultaat van deze inzet is een landschap dat aan de oppervlakte veel homogener is dan de onderliggende lagen. Het agrarische verkavelingspatroon vormt daardoor de basislaag voor de inrichting van elke polder en is bepalend voor de verschillen in ruimtelijke schaal.

De laag van het landschapsontwerp

Aan het regeringsbesluit om de Zuiderzeewerken aan te leggen, genomen in 1918, lag een plan van ir. C. Lely uit 1894 ten grondslag. Dat plan stond niet op zichzelf, in de loop van de negentiende eeuw waren al talloze varianten voor het temmen en droogmaken van de Zuiderzee gepasseerd. Na het regeringsbesluit werd de opgave voor architecten en stedenbouwkundigen urgent. Voor hen ging het niet alleen om de doelmatigheid, maar ook om een mooi en leefbaar nieuw landschap. De Stedebouwkundige Raad benoemde een commissie, onder leiding van de jurist D.F. Hudig, om advies uit te brengen over de inrichting van de nieuwe polders. Deze commissie bracht in 1928 een rapport uit getiteld 'Het toekomstig landschap der Zuiderzeepolders'. Ook nu nog frappeert deze publicatie door de scherpzinnigheid en zorgvuldigheid waarmee bouwstenen en inrichtingsprincipes van de bestaande Hollandse droogmakerijen zijn onderzocht op hun bruikbaarheid bij de inrichting van de nieuwe polders.

Het uitgangspunt van de commissie was dat de moderne mens de schoonheid van het nutslandschap moet kunnen ervaren. In de opvatting van de commissie is het niet nodig om allerlei toevoegingen aan het landschap aan te brengen en 'variatie om de variatie' na te streven, maar moeten de nieuwe polders met de noodzakelijke inrichtingselementen zo worden vormgegeven dat ze een gevoel van schoonheid oproepen en een weldadige leefomgeving creëren. Liefdevolle en sobere vormgeving van de inrichtingselementen, dat is de opgave. Door het analyseren van wegprofielen, de positionering van de erven, het water, de dijken en de spoorlijnen in de bestaande polders van Noord- en Zuid-Holland benoemt de commissie de inrichtingsmiddelen die het Hollandse droogmakerijlandschap kunnen vormgeven. De commissie begreep maar al te goed dat de immense leegte die in de nieuwe polders veroverd moest worden niet in verhouding stond met de schaal van de droogmakerijen op het oude land. Het gridpatroon van de Beemster bijvoorbeeld, een polder die door de commissie zeer werd gewaardeerd als een rijk ingerichte droogmakerij, zou bij toepassing op de veel grotere Noordoostpolder een monotoon en hermetisch landschap opleveren, zonder goede oriëntatiemogelijkheden. De commissie: 'De Beemster is schoon temidden van het Hollandsche landschap; als bijzonder geval. Onbeperkte herhaling zou gezwollen pathetiek betekenen.' Daarom zocht men naar andere concepten om te komen tot een goede ruimte-indeling voor de nieuwe polders. Als we nu terugkijken op de inrichting van de polders tekent zich een staalkaart af van twintigste-eeuwse opvattingen over landschapsbouw en stedenbouw.

De introverte, rond een middelpunt geordende enclaves van de Wieringermeerpolder en de Noordoostpolder vertegenwoordigen de overzichtelijke maatschappij in het vooroorlogse Nederland. Beide polders hebben een huiselijke sfeer doordat langs bijna alle wegen boerderijen zijn geplaatst. Oostelijk Flevoland, ontworpen in de jaren zestig, is daarentegen nadrukkelijk op de buitenwereld georiënteerd. Deze polder is asymmetrisch van opzet. De belangrijkste ruimtevormende elementen zijn de rand naast het oude land en het beweeglijke patroon van zwaar beplante doorgaande wegen. Zuidelijk Flevoland ten slotte is een toonbeeld van de onderhandelingsplanologie in de jaren zeventig. De landbouw is niet langer de allesbepalende grondgebruiker. De verschillende programma's liggen in grote eenheden keurig ten opzichte van elkaar gerangschikt, maar missen een verbindend landschapsconcept.

Voor een wezenlijke inbreng in het inrichtingsplan van de Wieringermeerpolder als geheel kwam het advies van de Stedebouwkundige Raad waarschijnlijk aan de late

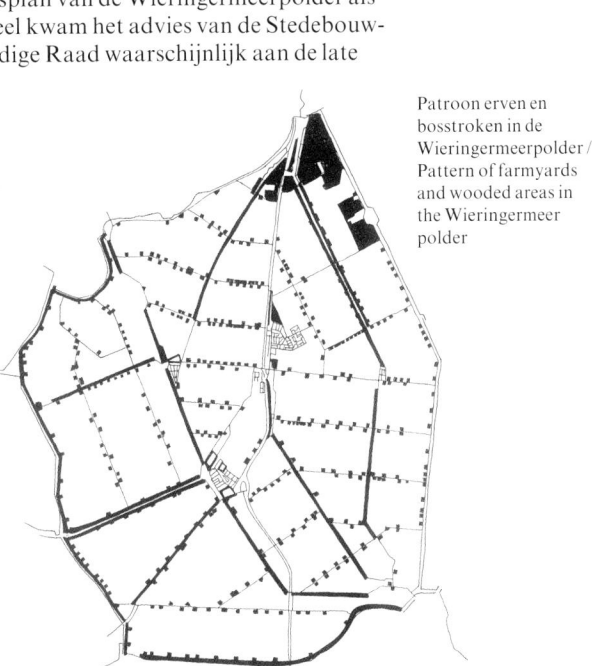

Patroon erven en bosstroken in de Wieringermeerpolder / Pattern of farmyards and wooded areas in the Wieringermeer polder

naast de boerderij een omvang-rijke boomgaard zich langs den weg uitstrekt, [39]. Vaak staat om dezen een singel van zwaarder hout, [40]. Oudtijds lag somtijds binnen dezen, rondom den boom-gaard, een tweede sloot; enkele van deze zijn nog aanwezig, de meeste zijn gedempt, maar too-

oase
63

nen nog een inzinking in het land. De boomgaard zelf ligt wat hooger. Tezamen met de doorloopende boombeplanting

pag
66

der wegen, geeft de aanwezigheid van dit vele hout een rijk karakter aan het land, [41]; de geslotenheid, welke als gevolg van de verkaveling en beplanting reeds een eigenschap van het landschap als geheel is, uit zich ook in de lanen zelf.

Deze zijn onderling verschillend. Immers niet alle kavels zijn gelijk gericht. Soms gaat tegenover de volle geslotenheid der boerderijen aan de eene zijde van den weg aan de overzijde tusschen de stammen der boomen door over groote lengte het gezicht over het weiland open, [42].

Van buitengewone schoonheid is de begrenzing van den weg — ook in dit geval langgestrekt — door boerderijen in de Schermer, [43]. Aan beide zijden van de langgestrekte hoofdtochten loopen, zooals reeds bleek, iets boven het maaiveld, de wegen, [44]. Langs de Noordervaart liggen, achter de boomrijen, in groote afwisseling de boerderijen. Langs de Zuidervaart wordt een sterk architekturale indruk verkregen, [45]. Aan de geheel boomlooze wegen ter weerszijden van de

39   Volgerweg in de Beemster

40   Middenweg in de Beemster

41   Middenweg in de Beemster

Uit: D.F. Hudig e.a., Het toekomstig landschap der Zuiderzeepolders, Amsterdam 1928 /
From D.F. Hudig e.a., Het toekomstig landschap der Zuiderzeepolders ('The future landscape of the Zuiderzee polders'), Amsterdam 1928

42   Middenweg in de Beemster

43   Noordervaart in de Schermer

44   Noordervaart in de Schermer

vaart, met een breeden, vlak glooienden berm naar het land toe, [46], liggen de boerderijen, niet zeer groot, op vrij verren onderlingen afstand, in forsch hout, [47], vaak met de dubbele sloot om de behuizing, welke op den uitgegraven en opgeworpen grond iets hooger ligt onder het statig West Friesche dak, [48]. Het hout der boerderij wordt op zeer bizondere wijze met den weg verbonden; op den berm aan de grens van den weg staat, evenwijdig aan dezen, een twee-tal of een gelid boomen bezijden den toegang tot de boerderij, [49].

oase
63

pag
67

Romantische weggetjes, in hakhout verdoken, heggen als begrenzing van den weg, komen in de droogmakerijen niet voor; de regelmatige aanleg geeft tot speelsche gevallen geen aanlei-ding.

2. *De hoogteligging ten aan-zien van de omgeving, het profiel en het beloop*

a. In de droogmakerijen is weinig verschil tusschen de hoogte van den weg en van het omliggend land; het grondverzet heeft er als regel toe geleid dat de weg iets hooger ligt.

b. Verharding, berm, talud en sloot vormen ook hier het geijkte profiel.

Dit profiel wijkt, althans in de kleipolders, vrij sterk af van dat in veenland, omdat de sloot diep ligt beneden het maaiveld, en

employed by the Forestry Commission) and the urban planner Cornelis van Eesteren played an important role in the creation of the layout models.

Landscape Patterns by Polder

Against the neutral background of the agricultural parcels, the roads, the farms and the settlements provide the spatial picture of the Zuiderzee polders and its variety. The Hudig commission was not optimistic about the role of water in land reclamations. The technical design of the canals and ditches and the sizable drainage depth maintained in the drained polders – resulting in low waterlevels – means the water plays no significant part in the landscape picture. Because of the fragmented division of labour among the various ministerial departments, the design of the waterways was not a full-fledged component of the landscape plan for the polders. Only in the Wieringermeerpolder did the waterways acquire a certain monumental landmark quality, because, unintentionally, tree groves developed on the 12-metre-wide 'dredge strips' alongside the canals.

The edges of the four polders on the sea-facing side have remained a rear side to this day. Only alongside the border lakes do both Flevolands make cautious contact with the water.

Over the course of the history of the creation of the polders it became acceptable to plant woods on usable farmland. In the Wieringermeerpolder and the Noordoost-polder, woods were only planted on land that was ill-suited to farming. These are located on the edge of the polder and therefore are not a determining factor in the layout of the polder. In Eastern Flevoland and Southern Flevoland, the influence of the open-air recreation sector was so great that new woods were in fact planted on arable land. In the Wieringermeerpolder the farmyards are the most significant space-shaping instrument. They are distributed as if evenly sown along all the roads. The negative judgement of the Hudig commission about the perceptual value of the Haarlemmermeerpolder was

the basis for spreading out the farms equally. In the Haarlemmermeerpolder, the transverse roads are virtually free of buildings, stretching out the profile of the roads 'in unashamed nakedness, in desolate poverty'. A similar desolation was to be avoided in the Wieringermeer. The roads in the Wieringermeerpolder were planted on only one side, because of the agricultural objections to the shade effect of trees on field crops. The trees planted on one side are therefore paltry and make little impression. Despite the generous road profile of 15 metres in width (considerably wider than the fine avenues in the Beemster), the space-shaping effect of the road pattern as a whole is highly limited. The red roof tiles of the barns and heavily planted farmyards, along with the groves of trees along the canals, form the third dimension of the Wieringermeerpolder.

In the Noordoostpolder the concentric design predominates on all scales. Emmel-oord forms the centre of the polder; around it lie three circles, the ring of villages, the dense outer ring and the dike ring. The concentric design reappears on the small scale – in the construction of the villages enclosed by planted edges and in the construction of the farm-yards. In the Noordoostpolder, it was decided to arrange the farmyards in clusters of two, three or four farmhouses in order to reinforce the social links within the polder. Every farm-house is located at an angle to the agricultural parcel; together the yards form a square round the intersection of road and polder ditch. The polder roads are consistently set 1.6 km from each other. Because of this relatively tight grid and the distribution of sizable building clusters along all local roads, the Noordoostpolder gives the smallest-scale impression of all the Zuiderzee polders.

In the original landscape plans for this polder, by C. Pouderoyen and by Bijhouwer, an effort was made to keep the central area around Emmeloord open. It was proposed that the roads there not be planted. In contrast to this, planting tree groves, avenue and parcel plantings could create an enclosed landscape in the outer ring. In Bijhouwer's plan, the concentric polder concept was also given a certain liveliness by proposing a different approach for each of the four compartments into which the intersecting axes divides the polder. Little of the intended contrasts made their way into the plan that was ultimately implemented. The tree groves and plantings on the parcel edges were hardly executed. The ring road linking the villages, which had been intended as a monumental avenue, looks like a too narrow provincial

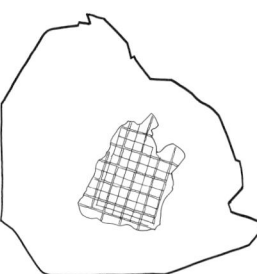

Illustratie van het schaalverschil tussen de Beemster en de Noordoostpolder /
Illustration of the difference in scale between the Beemster and the Noordoost polders

kant. De stedenbouwkundige M.J. Granpré Molière heeft nog wel invloed gehad op het verbijzonderen van het middengebied van de polder door daar de drie dorpen te situeren, aan de kruispunten van de vaarten. De landschapsarchitect J. Bijhouwer heeft zich bezig-gehouden met de beplanting rond de vijf dorpen en rond de erven. Bij de later opgeleverde polders vond een sterkere wisselwerking plaats tussen het landbouwkundige ideaal-model en de opvattingen over de gewenste leefomgeving. Behalve Bijhouwer hebben de landschapsarchitecten Nico de Jonge en Piet Kelder (beiden in dienst van Staatsbosbeheer) en de stedenbouwkundige Cornelis van Eesteren een belangrijke rol gespeeld bij het de totstandkoming van de inrichtingsmodellen.

Landschapspatronen per polder

Op de neutrale ondergrond van de land-bouwkavels zorgen de wegen, de erven en de nederzettingen voor het ruimtelijk beeld van de Zuiderzeepolders en de verscheidenheid daarin. Over de rol van het water in de droog-makerijen was de commissie-Hudig niet opti-mistisch. Door de technische inrichting van de vaarten en tochten en door de grote ont-wateringsdiepte die er in de drooggemaakte polders wordt aangehouden en de lage water-standen die dit tot gevolg heeft, speelt het water geen rol van betekenis voor het land-schapsbeeld. Door de versnipperde taakver-deling tussen de verschillende rijksdiensten is de vormgeving van de vaarten geen vol-waardig onderdeel van het landschapsplan voor de polders geweest. Alleen in de Wieringermeerpolder hebben de vaarten een zekere ruimtelijke monumentaliteit gekre-gen, doordat op de 12 meter brede 'bagger-stroken' langs de vaarten zich onbedoeld bossingels hebben ontwikkeld.

De randen van de vier polders zijn aan de zeezijde tot op heden een achterkant geble-ven. Alleen langs de randmeren maken de beide Flevolanden hier en daar voorzichtig contact met het water.

Pas in de loop van de aanleggeschiedenis van de polders werd het maatschappelijk acceptabel geacht om bossen op goed bruik-bare landbouwgronden aan te leggen. In de Wieringermeerpolder en de Noordoost-polder zijn alleen op landbouwkundig slecht te gebruiken grond bossen aangelegd. Deze liggen aan de rand van de polder en zijn daardoor niet bepalend voor de polderindeling. In Oostelijk Flevoland en Zuidelijk Flevoland was de invloed van de openlucht-recreatiesector zo sterk dat men daar wel op goede grond nieuwe bossen heeft aangelegd.

In de Wieringermeerpolder zijn de erven het belangrijkste ruimtevormende middel. De erven zijn als een gelijkmatig strooisel langs alle wegen verdeeld. Het negatieve oordeel van de commissie-Hudig over de belevings-waarde van de Haarlemmermeerpolder lag ten grondslag aan de keuze om de boerderijen gelijkmatig te spreiden. In de Haarlemmer-meerpolder zijn de dwarswegen vrijwel onbe-bouwd, waardoor het wegprofiel 'in onbe-schaamde naaktheid, in troosteloze armoede' ligt uitgerekt. Een dergelijke troosteloosheid wilde men in de Wieringermeer vermijden. De wegen zijn in de Wieringermeerpolder eenzijdig beplant wegens bezwaren van de landbouw tegen de schaduwwerking van bomen op het akkergewas. De eenzijdige boombeplanting is daardoor schamel en maakt weinig indruk. Ondanks het royale wegprofiel van 15 meter breedte – aanzienlijk breder dan de mooie lanen in de Beemster – is het ruimtevormende effect van het weg-patroon als geheel zeer beperkt. De rode pannendaken van de schuren en de zwaar ingeplante erven vormen, samen met de bosstroken langs de vaarten, de derde dimen-sie van de Wieringermeerpolder.

In de Noordoostpolder overheerst op alle schaalniveaus het concentrische motief. Emmeloord vormt het middelpunt van de polder; daaromheen liggen drie omsluitende cirkels: de dorpenring, de verdichte buiten-ring en de dijkring. Het concentrische motief komt ook op de kleine schaal terug: in de opbouw van de dorpen die door een randbe-planting worden omgeven en in de opbouw van de erven. In de Noordoostpolder koos men er voor de boerenerven in clusters van twee, drie of vier boerderijen bij elkaar te leggen om de sociale verbanden binnen de polder te versterken. Elke boerderij ligt op een hoekpunt van de landbouwkavel; de boerderijen vormen zo een carré rondom het kruispunt van weg en poldersloot. De polder-wegen liggen steeds op 1,6 km afstand van elkaar. Door dit relatief kleine raster en de spreiding van stevige bebouwingsclusters langs alle lokale wegen maakt de Noordoost-polder van alle Zuiderzeepolders de meest kleinschalige indruk.

In de oorspronkelijke landschapsplannen voor deze polder, van C. Pouderoyen en van Bijhouwer, werd ingezet op het openhouden van het middengebied rond Emmeloord. Voorgesteld werd om daar de wegen niet te beplanten. In contrast daarmee kon dan in de buitenring door het aanleggen van bosstro-ken, laan- en kavelbeplantingen juist een besloten landschap ontstaan. In het plan van Bijhouwer kreeg het concentrische polder-concept bovendien een zekere beweeglijk-

road. On the other hand, all local roads are planted, including those in the central area around Emmeloord. The east-west roads were planted only on the southern side. The north-south roads were executed as avenues, with a line of trees on both sides of the road. In that case there was no shade effect and therefore no yield losses for agriculture. Instead of a contrast between ring and central area, a different cohesion was created: a landscape of chambers based on the road grid.

The fact that these relatively narrow roads (only 12 metres instead of the 15-metre-wide road profiles in the Wieringermeer) produce a luxurious picture is largely due to the efforts and the traditional know-how of landscape architect Piet Kelder. From the Beemster, he adopted the principle that planting trees on the edge of the road profile, on the bank of the ditch, gives the road a wider aspect. It creates an optical effect through which the road seems raised in relation to the surrounding land. In addition Kelder opted not to plant single avenue trees, but rather to plant ash trees as screens of wood hedges, with alder trees as filler. The ashes were first planted 1.5 metres apart, then thinned out to 3 metres, then to 6 metres and in some cases the final phase has been reached with a planting distance of 12 metres. The irregularity in planting distances and shape of the trees creates variation in the sober polder concept. The concentric arrangement of the Noordoostpolder, carried through on all scales and into the details, makes it a hermetic construction.

In contrast to the small-scale construction of the Noordoostpolder, the landscape in Eastern Flevoland is defined by a number of powerfully drawn outlines. These outlines are formed by the wooded belt along the border lake and the avenue planting along the main roads. These monumental avenues, with a road profile of 25 metres, frame spaces that vary from three to six kilometres. This is the nearest approach in Eastern Flevoland to the ideal space envisioned by the designers of the new polders. This ideal was expressed by Piet Kelder as follows: 'from the protection of an avenue, looking out over a panoramic space, which is nevertheless made measurable by the wooded edge on the horizon.' The farmsteads are no longer located along the main roads, but in consistent clusters along the unplanted polder roads. The additional positioning of the farmyards diagonally across from each other in a number of cases creates a much more spacious, airier picture than in the Noordoostpolder. The farmsteads are visible from afar as green islands in the empty land. The landscape concept of

Kenmerkende ruimtevorming door wegbeplanting en erven / Characteristic space delineation through road plantings and farmyards

Wieringermeerpolder

Noordoostpolder

Oostelijk Flevoland / Eastern Flevoland

Zuidelijk Flevoland / Southern Flevoland

heid, doordat voor de vier compartimenten waarin de polder door het assenkruis werd ingedeeld een verschillende behandeling werd voorgesteld. In het uiteindelijk uitgevoerde plan is er van de bedoelde contrasten weinig terechtgekomen. De bosstroken en kavelgrensbeplantingen zijn nauwelijks gerealiseerd. De dorpenring, die als monumentale laan was bedoeld, oogt als een te krappe provinciale weg. Daarentegen zijn bijna alle lokale wegen wel beplant, ook in het middengebied rond Emmeloord. De oost-westwegen zijn alleen aan de zuidzijde beplant. De noord-zuidwegen zijn uitgevoerd als laan, met een bomenrij aan weerszijden van de weg. In dat geval was er geen schaduwwerking en daardoor geen opbrengstverliezen voor de landbouw. In plaats van een contrast tussen ring en middengebied is er een andere samenhang ontstaan: een kamertjeslandschap gebaseerd op het wegenraster.

De essen een onderlinge afstand van Het feit dat deze relatief smalle wegen (slechts 12 meter in plaats van de 15 meter brede wegprofielen in de Wieringermeer) een weelderig beeld opleveren, is grotendeels te danken aan de inzet en de ambachtelijke kennis van landschapsarchitect Piet Kelder. Uit de Beemster nam hij het principe over dat het planten van bomen aan de rand van het wegprofiel, op de insteek van de sloot, de weg een ruimer aanzien geeft. Er ontstaat een optisch effect waarbij de weg ten opzichte van het omringende land lijkt te zijn opgetild. Bovendien koos Kelder ervoor om geen losse laanbomen aan te planten, maar de beplanting van essen op te trekken als singels van bosplantsoen met els als vulhout. De essen werden eerst op een onderlinge afstand van 1,5 meter aangeplant, vervolgens uitgedund naar 3 meter, dan naar 6 meter en in enkele gevallen is nu de eindfase met een plantafstand van 12 meter bereikt. Door de onregelmatigheid in plantafstanden en vorm van de bomen ontstaat er variatie in het strakke polderconcept. De op alle schaalniveaus, tot in de details volgehouden concentrische opbouw maakt de Noordoostpolder tot een hermetisch bouwwerk.

In tegenstelling tot de kleinschalige opbouw van de Noordoostpolder wordt het landschap in Oostelijk Flevoland bepaald door een aantal krachtig aangezette hoofdlijnen. Deze hoofdlijnen worden gevormd door de bosstrook langs het randmeer en de laanbeplanting langs de hoofdwegen. Deze monumentale lanen, met een wegprofiel van 25 meter, kaderen ruimten in die variëren van drie tot zes kilometer. Daarmee wordt het ruimte-ideaal dat de ontwerpers voor de nieuwe polders voor ogen stond in Oostelijk Flevoland het dichtst benaderd. Dit ideaal is

De Noordoostpolder wordt op de verschillende schaalniveaus van erf tot polder gekenmerkt door een concentrische opbouw /
The Noordoost polder, at its various levels of
scale, from farmyard to polder, is characterised by a concentric construction

Eastern Flevoland displays a high level of
flexibility because the agricultural framework is disconnected from the agricultural
use – shell planning *avant la lettre*. The planting belts around the farmsteads form the only
overlap with the agrarian use. The farmsteads
in Eastern Flevoland are relatively large in
comparison to those in the Noordoostpolder
and the Wieringermeerpolder. This is caused
by the fact that in laying out all the polders,
the premise was that the surface area of the
farmstead could cover two to three percent of
the total farm surface area. Because the average farm is larger in Eastern Flevoland, the
farmsteads are also more spaciously proportioned. This has now created the paradox
that smaller farms, which get a lower yield
out of farming and are therefore more apt to
branch out into ancillary activities, have the
least space on the farmstead to develop these
activities.

The landscape pattern of Southern
Flevoland, in contrast to the other three
Zuiderzee polders, is scarcely defined by the
farmyards and the roadside plantings. In the
centre of the polder lies the agricultural core,
measuring 8 x 10 km, which is only split in
two lengthwise by the heavily planted
Vogelweg. The farms in this agricultural core
are clustered onto the unplanted transverse
roads. The plantings have less of a monumental effect than the screens around the
farmsteads in the Noordoostpolder and
Eastern Flevoland. Because the space along

the entire Vogelweg is equal on either side,
the perception of the space is far less dynamic
and varied than in Eastern Flevoland. Along
the edges of this newest polder lie large
enclaves with non-agrarian functions: the
largest new deciduous forest in the
Netherlands, the largest new marsh and the
lavishly set up multiple-core city of Almere.
Southern Flevoland is unambiguous in its
set-up, yet commands respect through the
unparalleled 'bigness' of its parts.

The Farmstead as a
Landscape-Shaping Element

Initially, all land was allocated in long leases
to the farmers, who settled in the new polders
like pioneers. This gave the national government (the Wieringermeer department, later
the Department for Zuiderzee Works and
subsequently the Department for the
IJsselmeer Polders) far-reaching influence on
the layout of farms. Until the mid-1960s, the
construction of the farmhouses and the
plantings on farmyards were in government
hands. Things would change only with the
layout of Eastern Flevoland. In the southern
section of Eastern Flevoland and in Southern
Flevoland, the farmer was given control over
the building of his farmhouse and the layout
of the farmyard. In the older polders, the government not only dictated what the individual
farmyard should look like but also how it
should be maintained. The Department of
Domains regularly came by to prune farmyard plantings or to repaint the farmhouse.

This government attention was, aside
from the need from government supervision
of the pioneers, grounded in the conviction
that farmyards play a major role in the perception of the polder landscape. Bijhouwer
strove to give the farmyards, by means of
robust planting, the appearance of 'nests of
people' in the still bleak, wide-open land.
The Hudig commission also expected a great
deal from the spatial effect of planting on
farmyards: 'The fortunate backstage effect
of farmhouses situated in thick trees is
expressed powerfully along the straight roads
in the reclaimed lands.'

The assumption was that clustering farmyards would result in a significant mass of
planting; in addition the open space between
the clustered farmyards is greater than in a
regular distribution of individual farmyards.
This principle contributed to what the commission saw as the ideal spatial picture for the
polders: 'a powerful contrast between mass
and space, linked to a sober foundation.'

The stage effect of the farmyards in the
Zuiderzee polders is due to the fact that it is

door Piet Kelder als volgt verwoord: 'vanuit de beschutting van een laan uitkijken over een weidse ruimte, die toch meetbaar is door de bosrand aan de horizon'. De boerenerven liggen niet langs de hoofdwegen, maar consequent in clusters langs de onbeplante polderwegen. Door de erven in een aantal gevallen ook schuin tegenover elkaar te plaatsen, ontstaat een veel ruimer, luchtiger beeld dan in de Noordoostpolder. De erven zijn van verre zichtbaar als groene eilanden in het lege land. Het landschapsconcept van Oostelijk Flevoland blijkt een grote mate van flexibiliteit te hebben, doordat het landschappelijk raamwerk is losgekoppeld van het landbouwkundig gebruik: cascoplanning avant la lettre. De beplantingssingels rond de erven vormen de enige overlap met het agrarisch gebruik. De erven in Oostelijk Flevoland zijn in vergelijking met de Noordoostpolder en de Wieringermeerpolder relatief groot. Dit wordt veroorzaakt door het feit dat men er bij de inrichting van alle polders van uitging dat de oppervlakte van het erf 2 tot 3 procent van de totale bedrijfsoppervlakte mocht bedragen. Omdat de gemiddelde bedrijfsgrootte in Oostelijk Flevoland groter is, zijn de erven hier dus ook ruimer bemeten.

Hierdoor ontstaat nu de paradox dat kleinere bedrijven, die een lagere opbrengst uit de landbouw halen en daardoor eerder geneigd zijn tot nevenactiviteiten, daarvoor op het erf de minste ruimte hebben om deze te ontwikkelen.

Het landschapspatroon van Zuidelijk Flevoland wordt, in tegenstelling tot de andere drie Zuiderzeepolders, nauwelijks bepaald door de erven en de wegbeplantingen. Midden in de polder ligt het landbouwhart met een maat van 8 bij 10 kilometer, dat alleen in de lengterichting door de zwaar beplante Vogelweg in tweeën wordt gedeeld. De boerderijen in dit landbouwhart liggen geclusterd aan de onbeplante dwarswegen. De beplantingen zijn minder monumentaal dan de erfsingels in de Noordoostpolder en Oostelijk Flevoland. Doordat de ruimte langs de gehele Vogelweg aan weerszijden gelijk is, is de beleving van de ruimte veel minder dynamisch en afwisselend dan in Oostelijk Flevoland. Langs de randen van deze jongste polder liggen grote enclaves met niet-agrarische functies: het grootste nieuwe loofbos van Nederland, het grootste nieuwe moeras en de royaal opgezette meerkernenstad Almere. Zuidelijk Flevoland is in zijn ruimtelijke compositie eenduidig van opzet, maar dwingt respect af door de ongeëvenaarde 'bigness' van zijn onderdelen.

Het boerenerf als landschapsvormend element

Aanvankelijk werd alle grond in erfpacht uitgegeven aan de boeren, die zich als pioniers in de nieuwe polders vestigden. Hierdoor had de rijksoverheid (de Wieringermeerdirectie, later Dienst der Zuiderzeewerken, daarna Rijksdienst voor de IJsselmeerpolders) een vergaande invloed op de inrichting van het boerenbedrijf. Tot halverwege de jaren zestig was de bouw van de boerderijen en de aanleg van de erfbeplantingen in rijkshanden. Pas tijdens de inrichting van Oostelijk Flevoland kwam de omslag. In het zuidelijk deel van Oostelijk Flevoland en in Zuidelijk Flevoland kreeg de ondernemer zeggenschap over de bouw van zijn boerderij en de inrichting van het erf. Niet alleen bepaalde het Rijk in de oudere polders hoe het individuele erf er uit moest zien, maar ook hoe het moest worden onderhouden. De Dienst der Domeinen kwam op gezette tijden langs om de erfbeplanting te snoeien of om de boerderij een verfje te geven.

Deze overheidszorg was, behalve op de behoefte aan overheidscontrole op de pioniers, gestoeld op de overtuiging dat de boerenerven een grote rol spelen in de beleving van het droogmakerijlandschap. Het streven van Bijhouwer was om de erven door middel van forse beplanting de uitstraling te geven van 'mensennesten' in het nog kale weidse land. Ook de commissie-Hudig verwachtte veel van het ruimtelijk effect van beplante erven: 'De gelukkige coulissewerking van boerderijen in zwaar hout gelegen spreekt krachtig langs de rechte wegen in de droogmakerijen.'

Men ging ervan uit dat door de clustering van erven een sterke beplantingsmassa te zien zou zijn, bovendien is de open ruimte tússen de geclusterde erven groter dan bij een regelmatige spreiding van losse erven. Dit principe droeg dan bij aan wat in de ogen van de commissie het ruimtelijk ideaalbeeld was voor de polders: 'een krachtige tegenstelling tussen massa en ruimte, gebonden aan een strakken grondslag'.

De coulissewerking van de erven in de Zuiderzeepolders is te danken aan het feit dat juist de achterzijde van de erven zwaar zijn beplant. Dat is een wezenlijk verschil met de erfbeplantingen op het oude land. Daar hebben de erven langs de kust, die net als de boerderijen op het nieuwe land behoefte hebben aan windbeschutting, vooral aan de zuidwestkant een dichte boombeplanting. In de Noord-Hollandse, Groningse en Friese kleigebieden zijn aan de zijkanten van de erven windsingels aangelegd, waarbij de meeste

the rear sides of the farmyards that are heavily planted. This is a substantial difference with the farmyard plantings on the old lands. There, the farmyards along the coast, which like the farmhouses on the new lands require protection from the wind, are densely planted with trees on the southwest side. In the clay-soil areas of North Holland, Groningen and Friesland, wind screens were planted on the sides of the farmyards, with most of the trees planted immediately around the house. These farmyards are thus usually more densely planted to the front than to the rear. The decision to furnish the rear of the farmstead with a heavy screen of trees in all the Zuiderzee polders makes these farmyards into abstract landscape elements. The gaze of the passer-by driving along the long, straight roads is guided via the impenetrable green screen round the farmhouse to the open land. Looking across the land, the rear sides of the farmyards along the next agrarian road seem like green cushions in the space. The house is always on the road side of the farmyard and depending on the sun exposure is oriented with the front or the side towards the road. Also because of sun exposure, openings are sometimes made into the dense wall of vegetation on the south side of the house. This creates views to the outside world and vice versa. To reinforce the planting picture, the commission also promoted the planting of small orchards in the farmyard. The hope was that the utility function of orchards would convince the agricultural experts who were responsible for polder parcel allocation to give generous proportions to the farmyards. In addition, the commission argued that the planting screens round the farmyards had added value through such functions as firewood, lightning diversion, nesting places for birds, which in turn would keep down vermin, etc. In hindsight we can observe that these efforts had a heavy impact. In all the polders, farmland was sacrificed to create heavy planting screens round the farmyards – screens that were certainly useful but which mainly served the ideals of beauty formulated by the Hudig commission.

The Evolution of the Farmstead in the Zuiderzee Project

In the history of farm construction in the Netherlands, the layout of the Wieringermeerpolder marks a crucial moment: this is where the development of standard farm construction began. Until the mid-1960s the building of farms in the new polders was seen as a government task. A flexibly adaptable design was produced based on the latest advances in engineering. Over the course of the history of the polders, the house and the farm building were increasingly disconnected. The first farms in the Wieringermeerpolder were based on the cheese-cover farmhouse type, with the house and barn under one roof. In the design of later Wieringermeer farms, the house increasingly became a distinct volume, and ultimately the house and barn became entirely separate and only connected by a corridor. Buildings and farmyard are located within a U-shaped planting wall, which is transparent on the road side. When the road is located to the north of the farmstead, the farm is usually rotated a quarter-turn, with the front of the house towards the sun.

The garden section, that is to say the ornamental garden, vegetable garden and orchard, runs along the side of the farm building to the rear of the farmyard. This organisation of the farmyard shows that at the time the Wieringermeerpolder was constructed, domestic and farm activities were still significantly combined. The linked farm type was still applied in the Noordoostpolder. In addition, in the Noordoostpolder, the so-called 'Zeeland' farms were built, sturdy volumes with house and farming section under one roof. The montage farm, however, is the one that most defines the appearance of the Noordoostpolder. The barn of this type is built with a concrete montage system, and the freestanding house is executed in brick. The division between the living area and the farming area has been taken further here. A garden is situated round the house and a utilitarian yard has been laid round the farm buildings. The house and the farm buildings are still situated within one planting wall.

In Eastern Flevoland the division into a front and rear area is taken even further by planting a strip of tall vegetation between the living area and the farming area.

In Eastern Flevoland the brief history of standard farm construction by the state comes to an end. The farmer is allowed to decide on the form of his house and farmstead plantings himself. The partitioned organisation of the farmyard is made even more visible by planting a wall of vegetation between the front and rear sections. In Southern Flevoland the house is usually located in front of the planting wall that frames the farm buildings.

A Glance into the Future

The new land has since lost its special status, and the spatial developments that take place there will look increasingly look like those on

bomen direct rond de woning werden aangeplant. Deze erven zijn dus meestal aan de voorzijde dichter beplant dan aan de achterzijde. Het uitgangspunt in alle Zuiderzeepolders om juist het achtererf van een zware boomsingel te voorzien, maakt deze erven tot abstracte landschapselementen. De blik van de passant die over de lange rechte wegen rijdt, wordt via de ondoordringbare groene singel rond de boerderij naar het open land geleid. Kijkend over het land liggen de achterzijden van de erven aan de volgende landbouwweg als groene kussens in de ruimte. Het woonhuis ligt altijd aan de wegzijde van het erf en is, afhankelijk van de bezonning, met de voor- of zijkant naar de weg gekeerd. Ook zijn vanwege de bezonning aan de zuidzijde van de woning soms openingen in de dichte beplantingswal gelaten. Daardoor ontstaan er vanaf het erf doorkijkjes naar de buitenwereld en vice versa. Ter versterking van het beplantingsbeeld van de erven propageerde de commissie bovendien de aanplant van kleine boomgaarden op het erf. Men hoopte dat de nutsfunctie van boomgaarden de landbouwkundigen, die verantwoordelijk waren voor de polderverkaveling, ervan zou overtuigen dat het belangrijk was de erven royaal te bemeten. Daarnaast beargumenteerde de commissie de meerwaarde van de beplantingssingels rond de erven met functies als brandhout, bliksemafleiding, windbeschutting, nestplaats voor vogels die op hun beurt het ongedierte bestrijden, enzovoort. Achteraf kunnen we constateren dat deze inspanningen veel gewicht in de schaal hebben gelegd. In alle polders is landbouwgrond opgeofferd om zware beplantingssingels rond de erven te maken; singels die zeker nuttig waren, maar bovenal het door de commissie-Hudig geformuleerde schoonheidsideaal dienden.

De ontwikkeling van het boerenerf in het Zuiderzeeproject

In de geschiedenis van de boerderijbouw in Nederland vormde de inrichting van de Wieringermeerpolder een cruciaal moment: hier begon de ontwikkeling van een seriematig gebouwde boerderij. Tot halverwege de jaren zestig werd het bouwen van boerderijen in de nieuwe polders als een overheidstaak gezien. Op basis van de laatste stand van de techniek werd een flexibel toepasbaar ontwerp geleverd. In de loop van de geschiedenis van de polders worden woonhuis en bedrijfsgebouw steeds sterker van elkaar losgekoppeld. De eerste boerderijen in de Wieringermeerpolder waren gebaseerd op het type stolpboerderij met woonhuis en

Drie ruimtelijke concepten voor de oordoostpolder /
Three spatial concepts for the Noordoost polder

Concentrische opbouw en assenkruis (Pouderoyen) /
Concentric construction and co-ordinate system (Pouderoyen)

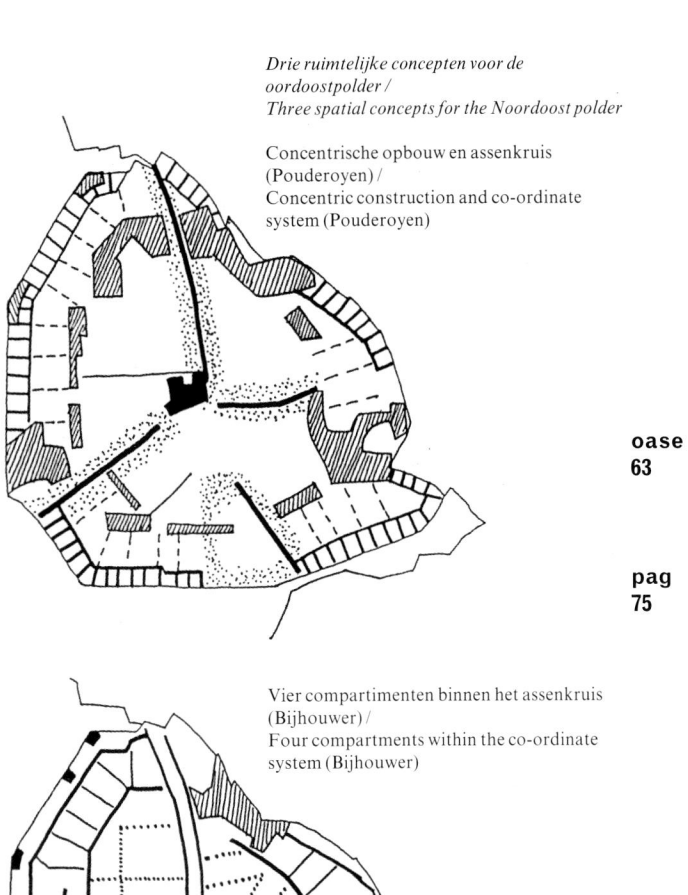

oase
63

pag
75

Vier compartimenten binnen het assenkruis (Bijhouwer) /
Four compartments within the co-ordinate system (Bijhouwer)

Geleidelijke overgangen tussen randen en middengebied (Staatsbosbeheer) /
Gradual transitions from edges into the central area (Forestry Commision)

De veranderende verhouding tussen woning en bedrijf op het boerenerf: van verweving naar scheiding /
The changing relationship between the living quarters and the farm operations on the farmyard: from interweaving to segregation

Erf Wieringermeerpolder/
Wieringermeer polder farm

Erf Noordoostpolder /
Noordoost polder farm

Erf Oostelijk Flevoland /
Eastern Flevoland farm

Erf Zuidelijk Flevoland /
Southern Flevoland farm

the old land. The homogeneous base area, determined by the conditions of standardised agricultural production and a set farm size, will become more differentiated in years to come. This has to do with developments in agriculture itself, but also with the increase in urban programmes and with changes in water management. On this varied base area, it is from the pattern of the line and point grids of the roads and waterways and the farmyards that it will make it possible to interpret the cohesion of polder cultivation. The ways in which the road pattern and the pattern of the farmyards in the two older polders can fulfil this role will likely be different from that in the two Flevolands.

As described earlier, the landscape elements in Southern and Eastern Flevoland have acquired a significantly oversize quality. The farmyards and road profiles are generously proportioned. Woods and tree groves give scale and contrast to the landscape. In addition these landscape elements form a strong framework that will not be directly influenced by changes in agricultural use of space. The future landscape can therefore absorb future changes, without losing the large dimensions and the clear lines of the polder concept.

The situation is different in the Wieringermeerpolder and the Noordoostpolder. The third dimension of the landscape is borne by landscape elements that are fragile – the farmyard plantings and the roadside plantings. This fragility is the result of limited size and because governmental management, which had been aimed at creating a uniform and cohesive picture, is now absent. This can be addressed by a 'second completion' of roadside plantings and the layout of canals and dikes by the government. This can achieve a strengthening of the landscape framework, which can assure the main spatial structure of the polder and the polder idiom of crucial details for the future.

Conditions can be set for the expansion of agricultural farmyards and villages. The preservation of the spatial effect of farmyards, as green islands in contrast with the flat open land, is especially important. In the future, the regular grids of the farmyards and the planted roads, which represent the unity of polder cultivation, will interfere with the landscape and programme differences that will inevitably arise in the polders. The new land has grown up.

schuur onder één dak. In de vormgeving van de latere Wieringermeer-boerderijen wordt het woonhuis meer en meer een los volume en uiteindelijk zijn woonhuis en schuur van elkaar losgekoppeld en slechts verbonden door een gang. Gebouwen en erf liggen binnen een u-vormige beplantingswal, die aan de wegzijde transparant is. Als de weg aan de noordkant van het erf ligt, is de voorkant van de woning van de boerderij vaak een kwartslag naar de zon gedraaid.

Het tuingedeelte, dat wil zeggen siertuin, moestuin en boomgaard, loopt aan de zijkant van het bedrijfsgebouw door tot het achtererf. Deze organisatie van het erf laat zien dat in de tijd dat de Wieringermeerpolder werd aangelegd het huishouden en de bedrijfsvoering nog sterk door elkaar liepen. Ook in de Noordoostpolder werd het geschakelde boerderijtype nog toegepast. Daarnaast werden er in de Noordoostpolder de zogeheten Zeeuwse boerderijen gebouwd, forse volumes met woonhuis en bedrijfsgedeelte onder één dak. De montage-boerderij is echter het meest beeldbepalend voor de Noordoostpolder. De schuur van dit type is gebouwd met een schokbeton-montagesysteem en het vrijstaande woonhuis is in baksteen uitgevoerd. De scheiding van woonerf en bedrijfserf is hier verder doorgevoerd. Rond de woning ligt een tuin en rond de bedrijfsgebouwen is een utilitair erf aangelegd. Woonhuis en bedrijfsgebouwen liggen nog wel samen binnen één beplantingswal.

In Oostelijk Flevoland wordt de verdeling in een voor- en een achtererf nog verder doorgevoerd door tussen het woongedeelte en het bedrijfsgedeelte een hoog opgaande beplantingsstrook aan te leggen.

In Oostelijk Flevoland stopt de korte geschiedenis van de seriebouw van boerderijen door het Rijk weer. De ondernemer mag zelf de vorm van zijn huis en erfbeplanting bepalen. De gescheiden organisatie van het erf is hier dan nog meer zichtbaar, doordat er dikwijls een beplantingswal tussen voor- en achtererf is aangebracht. In Zuidelijk Flevoland ligt de woning met tuin meestal vóór de beplantingswal die de bedrijfsgebouwen omkadert.

Een blik op de toekomst

Het nieuwe land heeft inmiddels zijn bijzondere status verloren en zal in de ruimtelijke ontwikkelingen die er plaatsvinden steeds meer op het oude land gaan lijken. Het homogene grondvlak, dat werd bepaald door gestandaardiseerde productieomstandigheden voor de landbouw en een vaste bedrijfsgrootte, zal in de toekomst gaan differentiëren. Dat heeft te maken met ontwikkelingen in de landbouw zelf, maar ook met de toename van stedelijke programma's en met de veranderingen in het waterbeheer. Op dat gevarieerde grondvlak zijn het de patronen van de lijn- en puntrasters van de wegen en waterlopen en de erven waaraan men de samenhang van de polderontginning zal kunnen aflezen. De wijze waarop het wegenpatroon en het patroon van de erven deze rol kunnen waarmaken, zal voor de twee oudste polders naar verwachting verschillend zijn van de beide Flevolanden.

Zoals hierboven beschreven hebben de landschappelijke elementen in Zuidelijk en Oostelijk Flevoland een behoorlijke overmaat gekregen. De erven en wegprofielen zijn royaal van opzet. Bossen en bosstroken geven schaal en contrast aan het landschap. Bovendien vormen deze landschapselementen een sterk raamwerk dat door veranderingen in de gebruiksruimte van de landbouw niet direct wordt beïnvloed. Het landschap kan daardoor toekomstige veranderingen in zich opnemen, zonder dat de grote maten en de heldere lijnen van het polderconcept verloren gaan.

Dat ligt anders in de Wieringermeerpolder en de Noordoostpolder. De derde dimensie van het landschap wordt daar gedragen door landschapselementen die kwetsbaar zijn: de erfbeplantingen en de wegbeplantingen. Deze kwetsbaarheid wordt veroorzaakt door een te krappe maatvoering en doordat de regie van de rijksoverheid, die gericht was op het creëren van een uniform en samenhangend beeld, is weggevallen. Dit kan worden opgevangen door een 'tweede oplevering' van de wegbeplantingen en de inrichting van vaarten en dijken door de overheid. Daarmee kan een versterking van het landschappelijk raamwerk worden gerealiseerd. De ruimtelijke hoofdstructuur van de polder en het polderidioom van de cruciale details kunnen hiermee voor de toekomst worden veilig gesteld.

Aan de uitbreiding van de agrarische erven en van de dorpen kunnen voorwaarden worden gesteld. Daarbij is vooral het bewaren van de ruimtelijke werking van erven en dorpen, als groene eilanden in contrast met het vlakke open land, van belang. In de toekomst zullen de regelmatige rasters van de erven en de beplante wegen, die de eenheid in de polderontginning verbeelden, gaan interfereren met de landschappelijke en programmatische verschillen die onvermijdelijk in de polders zullen gaan optreden. Het nieuwe land is volwassen geworden.

1   The Elsendorp visual quality plan was produced in 2001 in association with architect Frans Sturkenboom by commission of the North Brabant Rural Area Department.

2   Hogeland Farmyards was produced in 2003 in the framework of a multiple commission at the request of Libau, the organisation for building regulation and preservation for the Province of Groningen.

Jeroen Bosch and Harm Veenenbos

New Estates for Pig and Clay Soil Farmers

In Dutch spatial planning policy, the image of the countryside has rapidly shifted in the past decade. The production of our food there is increasingly playing a secondary role. The countryside has become the domain of leisure and nature. The romanticism of the urban adventurer dominates planning and procedure. This makes many farmers feel threatened and abandoned. They are finding their own way as 'lonely ranchers'. Town and country seem to have entered into a relationship in which little mutual understanding exists.

In two design studies in areas where agriculture still seems to have some potential, an attempt is being made to find room for new common interests. In the Peel district of Brabant, in the framework of a reconstruction of the sandy soils, a visual quality plan is being devised for an area in which pig farms are being concentrated.[1] For agricultural estates in the Hogeland area of Groningen, a prototype has been set up in which past splendour is combined with new developments.[2] Visits to the farmers provide a basis and colour the plans. In both studies the existing landscape characteristics form the starting point for new additions.

Pigs

During a tour near Elsendorp in the middle of the Peel district in Brabant, the chairman of the local committee brings us up to date on the poor state of local relations. Village residents are demanding that a nearby pig farm shut down because of the stench it generates. They are also annoyed by the groups of East European workers who wander the streets after work in search of diversion. Whereas there was once a close kinship between the village and the surrounding area, the reverse is now the case. No farm workers live in the village; the farmers do their grocery shopping at the supermarket in Gemert. The residents of the village live there for the peace and quiet and go off to their jobs early in the morning.

The Peel underwent reclamation at the turn of the twentieth century. Under the excavated peat lay poor, sandy soil. Woods were planted in the poorest areas of soil, and the rest of the district was made suitable for agriculture. In the Peel the first thing that catches one's eye is the open space. Woods and remnants of heaths and peat moors partition the area. In fact the Peel is a conglomeration of separate reclamation areas, such as Vredepeel, Mariapeel and Grote Peel. The Middenpeel roadway and the Peel Canal form the transverse lines in this conglomera-

Ontginning van Middenpeelweg / Middenpeelweg land reclamation

Ontginningslint/ Land-reclamation 'ribbon'

Jeroen Bosch en Harm Veenenbos

Nieuwe erven voor varkenshouders en kleiboeren

In het Nederlandse ruimtelijke beleid is het beeld van het platteland het afgelopen decennium snel verschoven. De productie van ons voedsel vervult hierin langzamerhand een bijrol. Het buitengebied is het domein van de recreant en van de natuur geworden. De romantiek van de stedelijke avonturier domineert de plannen en de maatregelen. Veel boeren voelen zich hierdoor bedreigd en in de steek gelaten. Als 'lonely ranchers' zoeken ze hun eigen weg. Stad en land lijken een relatie te zijn aangegaan, waarbij weinig wederzijds begrip rest.

In twee ontwerpstudies voor gebieden waar de landbouw nog kansen lijkt te hebben, is geprobeerd om ruimte te vinden voor de nieuwe gemeenschappelijke belangen. In de Brabantse Peel is in het kader van de reconstructie van de zandgronden een beeldkwaliteitplan gemaakt voor een gebied waar varkenshouderijen worden geconcentreerd.[1] Voor boerenerven in het Groningse Hogeland is een prototype opgesteld waarin de oude glorie met nieuwe ontwikkelingen wordt gecombineerd.[2] Bezoeken aan de boeren verschaften een basis en kleurden de plannen. In beide studies vormen de bestaande landschappelijke karakteristieken het uitgangspunt voor nieuwe toevoegingen.

Varkens

Tijdens een rondrit bij Elsendorp midden in de Brabantse Peel brengt de voorzitter van het buurtcomité ons op de hoogte van de verziekte lokale verhoudingen. Dorpsbewoners eisen dat een nabijgelegen varkenshouderij stopt vanwege de stank die het bedrijf verspreidt. Ze ergeren zich ook aan groepjes Oost-Europese arbeiders die na het werk, op zoek naar vertier, over straat zwerven. Bestond er vroeger een nauwe band tussen het dorp en de omliggende streek, inmiddels is het tegenovergestelde het geval. Er wonen geen landarbeiders meer in het dorp en de boeren doen hun boodschappen bij de supermarkt in Gemert. De dorpsbewoners wonen er voor de rust en vertrekken vroeg in de ochtend naar hun werk.

De Peel is ontgonnen aan het eind van negentiende, begin twintigste eeuw. Onder het afgegraven veen lag arme zandgrond. De armste gronden zijn ingeplant met bos, de rest van het gebied werd geschikt gemaakt voor landbouw. In De Peel springt in eerste instantie de open ruimte in het oog. Bossen en restanten veen en heide delen het gebied op. In feite is De Peel een verzameling van afzonderlijke ontginningen zoals Vredepeel, Mariapeel en Grote Peel. De Middenpeelweg en het Peelkanaal vormen de doorgaande lij-

1 Het Beeldkwaliteitplan Elsendorp werd in 2001 i.s.m. architect Frans Sturkenboom gemaakt in opdracht van de Dienst Landelijk Gebied Noord-Brabant.

2 Erven Hogeland werd in 2003 gemaakt in het kader van een meervoudige opdracht op verzoek van Libau, de Provinciale Groningse Welstandsorganisatie.

**oase
63**

**pag
79**

tion. At the main crossroads on the Midden-peelweg lie reclamation villages such as Rips and Elsendorp.

Construction is mainly situated along the reclamation roads; from the transverse Middenpeelweg one has great vistas over the wide-open land. The robust tree lanes along the reclamation roads give the area its charm. In many places the rows of oaks are in poor shape. Reclamation areas are encircled by woodland. Some even older reclamation farms exist in the area, in which the house and the barn are one building. Mainly in view of occupational hygiene mandates, in most farms these days the houses are separated from the sties. The low, long sties with the silos alongside seem simple, stark and functional. These farm buildings are fully developed industrial products. Because the area developed gradually, the architecture of the houses and sties is diverse. Whereas the sties were originally built of brick, now sties are primarily built of steel sheeting.

The tour progresses past a few desolate estates. These are the houses of farmers who have given up farming. The sties have been taken over by more successful colleagues. They buy the farm and visit the pigsty twice a day. They no longer come to live here, a farmer says. Merging the farms would cost the pig farmers in terms of quota. Our guide does not think this is an ideal development. Neighbours are now living next to empty houses. What's more, the ventilation in the sties occasionally breaks down, which could lead to mishaps. He says the area is not in favour of clustering, as if it were an industrial

estate. Contact with the land and with one's own family farm are deeply rooted in the genes of the farmer.

In the construction of new sties, the municipal government sets a condition that a third of the farmyard must be planted. One can see how scraggly rows of conifers have been planted alongside new sty buildings. The municipal policy has not caught on yet; farmers have no time or inclination to maintain the mandated grove. More attention is devoted to the gardens around the houses of the pig farmers. Some of the farmyards seem like 'Ponderosas'. Touches of *Dallas* and *Dynasty*, miniature deer parks, big ponds with fountains and lovingly groomed box hedges decorate the gardens.

Sprouts

In one of the northernmost polders of the vast Hogeland, a farmer switched to growing sprouts a few years ago. The sorting machine stands in a massive hangar at the back of the estate. The hangar was moved some distance back from the road at the request of the municipal government. The grower considers this the only piece of good advice he has ever received from a government authority; tractors and agriculture machines have since gotten so large that they can just barely man-oeuvre in the space between the road and the hangar. There are hardly any trees in the farmyard. A few years ago the old elms that ringed the parcel were struck with disease and subsequently cut down. No new trees came to replace them, because they would

Oude ontginnings-boerderij, huis en stallen onder één dak /
Old land-reclamation farm, house and stables under one roof

Nieuwe woning aan het lint /
New house on the 'ribbon'

nen binnen deze verzameling. Op de belangrijkste kruispunten langs de Middenpeelweg liggen ontginningsdorpen als Rips en Elsendorp.

De bebouwing bevindt zich vooral langs de ontginningswegen, vanaf de doorgaande Middenpeelweg heb je prachtige zichten over het ruime land. De forse lanen langs de ontginningswegen verlenen de streek zijn charme. Op veel plaatsen zijn de rijen eiken in slechte staat. De ontginning wordt omsloten door bos. In het gebied staan nog enkele oudere ontginningsboerderijen, waarbij het woonhuis en de schuur één gebouw vormen. Vooral vanwege de vereiste bedrijfshygiëne staan tegenwoordig bij de meeste bedrijven de woningen los van de stal. De lage, lange stallen met de silo's langszij ogen eenvoudig, streng en functioneel. Deze bedrijfsgebouwen zijn geheel uitontwikkelde (industriële) producten. Doordat het gebied zich stapsgewijs heeft ontwikkeld, is de architectuur van de huizen en stallen divers. Werden de stallen aanvankelijk opgetrokken uit baksteen, nu worden voornamelijk plaatstalen stallen gebouwd.

De rondgang voert langs enkele desolate erven. Het zijn woningen van boeren die zijn gestopt. De stallen zijn overgenomen door succesvollere collega's. Ze kopen het bedrijf en bezoeken tweemaal per dag de varkensstal. Ze wonen niet meer bij het bedrijf, vertelt een boer. Een fysieke samenvoeging van bedrijven zou de varkenshouders quota kosten. Ideaal vindt onze gids deze ontwikkeling niet. De buren komen naast spookhuizen te wonen. In de stallen valt bovendien de ven- tilatie wel eens uit, waardoor er ongelukken kunnen gebeuren. Hij vertelt dat de streek niets voelt voor een clustering als ware het een bedrijventerrein. Het contact met het land en het eigen familiebedrijf zitten diep in de genen van de boer.

Bij de bouw van nieuwe stallen stelt de gemeente als voorwaarde dat een derde van het erf moet worden ingeplant. Langs nieuwe stallen zijn schamele rijen coniferen gezet. Het gemeentelijke beleid slaat nog niet aan, de boeren hebben geen tijd of zin om de verplichte singel te onderhouden. De varkenshouders besteden meer aandacht aan de tuinen rond hun woningen. Met vleugjes *Dallas* en *Dynasty* lijken de erven soms op 'ponderosa's'. Hertenkampjes, grote vijvers met fonteinen en zorgvuldig geknipte buxushaagjes sieren de tuinen.

Spruitjes

In een van de noordelijkste bedijkingen van het uitgestrekte Hogeland is een akkerbouwer een aantal jaren geleden overgeschakeld op de spruitenteelt. In een forse loods achter op het erf staat de sorteermachine. Op verzoek van de gemeente is de loods iets verder van de weg geplaatst. De teler vindt dit het enige goede advies dat hij ooit van een overheidsinstantie kreeg: inmiddels zijn de tractor en de landbouwmachines zo groot geworden dat deze nog maar net in de ruimte tussen de weg en de loods kunnen manoeuvreren. Op het erf staan vrijwel geen bomen. Een aantal jaren terug werden de oude iepen die de kavel omlijstten ziek, waarna ze zijn

just be in the way or would retard the growth of the sprouts with their shadow, according to the grower. As at the pig farm, it is East Europeans who do the heavy work here; they live in the old farmhouse, which is falling into disrepair. The sprout grower would have liked to add one or more wind turbines next to the farm – no shortage of wind in the Hogeland. But a permit was denied in view of the preservation of the open landscape.

In the Hogeland, colossal farms with stately front houses on richly planted mounds dominate the landscape. At one time the richest farmers in the world lived here. The years of plenty have left their mark in the form of the imposing and beautifully decorated front houses, the large, often double, sometimes even triple barns and the remnants of once painstakingly designed gardens. The farmyards framed by canals are often thickly planted with trees. The front gardens traditionally served as ornamental gardens. Farmers in the nineteenth century who had gone to purchase a new threshing machine at a fair in London were exposed to the English landscaping style. Upon their return home they asked their gardeners to convert their rationally ordered gardens into little parks, complete with meandering paths, ponds and red beeches. The spaces alongside the big barn were traditionally devoted to vegetable gardens, orchards and paddocks for young livestock.

In the second half of the last century, the farmers on the areas of denser clay soil situated further inland, where mixed farms had originally been established, specialised in raising dairy cattle. In the polders close to the Waddenzee the farmers mainly limit themselves to growing potatoes, sugar beets and grain. Widespread mechanisation and specialisation means there are no farm labourers at work on the farms anymore. The former farmers' cottages in the village are now mostly inhabited by people from the city. Whereas the gentlemen farmers of earlier times maintained whole households of servants and dictated the course of affairs in the area, these days they are on their own. Farmers who still see a future in agriculture build a new stable or barn of steel-sheeting. The old barns behind the house, which are ill-suited to modern farming because of their small doors, low beam construction and fixed floors, are mainly used for storage. While to the farmer new construction represents the continuation of his enterprise, it is met with incomprehension by villagers and 'city people'. In truth, the new structures are often erected in unfortunate locations in relation to the majestic old estates. Any planting around the new barns and stables is, as in the Peel, nothing more than a green fringe. The scrawny plantings lack the grandeur of the original planting on the old farmyards and are out of proportion with the new buildings.

Elsendorp Growth Area

The Elsendorp visual quality plan was prompted by the reconstruction of the Dutch sandy soil areas initiated by the national government. This includes not only an improvement of the areas from which pig farms are

Boerderijen als eilanden in het vlakke Hogeland /
Farms as islands in the flat Hogeland

Oud erf omlijst door bomen /
Old farmyard ringed by trees

gekapt. Er zijn geen nieuwe bomen voor in de plaats gekomen, want die staan volgens de teler maar in de weg of remmen door schaduwval de groei van de spruiten. Net als in de varkenshouderij doen Oost-Europeanen hier het zware werk, ze bewonen de oude boerderij, die steeds verder in verval raakt. De spruitenteler had graag als aanvulling op het inkomen een of enkele windturbines nabij het bedrijf geplaatst. Wind genoeg op het Hogeland. Maar een vergunning is door de overheid geweigerd omwille van het behoud van het open landschap.

In het Hogeland bepalen kolossale boerderijen met statige voorhuizen op rijk beplante wierden het beeld. Ooit woonden hier de rijkste boeren ter wereld. De vette jaren zijn nog af te lezen aan de statige en fraai gedecoreerde voorhuizen, de grote, vaak dubbele, soms zelfs driedubbele schuren en de restanten van de ooit zorgvuldig ontworpen tuinen. De met grachten omlijste erven staan vaak dik in de bomen. De voortuinen dienen van oudsher als siertuin. Boeren die in de negentiende eeuw op de beurs in Londen een nieuwe dorsmachine uitzochten, maakten daar kennis met de Engelse landschapsstijl. Thuisgekomen vroegen ze aan hun hoveniers om hun rationeel opgezette tuinen om te vormen tot kleine parkjes, compleet met slingerpaden, vijverpartijen en rode beuken. De ruimten bezijden de grote schuur zijn van oudsher ingericht als groentetuin, boomgaard en weide voor het jongvee.

In de tweede helft van de vorige eeuw hebben de boeren op de landinwaarts gelegen zwaardere kleigronden, waar van oorsprong gemengde bedrijven waren gevestigd, zich gespecialiseerd in de melkveehouderij. In de bedijkingen dicht tegen de Waddenzee beperken de boeren zich in hoofdzaak tot de verbouw van aardappels, suikerbieten en graan. Door de verregaande mechanisatie en specialisatie werken er geen landarbeiders meer op de boerenbedrijven. De voormalige arbeidershuisjes in het dorp zijn nu veelal bewoond door mensen uit de stad. Waar de herenboeren in vroeger tijden een hele personeelshuishouding voerden alsook het reilen en zeilen in de streek bepaalden, zijn ze tegenwoordig op zichzelf teruggeworpen. Boeren die in het landbouwbedrijf nog toekomst zien, bouwen een nieuwe plaatstalen stal of schuur. De oude schuren achter het woonhuis, die door de te kleine deuren, te lage balkenconstructies en de vaste vloeren slecht in een moderne bedrijfsvoering zijn in te passen, worden veelal als opslagruimte gebruikt. Terwijl nieuwbouw voor de boer continuering van zijn bedrijf betekent, stuit deze bij dorpelingen en 'stadjers' op onbegrip. Welbeschouwd zijn de bouwwerken ook vaak ongelukkig geplaatst ten opzichte van de majestueuze oude erven. Als er al aanplant rond de nieuwe schuren en stallen plaatsvindt, bestaat deze net als in De Peel uit niet meer dan een groen randje. De iele beplanting mist de grandeur van de oorspronkelijke beplanting op de oude erven en verhoudt zich slecht tot de nieuwe gebouwen.

Groeigebied Elsendorp

De door de rijksoverheid ingezette recon-

disappearing; the areas in which farms can expand or be established once more should also benefit from landscape improvement. The municipality of Gemert-Bakel is one of the reconstruction's trial projects. In the project, the recent Peel reclamation area north of the village of Elsendorp has been designated as a growth area.

The new reclamation areas form a special landscape in Brabant. The far-reaching vistas over the land give the visitor a sense of being in the country and the farmer a pleasant living environment. Through the rational parcel allotment, the powerful grid of lanes and the large scale, the new reclamation landscape lends itself well to a growth area. The visual quality plan investigates how the expansions of the farms can be coupled with the reinforcement of the landscape characteristics in once more creating a pleasing living environment and a climate of pride in farming.

The plan consists of a number of rules for the establishment of new farms, as well as projects for the improvement of the landscape. The rules are formulated on three levels. At the area level, strips of land where new farms can be established are designated. The strips of land are situated along a number of ribbons, at certain distances from one another and from the village. At the level of the ribbons, rules for the size of the parcels and the location of the buildings apply. At the level of the parcels, rules have been formulated for the apportionment of the farmyard and the appearance of the sties. New initiatives are vetted according to these guidelines. The visual quality plan is added as an elaboration of the allocation plan. This provides an instrument for municipal planning regulators to guide the location and establishment of the parcel, while building regulators have basic principles for the approval of the house and the sties.

Investment in the landscape structure of the growth area by means of several projects coincides with the strong growth of intensive agriculture. The landscape of the reclamation area is being reinforced by the restoration of the lane plantings and the expansion of the system of waterways. The Middenpeelweg is to have a double line of trees along its entire length. At Elsendorp the atmosphere of the landscape of the south side is to be extended northwards: the village is to lie in the middle of a small heath.

Hogeland Farmyards

The Hogeland is an area where, in contrast to many other areas in the Netherlands, large-scale farmers still seem to have a future. For this reason, a prototype has been set up that combines the splendour of the old farmyard with the new developments. In the prototype, space has been provided for unknown future developments. The prototype is based on a number of principles that can be applied to all estates and their expansions in the Hogeland. Because these 'rules' include fixed as well as flexible elements, farmyards will be created that are characteristic of the Hogeland and yet exhibit appropriate variations from one another. The rules concern the reconstruction of the old estates, the direc-

Grote beuken in tuin voor statig woonhuis / Great beeches in garden in front of stately house

Nieuwe schuur belemmert uitzicht woonhuis / A new barn impedes view from the house

structie van de Nederlandse zandgronden is de aanleiding voor het beeldkwaliteitplan Elsendorp. Deze reconstructie houdt niet alleen een verbetering van de gebieden in waar de varkenshouderijen verdwijnen, ook de gebieden waar bedrijven mogen uitbreiden of zich nieuw kunnen vestigen, dienen er landschappelijk op vooruit te gaan. De gemeente Gemert-Bakel is een van de proefprojecten van de reconstructie. Binnen het project is de jonge Peelontginning ten noorden van het dorp Elsendorp als groeigebied aangewezen.

De jonge ontginningen vormen een bijzonder landschap in Brabant. De vergezichten over het land geven de bezoeker het gevoel 'op het land' te zijn en geven de boer een aangename woonomgeving. Door de rationaliteit van de verkaveling, het krachtige raamwerk van lanen en de grote schaal leent het jonge ontginningslandschap zich goed als groeigebied. In het beeldkwaliteitplan is onderzocht hoe de uitbreidingen van de bedrijven kunnen samengaan met het versterken van de landschappelijke karakteristieken, met het opnieuw creëren van een aangename woonomgeving en met een klimaat van boerentrots.

Het plan bestaat uit een aantal spelregels voor de vestiging van nieuwe bedrijven en uit projecten voor de verbetering van het landschap. De spelregels zijn geformuleerd op drie niveaus. Op het niveau van het gebied zijn stroken aangegeven waarin nieuwe bedrijven kunnen worden gevestigd. De stroken bevinden zich langs een aantal linten, op afstand van elkaar en van het dorp. Op het niveau van de linten gelden regels voor de omvang van de bouwkavels en de plaatsing van de opstallen. Op het niveau van de bouwkavels zijn regels geformuleerd voor de inrichting van het erf en het uiterlijk van de stallen. Op basis van deze richtlijnen worden nieuwe initiatieven getoetst. Het beeldkwaliteitplan is als uitwerking toegevoegd aan het bestemmingsplan. De gemeentelijke plantoetsers hebben daarmee een instrument om de locatie en de opzet van de kavel te sturen, terwijl welstand uitgangspunten heeft voor de toets van de woning en de stallen.

Gelijktijdig met de forse groei van de intensieve landbouw wordt door middel van enkele projecten in de landschappelijke structuur van het groeigebied geïnvesteerd. Het landschap van de ontginning wordt versterkt door het herstel van de laanbeplantingen en de uitbreiding van het stelsel van waterlopen. De Middenpeelweg krijgt over de hele lengte een dubbele bomenrij. Bij Elsendorp wordt de landschappelijke sfeer van de zuidzijde naar het noorden opgerekt: het dorp komt in een klein heideveld te liggen.

Erven Hogeland

In tegenstelling tot veel andere streken in Nederland lijken grootschalige boeren in het Hogeland nog een toekomst te hebben. Daarom is voor de boerderijen een prototype opgesteld dat de glorie van het oude erf met de nieuwe ontwikkelingen combineert. In dit prototype is ruimte opgenomen voor onbekende toekomstige ontwikkelingen. Het prototype is gebaseerd op een aantal principes

Vestiging langs de linten / Settlement along 'ribbons'

Kaveldiepte maximaal 175 m.
Langs Middenpelweg geen bedrijven. /
Maximum parcel depth 175 m.
No farms along the Middenpelweg.

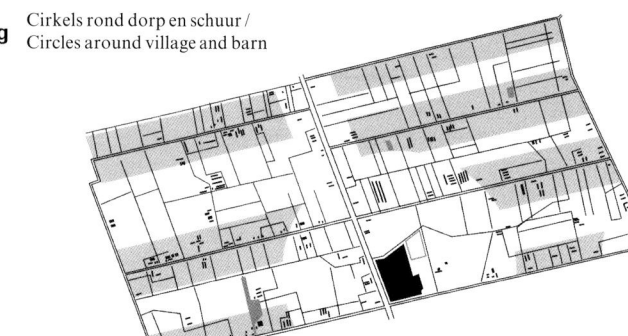

Cirkels rond dorp en schuur /
Circles around village and barn

Maximaal 40% bebouwd /
A maximum of 40 percent building construction

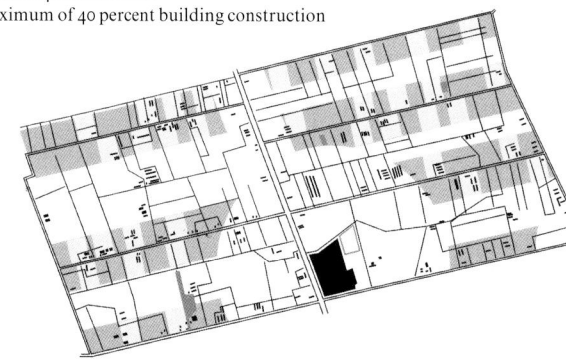

Linten als lanen, veld rond dorp 'Ribbons' as /
avenues, field around village

tion of the expansions, the colour of the buildings, the location of wind turbines and the addition of planting blocks. Planting blocks have been selected, because they distinguish themselves from the old farmyards, are in proportion to the expansions and can also be easily reconciled with unspecified future developments on the estate. The farmer is to be rewarded for investing in the quality of the landscape with a more liberal allocation of the expansion parcel. The idea is that parcels laid out after a farm has been closed, according to the rules of the prototype, can have a maximum of three houses built on them. Such a liberalisation of the rules dovetails with the growing number of people who want to live in the country. The aim of the proposals in the prototypes is to entice the farmers to create better estates. Applying the rules increases the future value of the estates in material as well as non-material ways.

The farmers devise master plans according to which plans for new construction and layout are formulated. The rules have intentionally been kept crystal-clear; a farmer can, so to speak, devise his own master plan. Government subsidies are to be allocated for carrying out and managing the layout plans for the old and the new farmyards, as is already the case.

In the Hogeland the implementation of the rules still requires some legal study. The biggest hurdle seems to be the liberalisation of the allocation of the expansion parcel. This is a sensitive subject in the Province of Groningen. The location of the new construction and the colour of the barns and stables can be determined in the building regulations policy document, and the planting of greenery can be included in the allocation plan.

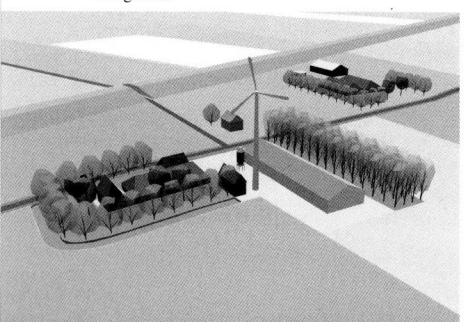

Hogeland

die op alle erven en hun uitbreidingen in het Hogeland van toepassing zijn. Doordat deze 'spelregels' zowel vaste als flexibele elementen bevatten, zullen voor het Hogeland kenmerkende erven ontstaan die onderling toch de nodige verschillen vertonen. De spelregels betreffen de reconstructie van de oude erven, de richting van de uitbreidingen, de kleur van de gebouwen, de plaatsing van windturbines en de toevoeging van beplantingsblokken.

Er is gekozen voor groenblokken omdat deze zich onderscheiden van de oude erven, zich goed verhouden tot de uitbreidingen en tevens goed verenigbaar zijn met onbekende toekomstige ontwikkelingen op het erf. Voor een investering in landschappelijke kwaliteit wordt de boer beloond met een verruiming van de bestemming van de uitbreidingskavel. Het idee is dat de kavels die volgens de spelregels van het prototype zijn ingericht na een bedrijfsbeëindiging mogen worden bebouwd met maximaal drie woningen. Een dergelijke verruiming van de regels sluit aan bij het groeiend aantal burgers dat buiten wil wonen. Doel van de voorstellen uit het prototype is om de boeren te verleiden tot de aanleg van betere erven. Door toepassing van de spelregels neemt de toekomstwaarde van de erven zowel in materiële als in immateriële zin toe.

Door de boeren worden masterplannen opgesteld op basis waarvan nieuwbouw- en inrichtingsplannen worden gemaakt. De spelregels zijn met opzet helder gehouden; een boer kan bij wijze van spreken zelf zijn eigen masterplan opstellen. Voor de uitvoering en het beheer van de inrichtingsplannen voor de oude en de nieuwe erven worden door de overheid subsidies verstrekt, net als nu al het geval is.

In het Hogeland vergt de implementatie van de regels nog enige juridische studie. Grootste hobbel lijkt de verruiming van de bestemming van de uitbreidingskavel. Dit ligt gevoelig bij de Provincie Groningen. De situering van de nieuwbouw en de kleur van de schuren en stallen kunnen in de welstandsnota worden geregeld, en de groenaanplant kan in het bestemmingsplan worden opgenomen.

Elsendorp

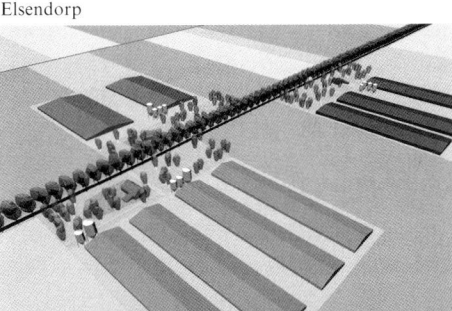

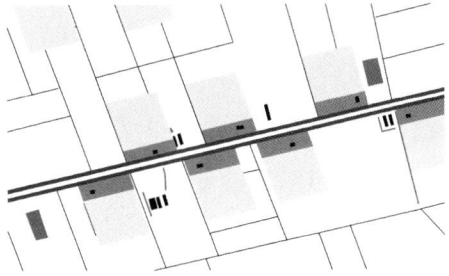

Wonen langs het lint, in het groen /
Housing along the 'ribbon', in the greenery

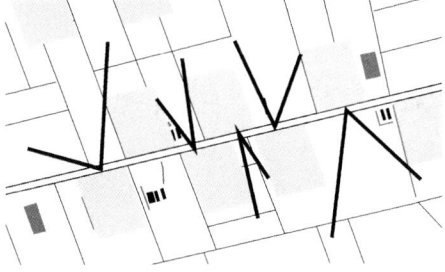

Minimaal 50 m afstand tussen de kavels /
A minimum distance of 50 m between parcels

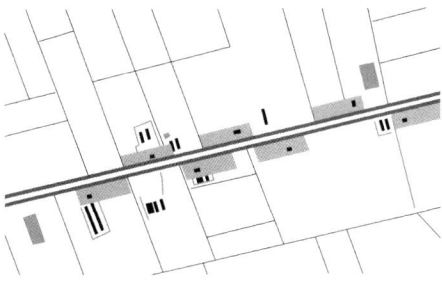

Kavel maximaal 2,5 ha /
Parcel a maximum of 2.5 hectares

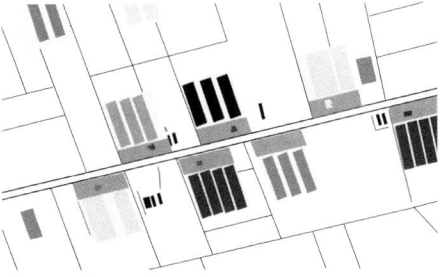

Geen eisen aan woonhuis
Stallen in grijze of zwarte tonen /
No stipulations for the house
Stables in grey or black hues

1 RHS (*Recreatieve HoofdStructuur*): Main Recreation Structure (tripling of the current area to 275,000 hectares of recreation sites), EHS (*Ecologische HoofdStructuur*): Main Ecological Structure (another 125,000 hectares of new nature areas), WB21 (*Waterbeheer 21e eeuw*): 21st Century Water Management (400,000 hectares for hydro-engineering).

Marieke Timmermans and Pepijn Godefroy

Private Countryside

The agricultural landscape of the Netherlands owes its wealth to a centuries-old interplay of collective carriers (the river, the road, the dike) and private initiatives (farm, house, garden, estate, property). Freedom of action, conditions and technical circumstances differ by landscape, which has resulted in a great variation in landscape types.

The spatial policy of the last several decades, however, has frustrated the traditional vitality of the rural areas. Spatial contours and zoning plans have 'zoned away' private initiative. Contours meant to concentrate spatial developments within certain boundaries produce only quantitative limitations; zoning plans offer direction only according to programmes. Although this policy is partly intended to counter unchecked growth and to 'protect' the countryside, it has resulted in urbanisation, fragmentation and mono-cultivation. This has steadily made the landscape more lifeless and barren, spatially as well as socially. In order to create new opportunities, the rural areas need a new policy that once again leaves additional room for private initiative.

Network

Society is increasingly manifesting itself as a network within which people and businesses move about freely to 'consume' urban as well as rural characteristics and qualities. From a spatial point of view, the distinction between the urban and rural area may be relevant – people value the difference between 'city' and 'countryside' – but this distinction is based on form, not on content. Housing and agrarian production, for example, are both conceivable in rural (landed estate, working the land) and urban (apartment tower, towered pigsties) forms. In spatial planning practice, two questions are vital.

The first is who in fact is developing and managing our agricultural landscape. At this time, two-thirds of the rural area (2.3 million hectares) is still owned by about 90,000 farmers. They are assisted in their management task by a growing number of city-dwellers who are 'moving to the country'. The Dutch farm is under pressure, and its numbers will only decrease, which will free up a great deal of land to be converted into public areas. But even if the entire public programme is realised (RHS + EHS + WB21),[1] there will still be 1.5 million hectares of agricultural land 'left over'. This leaves the rural area for the most part in private hands.

The second question is how the government can provide sensible direction in order to maintain spatial cohesion and simultaneously leave room to the particular initiative. The answer is: by taking the landscape itself as the starting point. This kind of direction requires an instrument based on a thorough and nuanced knowledge of the identity of an

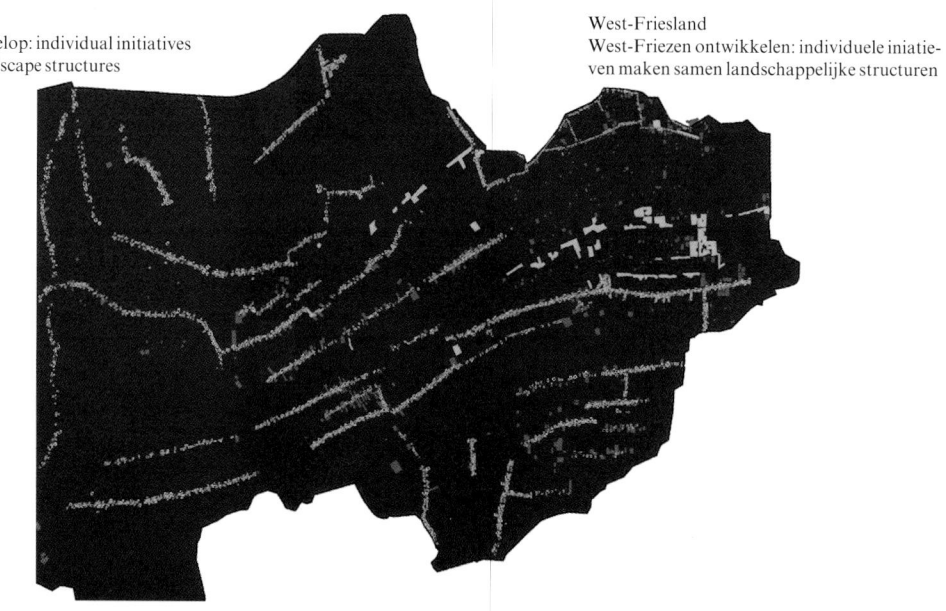

West-Friesland
West Frisians develop: individual initiatives together form landscape structures

West-Friesland
West-Friezen ontwikkelen: individuele iniatieven maken samen landschappelijke structuren

Marieke Timmermans en Pepijn Godefroy

Particulier platteland

1 RHS: Recreatieve HoofdStructuur (verdrievoudiging van het huidige areaal tot 275.000 hectare recreatieterrein), EHS: Ecologische HoofdStructuur (nog 125.000 hectare nieuwe natuur), WB21: Waterbeheer 21e eeuw (400.000 hectare watertechniek).

Het Nederlandse cultuurlandschap dankt zijn rijkdom aan een eeuwenoud samenspel van collectieve dragers (de rivier, de weg, de dijk) en particuliere initiatieven (bedrijf, woning, tuin, landgoed, erf). Vrijheden, voorwaarden en technische condities verschillen per landschap, hetgeen heeft geleid tot een grote variatie in landschapstypen.

Het ruimtelijk beleid van de laatste decennia heeft de aloude vitaliteit van het landelijk gebied echter gefrustreerd. Ruimtelijke contouren en bestemmingsplannen hebben het particulier initiatief 'wegbestemd'. Contouren, die als doel hebben de ruimtelijke ontwikkelingen binnen bepaalde grenzen te concentreren, geven alleen een kwantitatieve richtlijn, bestemmingsplannen sturen alleen op functie. Hoewel dit beleid mede bedoeld is om wildgroei tegen te gaan en het platteland te 'beschermen', heeft het geresulteerd in verstedelijking, versnippering en monoculturen. Daardoor is het landschap steeds levenlozer en schraler geworden, zowel ruimtelijk als sociaal. Om het landelijk gebied nieuw leven in te blazen, is een nieuw beleid nodig dat weer meer ruimte geeft aan particulier initiatief.

Netwerk

De samenleving manifesteert zich steeds meer als netwerk waarin mensen en bedrijven zich vrijelijk bewegen om zowel stedelijke als landelijke kenmerken en kwaliteiten 'te consumeren'. Ruimtelijk gezien is het onderscheid tussen stedelijk en landelijk gebied nog steeds relevant – mensen waarderen het verschil tussen 'stad' en 'platteland' – maar dit onderscheid is gebaseerd op vorm, niet op inhoud. Zowel wonen als agrarische productie bijvoorbeeld, zijn in landelijke (landgoed, landbouw) en stedelijke (torenflat, varkensflat) vorm denkbaar. Voor de praktijk van de ruimtelijke inrichting zijn twee vragen dan ook van belang.

De eerste vraag is wie ons cultuurlandschap in feite ontwikkelt en beheert. Op dit moment is twee derde van het landelijk gebied (2,3 miljoen hectare) nog in bezit van zo'n 90.000 boeren. Zij worden in hun beheerstaak bijgestaan door een groeiend aantal burgers dat zich 'op het platteland' vestigt. Het boerenbedrijf staat in Nederland onder druk en het aantal ervan zal alleen nog maar afnemen, waardoor er veel land zal vrijkomen om te worden ingericht als publieke gebieden. Maar zelfs als alle publieke doelstellingen wordt gerealiseerd (RHS + EHS + WB21)[1], blijft er nog steeds 1,5 miljoen hectare cultuurlandschap 'over'. Het landelijk gebied blijft daarmee grotendeels in private handen.

De tweede vraag is dan hoe de overheid zinvol kan sturen voor het behoud van de ruimtelijke samenhang en tegelijkertijd ruimte kan geven aan het particulier initiatief.

oase
63

pag
89

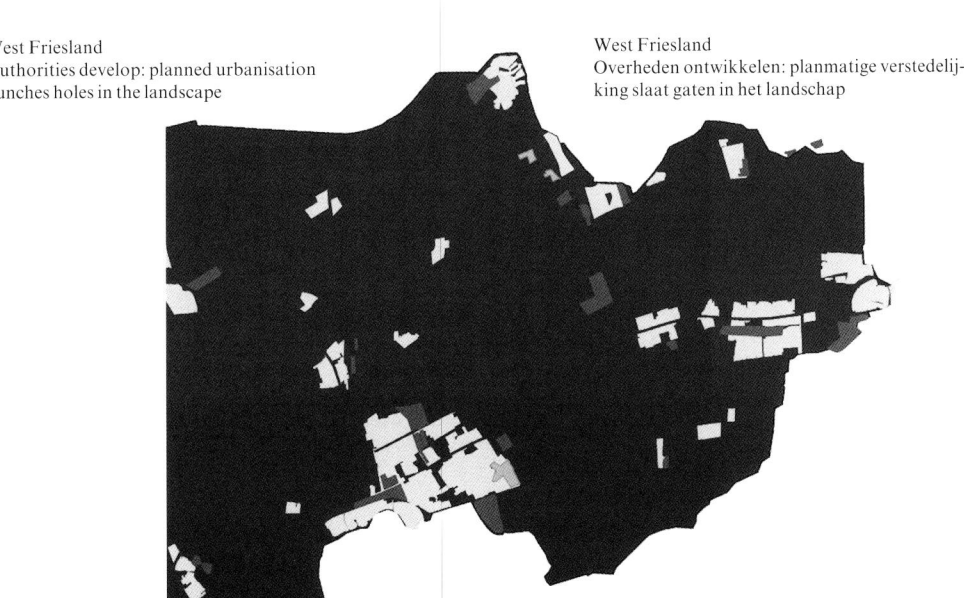

West Friesland
Authorities develop: planned urbanisation punches holes in the landscape

West Friesland
Overheden ontwikkelen: planmatige verstedelijking slaat gaten in het landschap

2 La4sale is a young agency that operates as a network of independent specialists on the front lines of spatial planning.

area – the various characteristics that together form a recognisable entity and determine the essence of a landscape.

Spatial Identity

In 2002 the La4Sale firm,[2] by commission of the Province of North Holland, conducted research into the rural area's spatial identity, or identities. We literally went on a search: we crisscrossed the entire province, made thousands of photographs and compared our impressions with the map. Then we made the concept of identity workable through the aspects of scale (the dimensions of a spatial pattern), dynamics (the number of spatial changes an area undergoes within a certain period, and the level to which this occurs), grain (size and type of construction, including the attached external space), building standards (architecture) and temporal depth (stratification). We were able to differentiate 31 areas with individual identities in this way. For each area we described and illustrated which structures carry the existing identity and how these manifest themselves spatially, and we inventoried the current developments that could strengthen the identity in the future.

Development Strategy

The areas are divided into a number of identity types based on their origin, age and level of development. We differentiate *natural, volatile, potential, designed, romantic, lost and amusement* identities. Some identities are settled and almost stagnant, others are lively and in full development; some are ancient and almost lost and mostly the stuff of history, while still others are very new and barely developed. A landscape with a *romantic identity*, for example, has a great deal of sentimental or nostalgic value. It is highly image-focused and is often historic and picturesque. Being beautiful and old is the mainstay of this identity; this makes *consolidating* its visual quality the appropriate strategy for development. A landscape with a *volatile identity*, on the contrary, is an area lacking a cohesive structure or compelling history, in which the patterns consist of the sum of many individual initiatives. This identity is transient and is constantly being reshaped. *Stimulating* the drive to development is most suitable in this case.

For each identity type, a specific development strategy thus has been formulated. This provides direction for developments that can honour, stimulate, initiate, continue, consolidate, reconstruct or articulate the identity of the area.

Direction

Instead of *function*, henceforth provincial authorities will 'zone' *form*. Whether a country estate houses a residential, industrial, office, hospitality, education, shopping or care function essentially makes no difference to the spatial role it plays in the landscape; what does matter is whether its external appearance is that of a country estate. In their new type of 'regional plan', provincial authorities formulate a locally centred spatial strategy based on landscape identity and from this stipulate clear spatial requirements which all developments must fulfill. Municipalities (and all other developers) can fill in their own programmes, as long as they fit within the spatial strategy. They are spared the straitjacket of contours and are given more freedom, but at the same time more requirements as to spatial appearance, structure and pace of development. Because the landscape of North Holland presents so many different identities, a suitable location for every programme can be found. Providing direction according to a function is thus no longer necessary – developers themselves look for a location where their programme fits spatially. The programme – and with it the landscape itself – remains flexible and can respond to current changes and individual desires.

Policy based on spatial identity also breaks away from the dominance of the large scale in thinking about spatial planning. Initiatives can after all also take place from the bottom up, at the very lowest of levels.

Future

Shaping an identity is a process spanning decades or even centuries. Landscape identity is neither shaped nor drastically altered in the relatively short span of a regional plan. A great deal of time is currently being wasted on the continual planning of new programmes and revisions to programme outlooks. The 'identity instrument' is potentially far more durable.

Moreover, new policy based on spatial identity once more takes the typical Dutch development tradition as its starting point and restores the balance in the interplay between government and private individuals. By once again identifying the carriers of spatial cohesion and establishing the level of freedom of action, it allows the owners of the land, farmers and citizens, to become (once again) the developers of the rural area. The landscape thus becomes primarily a private enterprise.

Het antwoord is: door het landschap zelf als uitgangspunt te nemen. Deze sturing vraagt om een instrument dat gebaseerd is op een grondige en genuanceerde kennis van de identiteit van een gebied: de verschillende kenmerken die samen een herkenbare eenheid vormen en de essentie van een landschap bepalen.

Ruimtelijke identiteit

In 2002 heeft het bureau La4Sale[2] in opdracht van de provincie Noord-Holland het landelijk gebied op zijn ruimtelijke identiteit(en) onderzocht. Daar zijn we letterlijk naar op zoek gegaan: we hebben de hele provincie doorkruist, duizenden foto's gemaakt en onze indrukken vergeleken met de kaart. Vervolgens hebben we het begrip identiteit werkbaar gemaakt aan de hand van de aspecten schaal (de maat van een ruimtelijk patroon), dynamiek (het aantal ruimtelijke veranderingen dat een gebied doormaakt binnen een bepaalde tijd en de mate waarin dat gebeurt), korrel (grootte en type bebouwing, inclusief de bijbehorende buitenruimte), welstand (architectuur) en 'tijdsdiepte' (historische gelaagdheid). Op deze manier konden we 31 gebieden met een eigen identiteit onderscheiden. Per gebied hebben we beschreven en verbeeld welke structuren de bestaande identiteit dragen en hoe deze zich ruimtelijk manifesteren, en hebben we geïnventariseerd welke actuele ontwikkelingen de identiteit in de toekomst kunnen versterken.

Ontwikkelingsstrategie

Op basis van hun oorsprong, leeftijd en ontwikkelingsniveau zijn de gebieden onderverdeeld in een aantal identiteitstypen. We onderscheiden natuurlijke, driftige, potentie, ontworpen, romantische, verloren en amuse-identiteit. Sommige identiteiten zijn gesetteld en bijna uitbewogen, andere zijn levendig en volop in ontwikkeling, sommige zijn stokoud en al bijna verloren en liggen voornamelijk in de historie, weer andere zijn piepjong en nauwelijks ontwikkeld. Een landschap met een *romantische identiteit* heeft bijvoorbeeld een grote sentimentele of nostalgische waarde. Het is sterk beeldgericht en is vaak historisch en pittoresk. Het mooi en oud zijn (of oud lijken) is de pijler onder deze identiteit, *consolideren* van beeldkwaliteit is daarmee ook de geëigende strategie voor ontwikkeling. Een landschap met een *driftige identiteit* daarentegen is een gebied zonder samenbindende structuur of dwingende historie waar het patroon bestaat uit de optelsom van vele individuele initiatieven. Deze identiteit is ver-

anderlijk en wordt telkens opnieuw gevormd. *Stimuleren* van ontwikkelingsdrift is hier het meest toepasselijk.

Voor elk identiteitstype is zo een eigen ontwikkelingsstrategie geformuleerd. Op deze manier worden ontwikkelingen gestuurd die de identiteit van het gebied respectievelijk kunnen eren, stimuleren, initiëren, continueren, consolideren, reconstrueren of articuleren.

Sturing

In plaats van *functie* 'bestemt' de provincie voortaan *vorm*. Of een landgoed een woon-, bedrijfs-, kantoor-, horeca-, onderwijs-, winkel- of zorgfunctie herbergt, maakt in wezen niet uit voor de ruimtelijke rol die het speelt in het landschap; wel of het uiterlijk een landgoed is. In haar nieuw type 'streekplan' formuleert de provincie een gebiedsgerichte ruimtelijke strategie gebaseerd op landschappelijke identiteit en stelt ze van daaruit duidelijke ruimtelijke voorwaarden waarbinnen alle ontwikkelingen zich moeten voegen. Gemeenten (en alle andere ontwikkelaars) kunnen hieraan hun eigen programmatische invulling geven, passend binnen die ruimtelijke strategie. Ze worden verlost van knellende contouren en krijgen meer vrijheid, maar tegelijk meer voorwaarden voor de ruimtelijke verschijningsvorm, de structuur en het tempo van ontwikkeling.

Omdat het landschap van Noord-Holland zo veel verschillende identiteiten biedt, blijkt er voor elk programma wel een geschikte plek te vinden. Sturen op functie is dan ook niet meer nodig, ontwikkelaars zoeken zelf een locatie waar hun programma ruimtelijk past. Het programma, en daarmee het landschap zelf, blijft op deze wijze flexibel en kan inspelen op actuele veranderingen en individuele wensen.

Beleid dat gebaseerd is op ruimtelijke identiteit doorbreekt bovendien de dominantie van de grootschaligheid in het denken over ruimtelijke ontwikkeling. Initiatieven kunnen dan immers ook van onderaf plaatsvinden, op het allerkleinste niveau.

Toekomst

Identiteitsvorming is een proces van tientallen of zelfs honderden jaren. Landschappelijke identiteit wordt niet gevormd of drastisch veranderd in de relatief korte looptijd van een streekplan. Er gaat nu veel tijd verloren aan het steeds weer plannen van nieuw programma en het herzien van eerdere visies op programma. Het 'identiteitsinstrument' gaat in potentie veel langer mee.

2   La4sale is een jong bureau dat als netwerk van zelfstandige specialisten opereert in de frontlinie van de ruimtelijke ordening.

One Example: West Friesland

West Friesland is one of the 31 identity entities that we identified in North Holland. In brief, the profile of this area looks like this: West Friesland was an 'island' for centuries. Between the wide-open Wadden flats, the Zuiderzee and the great lakes Schermer, Beemster and Purmer, the West Frisians were safe behind their mighty ring-dike. There, from a shared collective interest, they set their own course. The ribbon-like villages, kilometres long, the original carriers of the landscape's structure, are unique in the Netherlands. They are the result of countless individual initiatives and are characterised by a high level of functional mix.

After the war, however, intensive planning leadership was imposed from the top down. Separate areas were designated for housing construction and business development, while in other areas a building moratorium was instituted. This resulted in some areas being developed to the extreme and others being brought to a halt. This created spatial differences. Three identities can now be identified: the romantic, the volatile, and the lost West Friesland.

Romantic West Friesland

Profile
In the old polders around Schagen, the Koggenland and the Polder Schellinkhout, time seems to have stopped. This is the romantic part of West Friesland, with the villages of Kolhorn, Twisk and Schellinkhout as standard-bearers. In the open grassy landscape with narrow parcels stretching into the distance, the long ribbon-like villages are the only spatial interruption. In the villages themselves, the picture is defined by large cheese-cover farmhouses and traditional timbered construction. The atmosphere is quintessentially rural.

Identity
The area has the identity of the good life on the farm of yore. It seems copied out of the magazines *Landleven* (Farm Life) or *Seasons*. It is precisely this cliché of historic decor that makes the area attractive as an environment for newcomers from the outside to settle in.

Development
The newcomers restore the historic houses and farms and plant neat farm gardens. New houses are invariably historicising copies. Changes are not welcome; preservation is the motto. New construction embroiders on the existing imagery – a new cheese-cover farmhouse or a timbered house, in green or grey. The farmhouse can scarcely be called a suitable typology for a residential dwelling, and yet it is built here as a single-family home.

Development Strategy: Consolidation
The maintenance, restoration and further development of the picturesque are the primary objective. This entails great care with pat-

Romantic West Friesland: nostalgic ribbons in the emptiness

Romantisch West-Friesland: nostalgische linten in de leegte

Het nieuwe beleid gebaseerd op ruimtelijke identiteit neemt bovendien de typisch Hollandse ontwikkelingstraditie van het landschap weer als uitgangspunt en herstelt de balans in het samenspel tussen overheid en particulier. Door opnieuw de dragers voor ruimtelijke samenhang te benoemen en de mate van vrijheid vast te stellen, kunnen de eigenaars van de grond, boeren en burgers, (opnieuw) dé ontwikkelaars van het landelijk gebied worden. Het landschap wordt zo weer in de eerste plaats een particuliere onderneming.

Een voorbeeld: West-Friesland

West-Friesland is een van de 31 identiteitseenheden die we in Noord-Holland hebben onderscheiden. In het kort ziet het profiel van dit gebied er als volgt uit: West-Friesland is eeuwenlang een 'eiland' geweest. Tussen de uitgestrekte Wadden, de Zuiderzee en de grote meren Schermer, Beemster en Purmer zaten de West-Friezen beschermd achter hun machtige ringdijk. Daar zetten ze, vanuit een gedeeld collectief belang, zelf hun koers uit. De kilometerslange lintdorpen, de oorspronkelijke structuurdragers van het landschap, zijn uniek voor Nederland. Ze zijn het resultaat van talloze individuele initiatieven en worden gekenmerkt door een hoge mate van functiemenging.

Na de oorlog vindt echter van hogerhand een sterke planmatige sturing plaats. Er worden aparte gebieden aangewezen voor woningbouw en bedrijfsontwikkeling, voor andere gebieden wordt een bouwstop ingesteld. Dit heeft ertoe geleid dat sommige

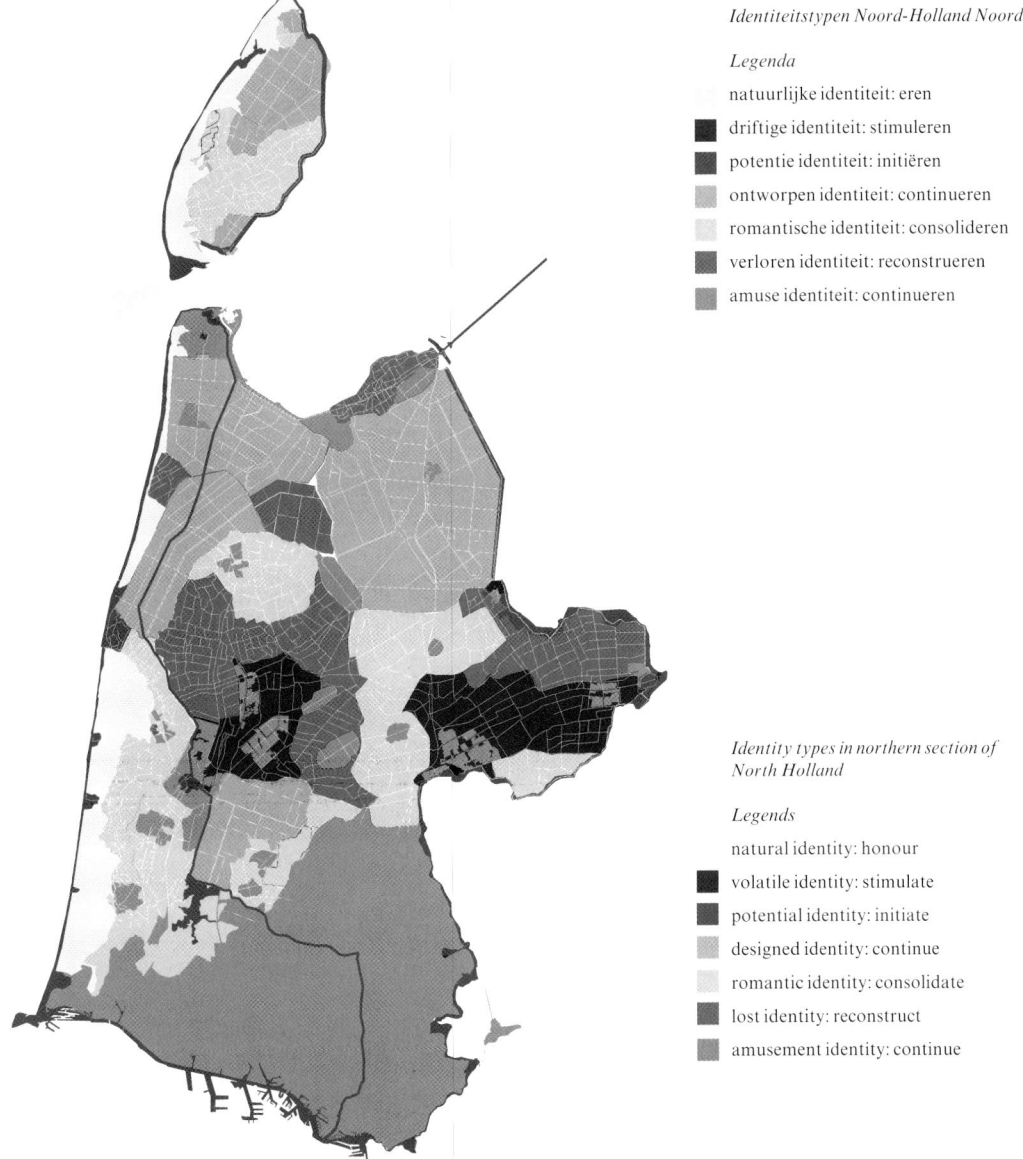

Identiteitstypen Noord-Holland Noord

Legenda

natuurlijke identiteit: eren

driftige identiteit: stimuleren

potentie identiteit: initiëren

ontworpen identiteit: continueren

romantische identiteit: consolideren

verloren identiteit: reconstrueren

amuse identiteit: continueren

Identity types in northern section of North Holland

Legends

natural identity: honour

volatile identity: stimulate

potential identity: initiate

designed identity: continue

romantic identity: consolidate

lost identity: reconstruct

amusement identity: continue

Kolhorn

Twisk

Langedijk

Enkhuizen

rimony; preservation plays a large role. Yet a great deal of space for development can also be found in these landscapes, but it is precisely here that the 'line between historicising laziness and innovation based on tradition' (Tracy Metz) is most thin. It is vital to strive here for innovation based on local tradition. Traditional construction (and thus not historicising) contributes to the identity. In addition, consolidation can also be recycling, the reuse of existing patrimony.

Volatile West Friesland

Profile

Volatile West Friesland consists of the areas that were designated after the war to absorb the total growth of West Friesland in a 'compact' form. Here again, the farm ribbons were originally the structural carriers of the landscape. These ribbons fused the individual initiatives into one entity. In the present situation, they can no longer absorb the growth. In the last several decades, developments were planned at the regional level and in a uniform way. Such planning did not take into account the scale of the ribbons. The ribbons are squeezed by new-build housing estates, industrial estates, sports parks, nature parks, golf courses, shopping centres, provincial roads, et cetera.

Identity

Because of the major spatial shifts, the area seems to have lost all structure: it has become volatile. The intensified provincial pro-

gramme, however, has also led to the much more volatile growth of 'individual' rural programmes. Individual orchards, bulb and fruit sheds, greenhouses and farm hangars along the roads have outgrown the ribbon and form not a romantic picture, but rather an exceptionally vital ribbon of agricultural enterprise. Volatility has become identity.

Development

There is no way back. The area is abuzz with enterprise. The many individual developments, in which the content (of the programme) is more important than the form, define the quality of the area.

Development Strategy: Stimulation

There is a demand in this area for places where entrepreneurs can grow and where experimentation can take place without aesthetic limitations. Stimulating entrepreneurial drive in these areas will allow the landscape to continually renew itself spatially. It is important, however, that these areas continue to grow in a West Frisian way: rural, initiated by the individual and with a pluriform character. A planning-based approach (housing estates, industrial estates) undermines the identity of the volatile West Friesland. The long, rural ribbons of enterprise are the new spatial carriers this part of West Friesland needs in order to shape its volatile programme.

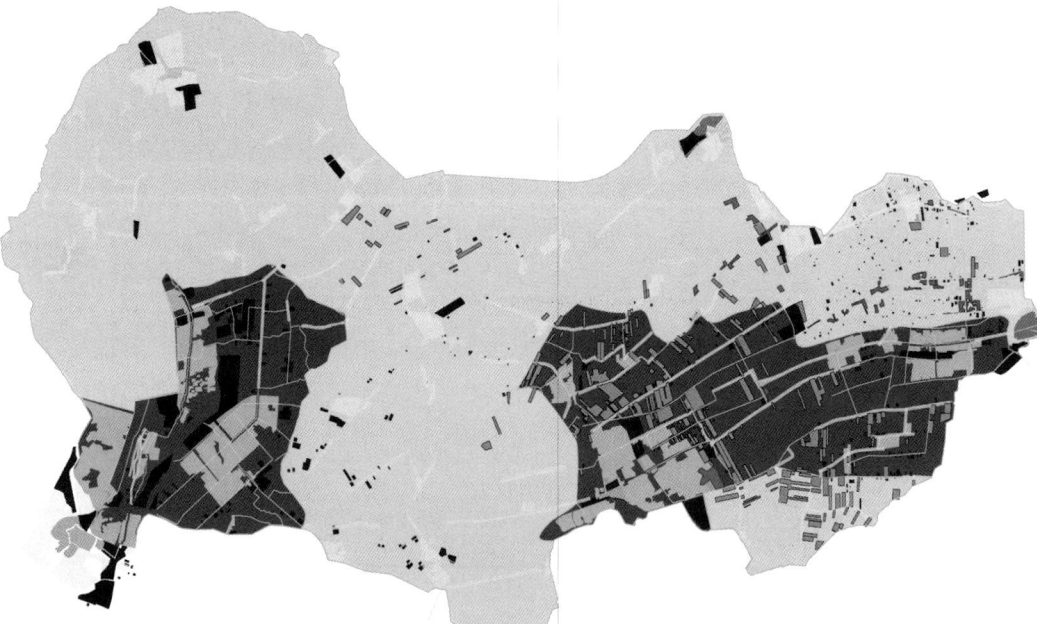

Volatile West Friesland: pluriform mix of individual programmes

Driftig West-Friesland: pluriforme mix van individueel programma

gebieden extreem zijn ontwikkeld terwijl andere zijn stilgezet. Hierdoor zijn ruimtelijke verschillen ontstaan. Er zijn nu drie identiteiten te onderscheiden: het romantische, het driftige en het verloren West-Friesland. Van deze drie identiteiten gaan we nader in op het romantische en het driftige West-Friesland.

Romantisch West-Friesland

Profiel
In de oude polders rond Schagen, het Koggenland en de Polder Schellinkhout lijkt de tijd te hebben stilgestaan. Dit is het romantische deel van West-Friesland, met de dorpen Kolhorn, Twisk en Schellinkhout als vaandeldragers. In het open graslandschap met smalle opstrekkende kavels zijn de langgerekte lintdorpen de enige ruimtelijke onderbreking. In de dorpen zelf wordt het beeld bepaald door grote stolpboerderijen en traditionele houtbouw. De sfeer is op en top landelijk.

Identiteit
Het gebied heeft de identiteit van het goede landleven van weleer. Het lijkt zo uit de tijdschriften *Landleven* of *Seasons* te zijn gekopieerd. Het is juist dit cliché van historisch decor dat het gebied aantrekkelijk maakt als vestigingsmilieu voor nieuwkomers van buitenaf.

Ontwikkeling
De nieuwkomers restaureren de historische huizen en boerderijen en leggen keurige boerderijtuinen aan. Nieuwe huizen zijn steevast historiserende kopieën. Veranderingen zijn er niet gewenst, behoud is het motto. Nieuwe bebouwing borduurt voort op de aanwezige beeldtaal: een nieuwe stolp of een houten huis, in groen of grijs. De stolp kan men nauwelijks een toepasselijke typologie voor een woonhuis noemen, toch wordt ze hier als eengezinswoning gebouwd.

Ontwikkelingsstrategie: consolideren
Het onderhouden, herstellen en verder ontwikkelen van het pittoreske is primair doel. Dit betekent zorgvuldig omgaan met erfgoed, behoud speelt een grote rol. Toch is in deze landschappen ook veel ontwikkelingsruimte te vinden, maar juist hier geldt dat 'de scheidslijn tussen historiserende gemakzucht en innovatie gebaseerd op traditie' (Tracy Metz) erg dun is. Het is belangrijk hier te streven naar innovatie gebaseerd op de lokale traditie. Traditioneel bouwen (en dat is dus geen historiseren) draagt bij aan de identiteit. Consolideren kan daarnaast ook recyclen zijn, het hergebruik van bestaand erfgoed.

Driftig West-Friesland

Profiel
Driftig West-Friesland bestaat uit de gebieden die na de oorlog zijn aangewezen om de totale groei van West-Friesland op te vangen in een 'compacte' vorm. Ook hier waren de boerenlinten van origine de structuurdragers van het landschap. Deze linten smeedden de individuele initiatieven tot een eenheid. In de huidige situatie kunnen ze de groei niet meer opnemen. De afgelopen decennia zijn ontwikkelingen regionaal en op uniforme wijze gepland. Deze planning hield geen rekening met de schaal van de linten. De linten zijn verdrukt door nieuwbouwwijken, bedrijventerreinen, sportparken, natuurparken, golfterreinen, winkelcentra, N-wegen, et cetera.

Identiteit
Door de sterke ruimtelijke verschuivingen lijkt het gebied geen enkele structuur meer te hebben: het is op drift geraakt. Door het geïntensiveerde provinciale programma zijn echter ook de 'eigen' rurale programma's veel driftiger gegroeid. De individuele boomgaarden, bollen- en fruitschuren, kassen en bedrijfsloodsen langs de wegen zijn het lint ontgroeid en vormen geen romantisch beeld, maar wel een bijzonder vitaal lint van agrarische bedrijvigheid. De drift is identiteit geworden.

Ontwikkeling
Er is geen weg terug. Het gebied zindert van de bedrijvigheid. De vele individuele ontwikkelingen, waarvan de (programma)inhoud belangrijker is dan de verschijningsvorm, bepalen de kwaliteit van het gebied.

Ontwikkelingsstrategie: stimuleren
Er is in dit gebied behoefte aan plekken waar ondernemers kunnen groeien en waar geëxperimenteerd kan worden zonder esthetische beperkingen. Door in deze gebieden de ondernemingszin te stimuleren, blijft het landschap zich ruimtelijk innoveren. Wel is het van belang dat deze gebieden op West-Friese wijze doorgroeien: ruraal, geïnitieerd door het individu en met een pluriform karakter. Planmatige aanpak (woonwijken, bedrijfsterreinen) ondergraaft de identiteit van het driftige West-Friesland. De lange, rurale bedrijvigheidslinten zijn de nieuwe ruimtelijke dragers die dit deel van West-Friesland nodig heeft om zijn driftige programma vorm te geven.

[1] Initially, farms formed closed circuits. Obtaining manure and chemical agents to fertilise the poor, sandy ground was the main issue. Peat and potted manure were spread over the fields. These were located on somewhat elevated sandy hillocks, found scattered over the countryside. Fertilisation gradually heightened the hillocks. These bulging fields are called essen. In the old days they were so tiny that each farmer worked one or several of these bulging fields. They were closely surrounded by wooded banks, to keep the cattle out.

[2] Cf.: A Dutch dairy farm averages 36 hectares.

[3] Our calculations are based on the minimum of 40 hectares. This is currently the target for a farm 'yielding a moderate family income'. However, such farms need to expand to 65 hectares once the European nitrate guidelines, in preparation at this time, are implemented. (Ontwerpatelier Reconstructie Zandgebieden/ Construction Studio Reconstructing Sands, *Constructing the future countryside*, bulletin no. 3, 2002.) Research shows, that 40 hectares will also accommodate the introduction of a way of farming that is both organic and economical. (J.D. van der Ploeg, 'Clean farming is economic', *de Volkskrant*, 12 May 2003.)

Ruut van Paridon and Karin de Groot

The Courtly Realm

Quietly yet drastically, the Dutch countryside is transforming. Little by little, farmers are being displaced by people from the city. Several thousands of farmers give up farming every year. These are usually small farmers, lacking perspective and successors. Their farmland, rights and production quota are usually resold to expanding farmers. Their farmyards, on the other hand, are sooner or later bought by townsfolk realising their long-cherished dream of owning a cottage in the countryside. Just given the scope of this development – in many areas, residential yards will soon outnumber farmyards – the role of the city dweller in the country is becoming impossible to ignore.

Twente Countryside

The landscape of South Twente is characterised by the presence of typical, traditional farmsteads. The farmyards are thinly spread across the countryside. From these isolated dwellings, people started to work and cultivate the land, and continued to do so for centuries. Always based upon agricultural methods prevalent at the time, but forced to counter somewhat varying local circumstances, each farmer had his own methods.[1] This made the countryside look both extremely varied and spatially coherent. The many wooded banks that surrounded the small *essen* and pastures dominated the scenery. Ineffectively fenced farmyards lay beside the wooded banks and shrubbery. Here, farmsteads, barns and stables are, apparently haphazardly, clustered round junctions of run lines and cattle tracks. These led to surrounding farmlands and neighbouring properties. Thus, a fine-meshed organic web of sandy paths was spun, routes connecting, for the greater part, property to property.

Over the last fifty years the Twente countryside has drastically changed. It has lost much of its serenity and ease. Due to agricultural modernisation, mechanisation and expansion, small scenic features are no longer relevant to the farmers. Many wooded banks were axed, parcels were joined, *essen* were levelled out and paths wore away. The resulting scale increase has rendered the countryside inaccessible. The paths, once a fine-meshed web, have changed into an ambitious network of through roads. Many of the routes connecting properties are gone. All that is left are some 'junction yards', part of

the public network by right of way. Here, apparently undemarcated, the public and private use of the land intertwines.

We think that the junction yards beautifully illustrate the countryside's nature. Property and scenery are closely connected, demonstrating the link between public and private domain. Scenery has social significance, yet is actually made up of the sum of private properties. It is made up of the lives of those owning and working the land.

Farmers

Of old, rural area leaders are farmers, but the inevitability of agricultural expansion has caused many of them to give up farming. Only half of southern Twente properties are farms. The others now belong to non-farmers.

The dairy farms that make up Twente's main agricultural sector average a tiny 13 hectares of land.[2] Agricultural experts figure that a farm should hold at least 40 to 65 hectares to make a moderate family income.[3] Even the large farmers, owning twenty per-

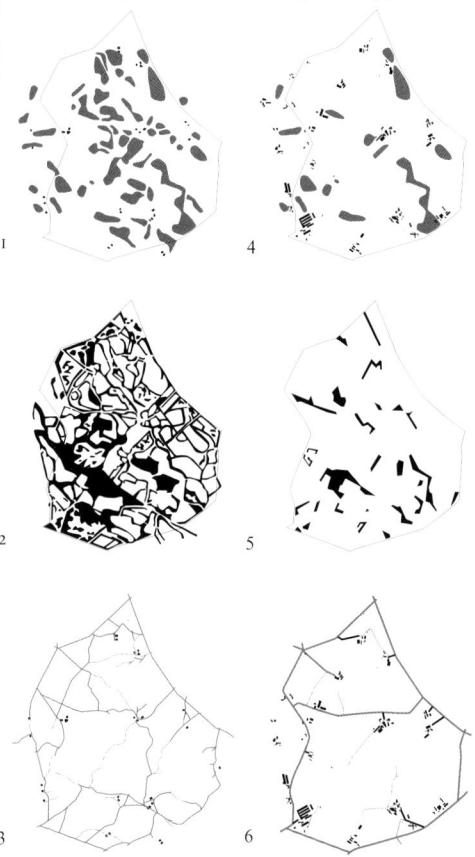

1

4

2

5

3

6

Ruut van Paridon en Karin de Groot

Het tuinenrijk

In landelijk Nederland is een stille maar omvangrijke transformatie gaande. Heel geleidelijk verandert het van een door boeren naar een door burgers gedomineerd landschap. Elk jaar weer stoppen enkele duizenden boeren. Meestal betreft dit de kleine boerenbedrijven zonder toekomstperspectief en bedrijfsopvolging. Van deze bedrijven worden de productiegronden, rechten en productiequota veelal doorverkocht aan de schaalvergrotende boeren. De boerenerven daarentegen worden, direct of na enige tijd, opgekocht door burgers, die hiermee hun langgekoesterde droom van een boerderijtje in het buitengebied zien uitkomen. Alleen al gezien de omvang van deze ontwikkeling – op korte termijn zullen er in veel gebieden meer burger- dan boerenerven zijn – wordt de burger een niet meer te negeren speler in het landelijk gebied.

Het Twentse landschap

In Zuid-Twente is het oude hoevelandschap het meest kenmerkende landschapstype. De

Lentelerhoek in 1900 en 2000
1 Eenmansessen en erven (1900)
2 Houtwallen (1900)
3 Fijnmazig netwerk (1900)
4 Eenmansessen en erven (2000)
5 Restanten houtwal (2000)
6 Grofmazig netwerk (2000)

Lentelerhoek in 1900 and 2000
1 Individual fields and farmyards (1900)
2 Wooded banks (1900)
3 Intricate network network (1900)
4 Individual fields and farmyards (2000)
5 Remains of wooded bank (2000)
6 Broad netwerk (2000)

boerenerven liggen hier sterk verspreid over het land. Ooit werd vanuit deze individuele bewoningsplekken het land ontgonnen en daarna eeuwenlang bewerkt en verder ontwikkeld. Elke boer deed dit op zijn eigen manier, reagerend op de sterk wisselende lokale omstandigheden, maar wel steeds volgens de wetmatigheden van het toenmalige landbouwsysteem.[1] Dit leidde tot een zeer gevarieerd, en tegelijkertijd ruimtelijk samenhangend landschap. Beeldbepalend waren de vele houtwallen die de kleine eenmansessen en weilanden omkaderden. De boerenerven lagen, zonder een duidelijke begrenzing, aan de houtwallen en bosjes gesitueerd. De boerderijen, schuren en stallen staan hier (ogenschijnlijk) nonchalant gegroepeerd rond knooppunten van looplijnen en veepaden. Deze routes leidden naar de omliggende landbouwgronden en de andere erven in de omgeving. Hierdoor is een fijnmazig, organisch netwerk van zandpaden ontstaan, waarbij de doorgaande routes grotendeels van erf tot erf liepen.

De laatste vijftig jaar is het Twentse landschap sterk veranderd. Het heeft veel van zijn zachtheid en informaliteit verloren. Door modernisering, mechanisering en schaalvergroting van de agrarische bedrijfsvoering hebben de kleinschalige landschapselementen hun betekenis voor de boer verloren. Er zijn vele houtwallen gekapt, percelen samengevoegd, essen uitgevlakt en paden verdwenen. Het landschap heeft hierdoor een schaalvergroting ondergaan en is ontoegankelijker geworden. Het fijnmazige padennetwerk is veranderd in een grootschaliger stelsel van doorgaande wegen. Veel routes die over de erven liepen, zijn hiermee komen te vervallen. Er resteren slechts nog enkele 'knooperven', die (volgens het recht van overpad) onderdeel uitmaken van het openbare netwerk. Het openbare en het private gebruik van het landschap overlappen elkaar hier, zonder zichtbare grenzen.

Wij vinden dat de knooperven prachtig de essentie van het landschap laten zien. Er is een directe relatie tussen erf en landschap, en daarmee een verbinding tussen het collectieve en het private domein. Landschap heeft een maatschappelijke betekenis, maar bestaat in feite uit de optelsom van private eigendommen. Het bestaat uit de levens van iedereen die het landschap bezit en beheert.

1 Het agrarisch bedrijf bestond oorspronkelijk uit een gesloten systeem. Dit systeem draaide om het verkrijgen van mest en organische stoffen om de schrale zandgronden vruchtbaar te maken. Heideplaggen werden met opgepotte mest aangebracht op de akkers. Voor de akkers werden de wat hogere, drogere dekzandkopjes uitgekozen die zeer verspreid over het landschap voorkwamen. De kopjes werden door de bemesting steeds hoger. Deze bolle akkers worden essen genoemd. In het oude hoevelandschap zijn ze zo klein dat een boer één of meerdere eenmansesjes in gebruik had. Om beesten uit de akkers te houden, werden ze omkaderd door dichte houtwallen.

4   Agricultural productivity curves are flattening out, making it difficult to run up the milk yield per cow any further. Incidental earnings and expansions are only temporary measures. Though significant in individual cases, such extras do not improve the collective perspective. Regional and organic produce, for instance, make out only a small percentage of the total productive capacity. Over the last century, Dutch agriculture and horticulture have undergone a continuous process of renewal, partly due to the fact that the land changed hands a lot. Initially, land reclamation was a key phenomenon. The alternative of re-allocating farmers in the new polders led to Twente land falling vacant. Presently, hardly any land changes hands at all. 'Experience shows that stagnation means decline in all trades.' (McKinsey & Company, *Op goede gronden* [On Good Grounds], Amsterdam, 2001.)

cent of the total number of farms in the area, do not meet the mark, their properties averaging 30 hectares. Fourty percent of the farmers own no more than 5 hectares. These small farmers are often either sideliners, or in the process of dismantling their farm. The remainder hold medium-sized farms, averaging 12,5 hectares.

Actually, none of the Twente farmers can manage cost-effectively. In the long run, the development of an innovative, competitive dairy sector requires expansion.[4] However, expanding is very difficult. The farmers are cramped for space: expansion is conditional on others giving up farming. Each year, two to four percent of them give up of their own accord. But as it is usually the smallest farmers that are the first to give up, only fragments of land change hands. Even if four percent of Twente farmers were to give up farming on a yearly basis, it would still take the survivors at least thirty years to get their hands on the 40 hectares presently required. Researchers and farmers agree that closing down a large number of both small and medium-sized farms is a short-term necessity. But farmers do not give up easily: each of them thinks or hopes or prays he will survive.

People from the Cities

Today, the number of residential yards in southern Twente nearly equals the number of farmyards. In ten years (former) city dwellers will own two thirds of the properties. By the time farms average 40 hectares, eighty percent of the properties will be owned by non-farmers. Farmers will own the bulk of the land, but residential yards will dominate the countryside.

The increasing presence of city dwellers is often considered a threat to scenic features. Their lots, tall hedges and fences surrounding ostentatious villas and 'cottages' supposedly exemplify 'urban' behaviour. The truth, however, is actually substantially shaded. Certainly, such excrescence is found in Twente – a pretty collection of 'cottages' and neoclassic little villas built on ex-farmyards – but as they are scattered over a small-scale countryside, they do not dominate the scenery (yet). At the same time, townsfolk are still in the process of developing a way to manage their properties. More and more, they in particular handle these old farmyards with meticulous care. They restore, inspired by surrounding properties and the scenery. 'Authentic' wooded banks are replanted for instance; this time to ensure privacy, create a view or make corrals look like they belong in Twente.

Reference of 1900 planting structure, Winterswijk wooded-bank landscape

Hub farmyard

Referentie beplantingsstructuur 1900,
Houtwallenlandschap Winterswijk

Knooperf

De boeren

Van oudsher zijn de boeren de belangrijkste spelers in het landelijk gebied, maar door de schaalvergroting van de landbouw zijn vele boeren gestopt. In Zuid-Twente is nog slechts de helft van de erven een agrarisch bedrijf. De andere erven zijn in handen van burgers gekomen.

De Twentse melkveehouderijbedrijven – de belangrijkste agrarische sector hier – zijn met een gemiddelde omvang van 13 hectare zeer klein.[2] Landbouwexperts rekenen voor dat een bedrijf nu zo'n 40 tot 65 hectare grond zou moeten bezitten om een redelijk gezinsinkomen te kunnen opbrengen.[3] Zelfs de grote boeren, die hier 20 procent van het totaal aantal bedrijven uitmaken, redden dit met gemiddeld 30 hectare bij lange na niet. 40 procent van de boeren heeft slechts 5 hectare grond. Deze kleine boeren zijn vaak nevenberoepers of hun bedrijf aan het afbouwen. De overige boeren zijn met 12,5 hectare middelgroot.

In feite zijn in Twente alle boeren te klein voor een rendabele bedrijfsvoering. Om hier op termijn een innovatieve, concurrerende melkveehouderijsector te ontwikkelen, is schaalvergroting de enige optie.[4] Het vergroten van de bedrijven is echter zeer moeilijk. De productieruimte is begrensd; groei is alleen mogelijk als andere boeren stoppen. Autonoom stopt jaarlijks 2 tot 4 procent van de boeren. En omdat het meestal kleine boeren zijn die als eerste stoppen, komt er slechts weinig grond in omloop. Zelfs wanneer jaarlijks 4 procent van de boeren stopt, zal het nog dertig jaar duren voor de Twentse boeren een gemiddelde omvang van de op dit moment vereiste 40 hectare hebben bereikt. Zowel onderzoeksinstellingen als de boeren zelf beseffen dat het beëindigen van een groot aantal kleine en middelgrote bedrijven op korte termijn noodzakelijk is. Toch stoppen de boeren niet snel: elke boer denkt, hoopt of bidt dat hij zal overleven.

De burgers

In Zuid-Twente zijn op dit moment bijna evenveel burger- als boerenerven. Over tien jaar zal twee derde van de erven in burgerhanden zijn. Wanneer de boerenbedrijven hier gemiddeld 40 hectare groot zijn, dan is 80 procent van de erven in burgerhanden. De boeren bezitten dan nog steeds de grootste hoeveelheid grond, maar het burgererf zal het dominerende erftype zijn.

Vaak wordt de groeiende aanwezigheid van de burger beschouwd als een bedreiging voor de kwaliteit van het landschap. De door

2 Ter vergelijking: De gemiddelde omvang van een Nederlands melkveehouderijbedrijf is 36 hectare.

3 Wij hebben voor onze rekenmodellen steeds de ondergrens van 40 hectare gehanteerd. Voor de gangbare landbouw wordt dit als de richtlijn voor een 'bedrijf met een redelijk gezinsinkomen' aangegeven. Deze bedrijven moeten echter groeien naar 65 hectare wanneer d e in voorbereiding zijnde Europese nitraatrichtlijnen worden ingevoerd (Ontwerpatelier Reconstructie Zandgebieden, *Ontwerpen aan het agrarisch landschap van de toekomst*, bulletin 3, 2002). Uit onderzoek blijkt dat 40 hectare een omvang is die tevens voldoende ruimte biedt om een schone en zuinige manier van bedrijfsvoeren op te zetten. (J.D. van der Ploeg, 'Schoon "boeren" blijkt wel rendabel', *de Volkskrant*, 12 mei 2003.)

4 De productiviteitscurves van de landbouw beginnen af te vlakken, waardoor het moeilijk wordt om de hoeveelheid melk per koe nog verder te verhogen. Neveninkomsten en verbredingen moeten worden gezien als tijdelijke oplossingen. In individuele gevallen kunnen deze extra inkomsten van belang zijn, maar ze bieden het collectief geen werkelijk toekomstperspectief. Streekgebonden productie en biologische landbouw maken bijvoorbeeld slechts enkele procenten uit van het totale productievolume. De Nederlandse land- en tuinbouw heeft zich in de loop van de vorige eeuw voortdurend vernieuwd mede dankzij een hoge grondmobi-

The newcomers in particular are the ones investing in the countryside. They buy properties with about a hectare of land for gardening, breeding horses or a bit of farming. They have the time, the inclination and the money to spend on the creation of their own perfect country dwelling.

Developing Countryside

Over the last decades, the small-scaled nineteenth century countryside with wooded banks has met with scale increase. Some features have disappeared, but axing the many wooded banks has improved scenic spatiality: fresh, almost park-like features have appeared, such as large solitary oaks, left exquisitely in smoothly rolling open spaces divided by shrubbery and clumps of trees, and leftover fragments of wooded banks.

However, this scenic beauty is very vulnerable. Once these last fragments have gone a run down and barren landscape will be all that is left. Government measures meant to protect small scenic features seem fruitless. We found hardly any sign of replanting, but all the more scars over axed wooded banks, shrubbery, big oaks. Preservation orders are often circumvented by having the green gradually evanesce into the farmland. The farmers we spoke to think the small scenic features are pretty, all right, but indicate that the state support, meant to compensate for both production loss and the inconvenience, is inadequate. To those scrapping for scarce farmland, each wooded bank, tree and shrub represents potential farmland.

As the land is in great demand, the scale increase will continue, slowly but surely. Eventually, many townsfolk enclaves will lie interspersed among large, inaccessible pieces of farmland. The countryside will wither as, to ever-increasing numbers of city dwellers, the demand for blossoming, varied and accessible scenery flourishes. Therefore, we have tried to develop a strategy for the preservation of small scenic features. New participants, moved by concern for these features, able to make them take on a new meaning, are needed. We think the people moving from the city to the countryside have a vested interest in this. However, their properties are too small for any decisive impact upon the scenery. Therefore, we have studied the possibility of preservation of small scenic features by joining townsfolk forces.

Estates

Fundamental to our strategy is the introduction of the Estate. This is a 'new' type of

Farm and town properties in South Twente (20
○ Boeren / Farmers   ● Burgers / Townspeople

Land ownership by farmers (2000)

Land ownership by townspeople (2000)

Boeren- en burgererven in Zuid-Twente (2000)

Grondeigendom boeren (2000)

Grondeigendom burgers (2000)

hoge hagen en hekken omsloten kavels met pronkerige villa's en boerderettes worden daarbij als voorbeeld gesteld voor wat 'de burger' doet. De werkelijkheid is echter veel genuanceerder. In Twente doen deze uitwassen zich zeker voor – op voormalige erven is hier een mooie verzameling boerderettes en neoklassieke villaatjes gebouwd – maar door de verspreide ligging en de kleinschaligheid van het landschap zijn ze (nog) niet dominant in het landschapsbeeld. Tegelijkertijd is de wijze waarop burgers met erven omgaan nog altijd in ontwikkeling. Steeds vaker zie je dat juist de burgers zeer zorgvuldig met de oude boerenerven omgaan. Zij knappen oude boerderijen op en laten zich inspireren door de omliggende erven en het landschap. 'Authentieke' houtwallen worden bijvoorbeeld weer aangeplant, maar nu om de privacy te waarborgen, het uitzicht te ensceneren of de paardenbakken in een Twents jasje te steken.

Juist de burgers zijn degenen die nu investeren in het landschap. Burgers kopen een erf met gemiddeld één hectare grond om te tuinieren, paarden te houden of te hobbyboeren. Zij hebben tijd, interesse en geld, die ze besteden aan het creëren van hun eigen perfecte landelijke woonomgeving.

Ontwikkeling landschap

Het zeer kleinschalige negentiende-eeuwse houtwallenlandschap in Zuid-Twente heeft de laatste decennia een grote schaalvergroting ondergaan. Hierdoor zijn kwaliteiten verloren gegaan, maar tegelijkertijd is het landschap door de (uit)kap van de vele houtwallen veel ruimtelijker geworden: er zijn nieuwe, bijna parkachtige kwaliteiten ontstaan. Grote solitaire eiken staan prachtig in zacht golvende open ruimten die worden verdeeld door kleine bosjes en de resterende fragmenten van houtwallen.

Dit landschapsbeeld is echter zeer kwetsbaar. Wanneer ook de laatste restanten zullen verdwijnen, zal een armoedig en schraal landschap resteren. Maatregelen van de overheid die de kleinschalige landschapselementen moeten beschermen, lijken weinig vruchten af te werpen. Nieuwe beplanting hebben we in het gebied nauwelijks gezien, des te vaker plekken waar net een houtwal, een bosje of grote eik was weggehaald. Kapverboden worden vaak omzeild door beplanting geleidelijk 'in het werk' te laten verdwijnen. De boeren die we hierover spraken, vinden de kleinschalige elementen best mooi, maar geven aan dat de subsidies die het productieverlies en de ongemakken moeten compenseren ontoereikend zijn. Voor hen

liteit. De sleutel daarvoor was in eerste instantie gelegen in het 'nieuwe land'. Door de mogelijkheid van hervestiging van boeren in de nieuwe polders, kwam ruimte vrij op het oude land. Op dit moment is de grondmobiliteit zeer laag. 'De ervaring leert dat zonder beweging elke bedrijfstak vastroest.' (McKinsey & Company, *Op goede gronden*, Amsterdam 2001.)

Boeren / Farmers

Kleine boeren: afbouwende boeren en nevenberoepers / Small farmers: downsizing and side-line occupations

Middelgrote boeren: gemoderniseerde bedrijven, vaak met weinig toekomst-perspectief / Medium-size farmers: modernised farms, often with little future prospects

Middelgrote boeren / Medium-size farmers

Grote boeren: groeiboeren / Large farmers: expanding farms

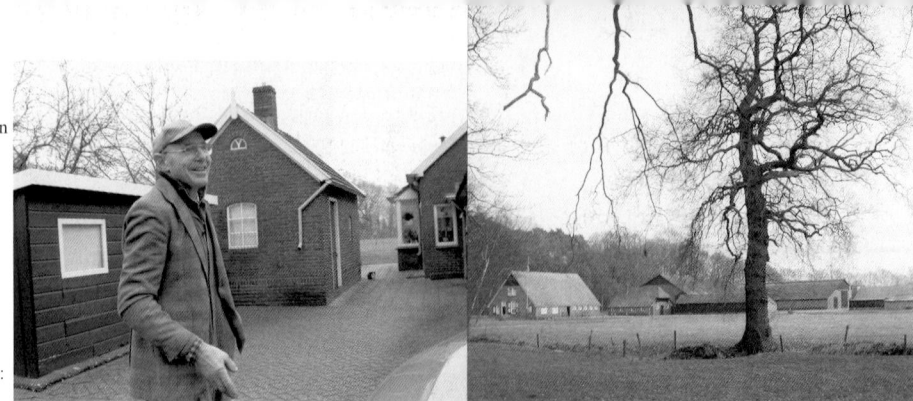

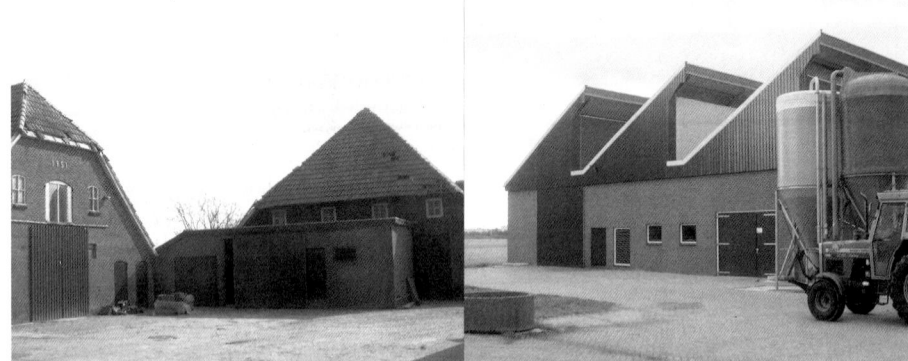

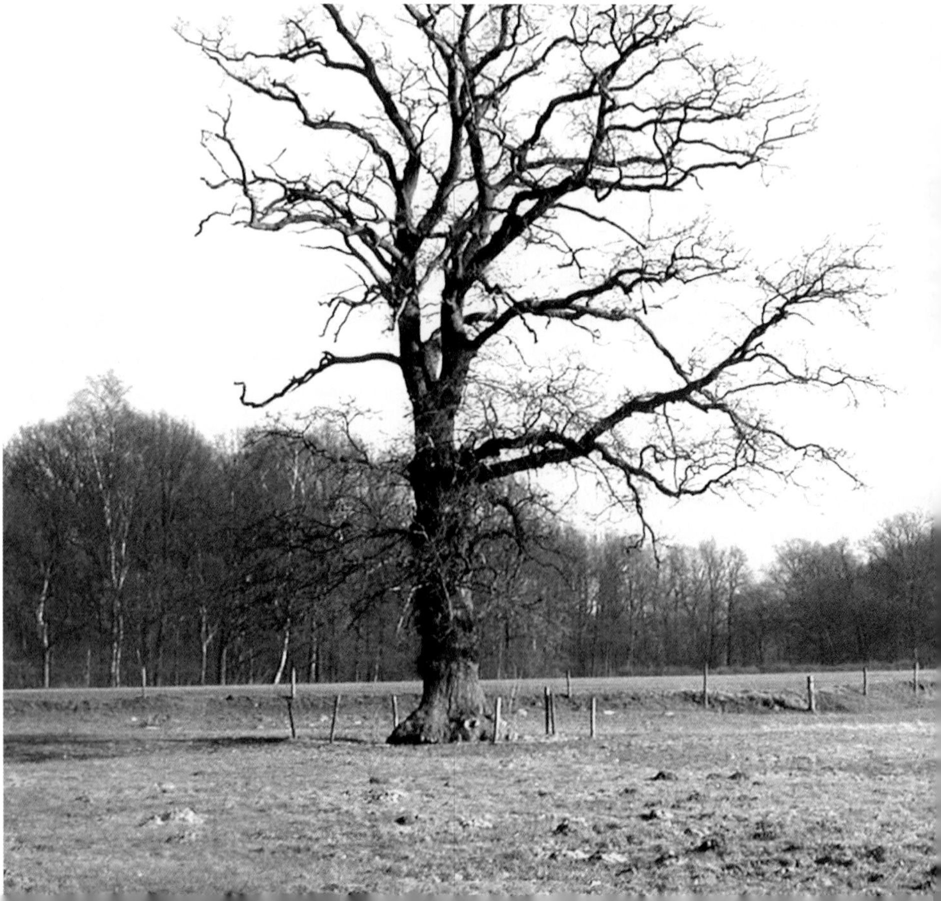

Burgers / Townspeople

Perenboom als trots /
Pear tree as object of
pride

Paarden / Horses

'Het zevende kasteel' /
'The seventh castle'

Nieuwe bomen, boer
beheert de tuin /
New trees; the farmer
tends to the garden

oase
63

pag
105

Fragmentenlandschap/Fragmented landscape

Geen boerderettewijkje, niet dezelfde boerde-
rijvolumes maar grote én kleine volumes; geen
nieuwbouwtypologie maar schuurachtige
volumes /
Not a collection of farmettes, not identical
farm volumes, but rather large as well as small
volumes; not a new-build typology but rather
barn-like volumes

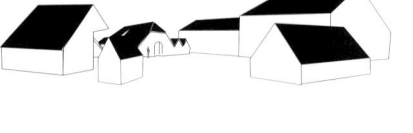

Ensemble-kwaliteit / Ensemble quality

Huidige bebouwing /Present buildings

Selecteren waardevolle bebouwing /Selecting valuable buildings

Halveren overig bouwoppervlak /
Cutting remaining building surface in half

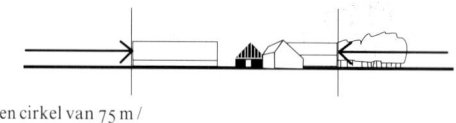

Alle bebouwing binnen cirkel van 75 m /
All buildings within a 75 m circle

Nieuwe configuratie van hoofd- en bijgebouwen /
New configuration of main and outbuildings

property, based upon the principles of the
ancient junction yard: a property that organises its environment within an organic web of
routes and greenery. Its medium size would
be instrumental in giving the separate farm-
and residential yards coherence. The Estate is
to be a property holding several houses,
which will, quite naturally, bring on public
accessibility (and right of way).

A selection of existing farmyards will be
developed into Estates. We propose the governmental purchase of medium-sized farmyards. These are too small to have any real
perspective, but as large investments are
involved, their owners are loath to give up
farming. And even if they do, their properties, measuring 1.5 to 3.5 hectares of farmland, would be too large to appeal to individual townsfolk. Once building several houses
on these properties is permitted, they will rise
in value. The surplus value will encourage the
farmers concerned to close down.

Over time, medium-sized properties have
been expanded: cubicle stalls, large barns,
slurry depots and silos have been added.
After shutting down the farms, these will
need to be cleared. Rebuilding half the building capacity within a limited radius around
the inner courtyard is to be permitted. Thus,
introducing Estates will lead to smaller, more
compact properties. The Estate architectural
style will be characterised by robust, sturdy
volumes, matching the scale of the local
countryside. In passing, Estates are reminis-
cent of farmyards. Such volumes will accommodate spacious country lofts, living and
working spaces, dens, stables or, for instance,
a country hotel. Through views, routes and
scenery, settlements and surrounding countryside will consolidate.

The creation of public slow traffic routes
is prerequisite for the Estate's success. These
'garden paths' lead through farm grounds,
pass small scenic features, go by the gardens,
to the courtyard. The existing countryside, its
shrubbery, wooded banks, solitary trees and
streams, takes on a new meaning amongst
gardens and yards, and will draw new visi-
tors.

Farmer Interest

The local farmers have an interest in the
development of Estates as well. Our strategy
suggests that the Estate become the new
owner of both the route and the adjacent scenic features. Thus allowing the farmers to sell
uneconomic grounds, e.g. covered with
shrubbery or shady strips of land, to townsfolk, or trade them against farmland falling
vacant after the sale of medium-sized farms.

ligt in het gevecht om de schaarse ruimte onder elke houtwal, boom of bosje potentiële productiegrond.

Door de hoge druk die er op de gronden ligt, zal de schaalvergroting van het landschap sluipenderwijs doorgaan. Er zal op den duur een landschap ontstaan met grote, ontoegankelijke agrarische productieruimten waarin vele kleine burgerenclaves liggen. Het landschap zal verschralen, terwijl met het toenemende aantal burgers het belang van een rijk, gevarieerd en toegankelijk landschap steeds groter wordt. Wij zijn daarom op zoek gegaan naar een strategie om de kleinschalige landschapsfragmenten te behouden. Er zijn nieuwe actoren nodig die belang hechten aan deze fragmenten en ze van een nieuwe betekenis te voorzien. De burgers zien wij als belanghebbenden. De burgererven zijn echter te klein om veel impact op het landschap te hebben. Wij hebben daarom onderzocht wat de mogelijkheden zijn als de krachten van burgers worden gebundeld voor de instandhouding van het kleinschalig landschap.

De Landerijen

Kern van de strategie is de introductie van de Landerij. Dit is een nieuw erftype gebaseerd op het oeroude principe van het knooperf: een erf dat met zijn tentakels van routes en beplantingen zijn omgeving organiseert. Dit erftype heeft de juiste 'middenschaal' om nieuwe samenhang tussen boerenbedrijven en burgererven te organiseren. Op de Landerij staan meerdere woningen op een erf. Daarmee wordt de publieke toegankelijkheid (en het recht van overpad) op een vanzelfsprekende wijze geïntroduceerd.

De Landerijen worden ontwikkeld uit een selectie van bestaande boerenerven. We stellen een opkoopregeling voor de middelgrote agrarische bedrijven voor. Deze bedrijven zijn te klein om een werkelijk toekomstperspectief te hebben, maar vanwege de hoge investeringen stoppen deze boeren niet snel. Als ze wel stoppen zijn hun erven (met 1500 tot 3500 m² bouwoppervlak) vaak te groot voor individuele burgers. Wanneer het wordt toegestaan op deze erven meerdere woningen te bouwen dan zal de waarde van de erven stijgen. De overwaarde zal voor deze boeren een stimulans zijn hun bedrijf te beëindigen.

De middelgrote erven zijn in de loop van de tijd flink uitbreid met ligboxenstallen, grote schuren, mestsilo's en voederkuilen. Na beëindiging moeten deze grote stallen worden gesloopt. Binnen een beperkte straal rondom het binnenerf mag de helft van het bouwvolume teruggebouwd worden.

Nieuwbouw zal daarmee leiden tot kleinere en compactere erven. Op de Landerijen wordt gebouwd in stoere, kloeke bouwvolumes die zich kunnen meten met de schaal van het landschap. In het voorbijgaan roepen ze de associatie op van een boerenerf. Deze volumes bieden ruimte voor royale 'boerenlofts', woon-werkruimten, hobbyschuren, paardenstallen of bijvoorbeeld een landelijk hotel. Het wonen wordt met zichtlijnen, routes en plekken direct verbonden met het omringende landschap.

De belangrijkste voorwaarde is dat de Landerijen nieuwe, publiek toegankelijke langzaamverkeersroutes moeten maken. Deze 'tuinpaden' lopen door het agrarische land, langs de kleinschalige landschapsfragmenten, via de tuinen naar het hart van het erf. Het oude landschap, bestaande uit de bosjes, houtwallen, solitaire bomen, essen en beeklopen krijgt door de verbinding met de tuinen en de erven een nieuwe betekenis en nieuwe gebruikers.

Boerenbelang

Ook de boeren in de omgeving hebben een direct belang bij de ontwikkeling van de Landerijen. In ons voorstel wordt de Landerij de nieuwe eigenaar van de route én van de aanliggende landschapsfragmenten. Boeren kunnen zo hun niet-rendabele gronden (beplantingen en schaduwstroken) verkopen aan burgers of uitruilen tegen de productieve gronden die vrijkomen uit het

Spelregels verknopen
1 tuinpad maken
2 koppelen aan fragmenten
3 hagen planten
4 tuinen aanleggen
5 afstemmen op landbouw
6 één erfzijde toont zich aan het landschap

'Game rules' for linkages
1 create a garden path
2 link to fragments
3 plant hedges
4 lay out gardens
5 attune to agriculture
6 one side of the farmyard is oriented towards the landscape

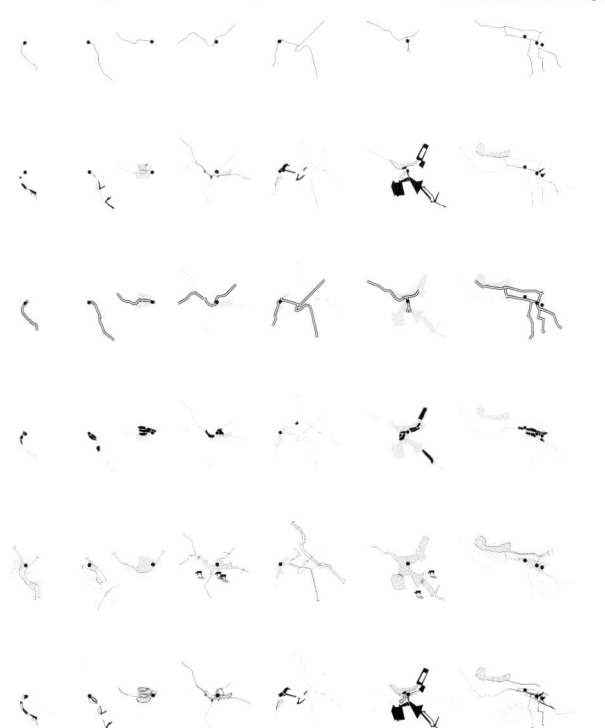

By mutual agreement and each protecting their vested interests, farmer and townsfolk might decide upon 'kitchen table land consolidation' and rearrange the land among themselves. In doing so, they will be supported by the future 'PLC Courtly Realm', a development company that both agricultural organisations and local and County councils participate in.

The Estates will speed up agricultural expansion. Apart from land falling vacant because farmers choose to close down, each governmental medium-sized purchase will leave an average 8 hectares to be sold to other farmers. For instance, given the development of twenty Twente Estates per year, large farmers will hold an average of 40 hectares within ten years. This is a twenty-year short cut compared to the autonomous process.

Encouraging farm expansion may appear incompatible with countryside development aimed at the preservation of small scenic features and accessibility. Research into state-of-the-art dairy methods however, proves that it is indeed possible to have large farms, surrounded by small-scale countryside, run smoothly. To a cow, grazing an irregularly shaped lot and a rectangular pasture is all the same, and, if properly linked, joint small lots may serve as large fields. Attuning both mowing and maize fields to the small-scale countryside is the hardest part. Farmers working the land prefer turning their machines as little as possible. Joining lots, smart linking of farmland and plotting elongated mowing and maize lanes along garden paths may render lots along the furrow.

The Courtly Realm

Introducing Estates means introducing a new scenic structure, developed from a number of individual properties. The rules of the game, which allow for personal interpretation and specification, nevertheless will result in a new collective structure. Slowly, gradually, the Estates will weave a web of courtyards covering the Twente countryside. Occasionally, intertwined courtyards and farmyards will grow so close and dense as to be scenic in themselves.

Section of The Courtly Realm

The Courtly Realm: network of gardens

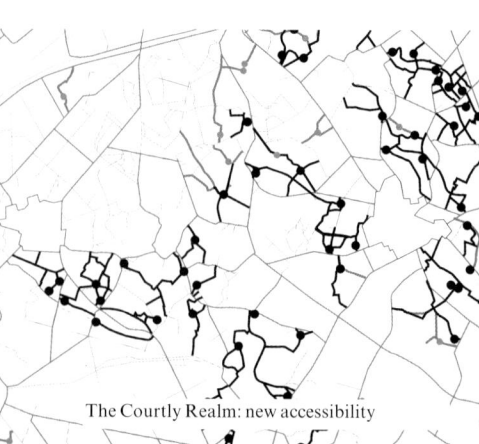

The Courtly Realm: new accessibility

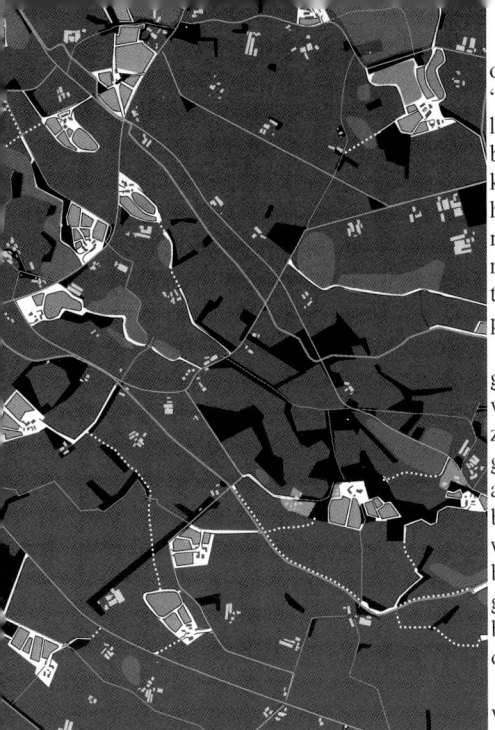

Uitsnede Tuinenrijk

Tuinenrijk: netwerk van tuinen

Tuinenrijk: nieuwe toegankelijkheid

opgekochte middelgrote bedrijf. In kleine 'keukentafelruilverkavelingen' kan in onderling overleg tussen boeren en burgers, op basis van hun directe belangen, een herschikking van gronden plaatsvinden. Zij zullen hierbij worden ondersteund door de op te richten 'NV Tuinenrijk', een ontwikkelingsmaatschappij waarin de landbouworganisatie, de betreffende gemeenten en de provincie participeren.

De Landerijen versnellen de schaalvergroting van de landbouw. Naast de grond die vrijkomt door de autonome stop van boeren, zal van elk opgekocht middelgroot bedrijf gemiddeld 8 hectare worden doorverkocht aan andere boeren. Wanneer in het gebied bijvoorbeeld jaarlijks twintig Landerijen worden ontwikkeld, zullen de grote boeren binnen tien jaar kunnen uitgroeien tot een gemiddelde omvang van 40 hectare. Dit betekent een versnelling van twintig jaar ten opzichte van het autonome proces.

Het stimuleren van de schaalvergroting van de boeren lijkt in eerste instantie tegenstrijdig met de wens om een kleinschalig en toegankelijk landschap te ontwikkelen. Uit het onderzoek naar de wetmatigheden van de moderne melkveehouderijbedrijven blijkt dat het goed mogelijk is om grootschalige bedrijven binnen een kleinschalig landschap te laten functioneren. Koeien begrazen grillig gevormde percelen net zoals rechthoekige kavels, en met goede koppelingen kunnen kleine percelen samen functioneren als een grote huiskavel. De afstemming van de maai- en maïslanden op het kleinschalige landschap is de grootste opgave. Bij de bewerking hiervan willen boeren bij voorkeur zo min mogelijk hun machines keren. Lange percelen kunnen worden gemaakt door het samenvoegen van percelen, het slim doorschakelen van landbouwruimten, en de tuinpaden te gebruiken om lange maai- en maïsbanen langs uit te zetten.

Het Tuinenrijk

Met de Landerijen wordt een nieuwe landschapsstructuur geïntroduceerd die vanuit een veelheid aan individuele erven tot ontwikkeling komt. De spelregels zijn zo opgesteld dat ze maximale vrijheid geven voor persoonlijke interpretaties en uitwerkingen van het concept, maar tegelijkertijd leiden tot een nieuwe collectieve structuur. Heel geleidelijk zullen de Landerijen een netwerk van tuinen laten uitgroeien over het landschap. Dit netwerk is sterk verweven met het agrarisch grondgebruik: soms zullen de netwerken zo hecht en dicht zijn dat ze landschappen op zich gaan vormen.

1 Preliminary report of an ongoing prospect inquiry into landscape development in southern West Flanders, carried out by OSA/KULeuven in association with the intercommunal authorities of the Lys valley.

2 A. Verhulst, *Landbouw en landschap in Middeleeuws Vlaanderen*, Brussels, 1995, p. 117.

3 M. Dehaene, 'Oerlandschap', in: OSA/L. De Cauter (ed.), *Het kleine Lexicon van het Vlaamse (Architectuur-) Landschap*, Antwerpen 2002.

Bruno De Meulder and Tania Vandenbroucke

The Lys-Scheldt Interfluvium: Theatre of Do-It-Yourself[1]

An initial encounter with the landscape of the Lys-Scheldt interfluvium immediately undermines stereotypes about the countryside. The landscape of the interfluvium lives up to all the clichés about the country, yet, at the same time, to all their opposites. The interfluvium is open, yet at the same time also densely built up; it still features some nature – in reality no more than the remnant of a wood here and there – yet it is in the end mostly culture – it is isotropic and complex, ordered and spontaneous, intensive agricultural area and one big recreation park for the people of Kortrijk, homogeneous and diverse, abuzz and peaceful, breathtakingly beautiful and banal, majestic and grimy, urban and rural. Consequently, the interfluvium is a highly interesting in situ laboratory that produces the neo-rural as well as some of the urban, and fashions its own construct out of both components. In the following we dissect this landscape, which as the spatial bearer of ancient as well as brand-spanking-new rurality accumulates and generates a stream of paradoxes – inevitably, as it were.

Successive waves of colonisation – which begin in Gallo-Roman times and continue into Carolingian occupation, Germanic invasions, agricultural cultivations and establishment of settlements under the County of Flanders and land seizures and developments during the periods that followed – overran the area, swept away earlier cultivations or in fact developed them further. What had perhaps been extensive forest[2] was thoroughly domesticated in these successive periods of cultivation, disuse and (re-)development and turned into a man-made landscape. A few modest forest remnants bear witness to the primeval landscape.[3] It is not known how this development precisely unfolded, but the result is spectacular. The Ferraris map (1777) shows an extraordinarily orderly and coherent man-made landscape, which can read as an intricate and regular patchwork, fitting in naturally and rationally into its natural setting. The parallelism of the Scheldt and the Lys progresses along a gently undulating movement that

Oerlandschap van het interfluvium / Primeval landscape of the interfluvium

Bruno De Meulder en Tania Vandenbroucke

Het Leie-Schelde-interfluvium: theater van de bricolage[1]

1   Voorlopig verslag van een lopend prospectief onderzoek met betrekking tot landschapsontwikkeling in zuidelijk West-Vlaanderen uitgevoerd door OSA/KULeuven in samenwerking met de intercommunale Leiedal.

2   A. Verhulst, *Landbouw en landschap in Middeleeuws Vlaanderen*, Brussel 1995, p. 117.

3   M. Dehaene, 'Oerlandschap', in: OSA, L. De Cauter (red.), *Het kleine Lexicon van het Vlaamse (Architectuur-) Landschap*, Antwerpen 2002, z.p.

oase
63

pag
111

Een eerste kennismaking met het landschap van het Leie-Schelde-interfluvium ondergraaft meteen de stereotypen die het platteland betreffen. Het landschap van het interfluvium beantwoordt aan alle clichés over het platteland, maar tegelijkertijd ook aan hun tegendeel. Het interfluvium is open, maar tegelijkertijd ook erg dicht bebouwd, het omvat nog wel wat natuur (feitelijk niet meer dan hier en daar een bosreliet), maar is toch vooral cultuur, het is isotroop en complex, geordend en spontaan, intensief landbouwgebied en één grote recreatietuin voor het Kortrijkse, homogeen en divers, geëxciteerd en rustig, adembenemend mooi en banaal, majestatisch en groezelig, stedelijk en landelijk. Het interfluvium is daarom een erg interessant 'in situ'-laboratorium dat neolandelijkheid en ook wel wat stedelijkheid aanmaakt, en met beide componenten zijn eigen hybride construct opbouwt. In wat volgt ontleden we dit landschap, dat als ruimtelijke drager van oeroude en spiksplinternieuwe landelijkheid een stroom paradoxen opstapelt en genereert, alsof het vanzelfsprekend is.

Opeenvolgende kolonisatiegolven, die aanvingen in de Gallo-Romeinse tijd en overgingen in de Karolingische occupatie, Germaanse invasies, landbouwontginningen en vestiging van nederzettingen onder het Graafschap Vlaanderen en innames en ontwikkelingen tijdens de daaropvolgende perioden, overspoelden het gebied, veegden eerdere ontginningen weg of bouwden er juist op voort. Wat wellicht uitgestrekt bosgebied was,[2] werd door deze opeenvolgende episodes van ontginning, verval en (her)ontwikkeling volledig gedomesticeerd en dus omgezet in een cultuurlandschap. Enkele bescheiden bosrelicten getuigen van het oerlandschap.[3] Het precieze verloop van dit proces is onbekend, maar het resultaat ervan is verbluffend.

De Ferraris-kaart (1777) toont een buitengewoon ordelijk en coherent cultuurlandschap. Dit laat zich lezen als een fijnmazig en regelmatig patchwork dat zich op een vanzelfsprekende en rationele wijze inpast in zijn natuurlijke setting. Het parallellisme van Schelde en Leie wordt voortgezet in een zachte golvende beweging die het landschap en de oriëntatie van de beekvalleien bepaalt. Een van die golven, ditmaal net niet parallel met de Leie, verheft zich een heel stuk boven de andere en vormt de waterscheidingslijn tussen beide rivieren. Op die kamlijn bleven, omwille van de slechtere bodemkwaliteit, enkele bosrelicten bewaard, die zich sterk aftekenen in het landschap. Vrijwel al het overige land werd een cultuurlandschap, dat de buitengewoon vruchtbare bodem exploiteert. Om het in koloniale termen te stellen: de *mise en valeur* is quasi-totaal. Het interfluvium is daarom in de eerste plaats een utilitair landschap. Een door utiliteit bepaalde cultuurlaag kleedt het landschap als een goed zittend pak. Op het parallellisme van de rivieren en de landschappelijke golfslag ent zich een dwarse beweging (onder meer de verbinding tussen de middeleeuwse steden Kortrijk en Doornik, respectievelijk aan de Leie en de Schelde), die de basis vormt van een grofmazig wegenraster. Dit raster organiseert de ontsluiting van de hele regio en zijn interregionale verbindingen. Afgezien van het erg beperkte aantal noord-zuidverbindingen, die omwille van hun koppeling aan bruggen over de Leie en de Schelde (zoals de genoemde weg Kortrijk–Doornik) belangrijker zijn, valt er

defines the landscape and the orientation of the stream valleys. One of these undulations, this time just slightly not parallel to the Lys, rises quite significantly above the other and forms the watershed between the two rivers. On this parting, because of the lesser soil quality, a few forest remnants were retained, and they stand out starkly in the landscape. Virtually all the remaining land became a man-made landscape, exploiting the exceptionally fertile soil. Or to put it in colonial terms, the *mise en valeur*, or development, is quasi-total. As a result, the interfluvium is primarily a utilitarian landscape. A cultivation layer defined by utility encases the landscape like a well-fitting suit. A lateral movement is grafted onto the parallelism of the rivers and the landscape's undulation (including the connection between the medieval cities of Kortrijk and Tournai, situated on the Lys and on the Scheldt, respectively) and forms the basis for a coarsely patterned grid of roadways. This grid organises the access to the entire region and its interregional connections. Aside from the very limited number of north-south connections, which owe their greater importance to their linkage to bridges over the Lys and the Scheldt (such as the Kortrijk-Tournai road mentioned above), very few hierarchical distinctions are noticeable within the orthogonal pattern of the roadways in the area, linking the villages nestled at some of the crossroads. Not much more can be said about these villages than that they consisted of a clump of houses round a church with a cemetery, presbytery and a square that manifests itself as a widening of the crossroads.

Dented Chicken Wire

The limited size of the villages is in contrast to the large scale of the total construction in the interfluvium. The agrarian economy, organised along family lines that developed in this exceptionally fertile area, is typified, after all, by a very dense and simultaneously quasi-equally distributed pattern of farmsteads situated on small parcels. While they are different in size, the parcels remain within the margins of the same order of magnitude. To provide access to this fragmented parcel structure, a more intricate pattern of roads developed within the mesh of the roadway pattern cited above, with for the most part the same orientation. The mesh pattern usually corresponds to the depth of two agriculture parcels, ultimately resulting in a very porous landscape. The accessibility of virtually every scrap of land, the quasi-complete porosity, is ultimately one of the strongest characteristics of the landscape. Where the mesh circumscribes a larger number of parcels, dead-end tracks provide access to the parcels that are situated at the second level. Some of these are combined with access to farmsteads that are also situated further back. In such a case the track is often lined with trees and the farmstead is usually surrounded by a moat. Apart from the tracks, the system of secondary roads forms a connected network. It is not, however, a geometric network. It is more the result of the linking up of fragments that assure access to agriculture parcels and farmsteads than a pre-determined rational (colonisation) project. The pattern flows out of a flexible and evolving regulatory process. This is steered by the divide-and-conquer strategy of the big aristocratic landowners who control tenancies, is kneaded by the possibilities of the exploiter and the logic of the agricultural exploitation of the time, and is finally adapted to the site conditions. In short, a combination of power, engineering and nature proceeds to realign the patchwork of parcels and the roadways that run alongside them. There is as yet no plan, let alone a neat geometry. The domestication of the territory seems more a case of game rules. The result is

oase
63

OOTEGHEM

pag
113

a measured irregularity, not so much an equilibrium between order and devia-
tion as one that comes out of a subtle realignment during the development
process.

In any case, by the end of the eighteenth century the interfluvium was strewn
with small-acreage farms. The alternating implantation of farmsteads alongside
and further back from roadways results in a more equal distribution over the
territory, like dots in a matrix. The essence of this landscape lies in the specific
way in which two conflicting forces merge: on the one hand the formation of a
sea of micro-territories (each an acreage of a few parcels of pasture and arable
land arranged round an inner-directed farmstead) which are appropriated and
sign-posted as private property, and on the other hand the movement, the
extended accessibility, porosity and this public aspect of the landscape. In this
landscape, closeness and openness, private and public, obstacle (witness the
moats, for example) and accessibility, locus and movement are set against one
another in an extreme way. Nowhere is it just one or the other. Everywhere both
forces are present or at least perceptible simultaneously. There is no place for
desolation here; density rules.

The virtually equal distribution, coupled with the more or less equivalent soil
composition, makes the landscape an archetypal example of the theory of central places (W. Christaller). The distribution of villages proves to coincide more
or less with Christaller's theory, although the Scheldt and Lys create a distortion
from the classical scheme. In the immediate vicinity of these rivers, the concentration of villages is after all much higher. The modest size of the villages testifies
to the limited collective facilities produced by the rural economy: not much more
than a church and cemetery, a mill, an inn. Apparently the transfer of agriculture's surplus values to a higher level, so that facilities, services and centrality
(business, education, etc.) could be developed, was stalled here. Surplus values
evidently benefit primarily the cities and large landowners, and what remains is
usually invested back into the farms themselves – something that is readily per-

Tweede orde percelen
(gestippeld) en
ontsluiting (doorge-
trokken lijn) /
Second-level parcels
(dashes) and access
(solid line)

nauwelijks een hiërarchisch onderscheid op te merken in het orthogonale wegenpatroon van de streek dat de dorpen verbindt die zich op sommige kruispunten
hebben genesteld. Over deze dorpen valt niet veel meer te melden dan dat ze
bestonden uit een plukje huizen rond een kerk met kerkhof, pastorie en een
plein, dat zich als verbreding van de wegenkruising aandient.

Gedeukte kiekendraad

De beperkte omvang van de dorpen staat in contrast met de grote omvang van
de totale bebouwing in het interfluvium. De familiaal georganiseerde agrarische
economie die zich in deze bijzonder vruchtbare streek ontwikkelde, kenmerkt
zich immers door een erg dicht en tegelijkertijd quasi-gelijkmatig verdeeld vesti-
gingspatroon van hoeves op kleine percelen. Hoewel ze ongelijk van grootte
zijn, blijven de afmetingen van de percelen wel binnen de marges van eenzelfde
orde. Om deze versnipperde perceelsstructuur te ontsluiten, ontwikkelde zich in
de mazen van het eerder aangehaalde wegenpatroon een fijnmaziger wegenstelsel met hoofdzakelijk dezelfde oriëntatie. De maaswijdte ervan correspondeert
meestal met de diepte van twee landbouwpercelen, waardoor uiteindelijk een
heel poreus landschap is ontstaan. De bereikbaarheid van nagenoeg elk lapje
grond, de quasi-volledige porositeit is, alles bij elkaar genomen, uiteindelijk een
van de sterkste karakteristieken van het landschap. Omvat de maaswijdte een
groter aantal percelen, dan ontsluiten doodlopende insteken de percelen die in
tweede orde zijn gelegen. Soms zijn deze gecombineerd met de toegang tot
hoeves die eveneens achterin gelegen zijn. In dat geval wordt de insteek vaak
begeleid door een bomenrij langs weerszijden van de weg en is de hoeve dikwijls
omgeven door een sloot. Los van de insteken vormt het secundaire wegenstelsel
een aaneengesloten netwerk. Het is evenwel geen geometrisch netwerk. Het is
veeleer het resultaat van de aaneenschakeling van fragmenten die de ontsluiting
van landbouwpercelen en hoeves verzekeren dan van een vooropgezet rationeel

ceivable. This may explain the particularism that characterises the area to this day. The area is in first and foremost an archipelago of equally positioned farms of comparable sizes, an isotropic dot matrix in which each dot is the centre of its own world. This is constructed with great effort and conviction: solid, somewhat gruff, introverted farmyards, all of the same typology, pastures and fields set off by wooded borders, lines of trees, stream valleys with decorative rows of pollard willows, canals, ditches and moats, grooves that register the dimensions of the parcel like thin lips in the great lines of the topography, and in this way articulate the measure of human beings, the measure of the farmstead – the gauge of all things in the interfluvium. A number of these grooves are incidentally the result of clay extraction for use in making bricks in field ovens.

The result of all of this is a very 'dense' landscape of buildings and small landscape elements, woven around the microcosm of the farm and all have a utilitarian origin, linked with agricultural exploitation. The size of the landscape element is, for all intents and purposes, still limited. It is, after all, determined by the individual agricultural exploitation. Because of the measured irregularity resulting from the application of the development game rules, this is also an extremely varied landscape. This variety, however, takes nothing away from its isotropic character. These are variations on a theme, minor dissonances that add texture to the melody. The variety, after all, does not breach the regularity of the landscape development but rather, in fact, articulates it. The gentle rolling of the landscape allows it to remain a single landscape nonetheless. At every point the double scale of the landscape is perceptible: the whole and the part, the great swell and the microcosm, the unity of what is inherent and the variations on a theme of the man-made.

Maps like that of Ferraris show us, along with the forest remnants cited earlier, a number of other elements, such as a limited number of castles, for example, which turn out not to play a structural role in the overall landscape development, however. Another notable aspect of the landscape development is the absence of intermediary elements between the scale of the farm and that of the overall landscape. The Ferraris map reveals few lines of trees alongside thoroughfares. The rows of pollard willows along stream valleys, too, belong rather to the intricate fabric of agricultural exploitation. In short, this is not a man-made landscape of the hyperbole, but of the everyday. The numerous chapels

Ancien Régime
hoeve / farmyard

(kolonisatie)project. Het patroon komt voort uit een flexibel en ontwikkelend regulatieproces. Dit werd gestuurd door het verdeel-en-heersspel van de adellijke pachtverlenende grootgrondbezitters, werd gekneed door de mogelijkheden van de uitbater en de logica van de toenmalige landbouwuitbating en werd ten slotte geplooid naar de terreinomstandigheden. Kortom, een samenspel tussen macht, techniek en natuur realiseert de gelijkrichting in het patchwork van percelen en wegen die er als naden langs lopen. Er is daarom nog geen sprake van een plan, laat staan van een strakke geometrie. De domesticatie van het territorium lijkt veeleer een zaak van spelregels. Het resultaat is een gedoseerde onregelmatigheid, een evenwicht niet zozeer tussen orde en afwijking, maar een dat voortkomt uit een subtiele gelijkrichting tijdens het ontwikkelingsproces.

Hoe dan ook, eind achttiende eeuw was het interfluvium bezaaid met hoeves met een klein areaal. De afwisselende inplanting van hoeves langs de wegen en verder ervan af resulteert in een meer gelijkmatige spreiding over het territorium, als waren het punten in een raster. De essentie van dit landschap ligt in de specifieke wijze waarop twee tegengestelde krachten samengaan: enerzijds de vorming van een zee van microterritoria (elk een areaal van enkele percelen weien akkerland geschaard rondom een in zichzelf gekeerde hoeve) die worden toegeëigend en als privaatdomein gemarkeerd, anderzijds de beweging, de doorgedreven bereikbaarheid, porositeit en dus publiekheid van het landschap. In dit landschap worden geslotenheid en openheid, privacy en publiekheid, belemmering (getuige zijn bijvoorbeeld de sloten) en toegankelijkheid, *locus* en beweging op extreme wijze ten opzichte van elkaar geplaatst. Nergens is er het een of het andere. Overal zijn beide krachten tegelijkertijd aanwezig of op zijn minst aanvoelbaar. Hier is geen plaats voor desolaatheid, hier regeert dichtheid.

De nagenoeg gelijkmatige spreiding, gekoppeld aan de min of meer gelijkwaardige bodemgesteldheid, maakt het landschap een archetypisch voorbeeld van de theorie der centrale plaatsen van W. Christaller. De spreiding van dorpen blijkt min of meer te kloppen met de Christallers theorie, al veroorzaken Schelde en Leie een distorsie van het klassieke schema. In de onmiddellijke nabijheid van deze rivieren is de concentratie aan dorpen immers veel hoger. De geringe omvang van de dorpen getuigt van de beperkte collectieve voorzieningen die de plattelandseconomie aanmaakte: niet veel meer dan een kerk en kerkhof, een molen, een herberg. De overdracht van de meerwaarden van de landbouw naar

Ancien Régime
landschapselement /
landscape element

are a point of interest – usually at the fork of two roads – a testament to the area's development being intertwined with a deep-rooted Catholicism. The chapels do more than simply surpass the purely utilitarian *mise en valeur* of the territory. Through the religious practices for which they provide an occasion, they also charge up the public aspect of the porous landscape. The processions marching from chapel to chapel, but also passing by or stopping, day to day – these are social practices that we can call to mind at will. The roads here have been carriers of multiple uses from times immemorial.

Nests and Infrastructures

This situation at the end of the eighteenth century must be seen as a culmination, a moment of coherence in which culture (economy, social development) and nature, (rural) man and his habitat are engaged in a balanced relationship. It speaks for itself that this situation was not definitive, and certainly not the cul-

mination of a pre-determined plan. Rather, this is a surprisingly coherent, yet nevertheless preliminary synthesis. It is rather a state of affairs within a complex process, a continual movement, change, implementation and adaptation to new conditions, additions and demolitions, crop rotations and introduction of new growing techniques, expansions and reductions, but also subjugation and emancipation. During the nineteenth and twentieth centuries, a new series of developments came to add themselves to this landscape created by 'tradition'.

The first thing that stands out on the Vandermaelen map (1845), and later maps (Pop (1860), etc.) is the explosive growth as well as the fragmentation of construction and the new typologies. This is mainly a matter of small farm labourers' dwellings. During the nineteenth century, the seclusion of the farm community is evidently opened up, and a freer relationship between farm labour and the farm develops, even if it is originally in the form of a hierarchy. Notably, the majority of the farm labourers' dwellings are separate and at a distance from the farms. Or is it better to speak of a liberation? Another notable aspect is that many of these dwellings are grouped together, sometimes in a nonchalant cluster of four or five dwellings and sometimes 'in a *reke*'.[4] An unfathomable logic means sometimes the *reke* lines up nicely along the side of the road and sometimes stands across it. The clustering suggests a succession of individual initia-

Moderne tijd /
Modern era

een hoger niveau zodat voorzieningen, diensten en centraliteit (handel, onderwijs, et cetera) konden worden ontwikkeld, stokte hier kennelijk. Meerwaarden
komen blijkbaar vooral de steden en grootgrondbezitters ten goede en wat over-
blijft wordt voornamelijk in de hoeves zelf geïnvesteerd – wat er overigens ook
aan te merken is.

Het verklaart misschien het particularisme dat de streek tot op de dag van
vandaag kenmerkt. De streek is in eerste instantie een archipel van allemaal
gelijkaardige hoeves met een vergelijkbare omvang, een isotroop puntraster
waar elk punt het middelpunt is van zijn eigen wereld. Deze wordt met veel inzet
en overtuiging gemaakt: stevige wat norse, introverte hoeves, alle van eenzelfde
typologie, weiden en akkers afgezet met houtkanten, bomenrijen, beekvalleien
met sierlijke slierten knotwilgen, grachten, greppels en sloten, graften die als

dunne lippen in de grote lijnen van de topografie de dimensie van het perceel
inschrijven en op die manier dus in het landschap de maat van de mens, de maat
van de hoeve (maatstaf van alle dingen in het interfluvium) articuleren. Een aantal van deze graften zijn overigens de resultante van klei-ontginning ten behoeve
van veldovens.

Resultaat van dit alles is een erg 'dicht' landschap van bebouwing en kleine
landschapselementen, die rondom de microkosmos van de hoeve worden gewe-
ven en overigens allemaal een utilitaire oorsprong hebben, gelieerd aan de landbouwuitbating. De maat van het landschapselement is nagenoeg steeds beperkt.
Ze wordt immers bepaald door de individuele landbouwuitbating. Omwille van
de gedoseerde onregelmatigheid die de toepassing van de ontwikkelingsspelre-
gels opleverde, is het ook een erg gevarieerd landschap. Deze variatie doet evenwel geen afbreuk aan het isotroop karakter ervan. Het gaat om variaties op een
thema, kleine dissonanties die reliëf brengen in de melodie. De variatie doorbreekt de regelmaat in de landschapsopbouw immers niet, maar articuleert deze
juist. Door de zachte glooiing in het landschap blijft het niettemin ook één landschap. Op elk punt is de dubbele schaal van het landschap ervaarbaar: het geheel
en het onderdeel, de grote golfslag en de microkosmos, de eenheid van wat gege-
ven is en de variaties op een thema van het gemaakte.

Kaarten als die van Ferraris wijzen ons nog wel op enkele andere elementen
naast de al genoemde relicten bos, zoals bijvoorbeeld een beperkt aantal kaste-
len, die evenwel geen structurele rol blijken te spelen in de globale landschapsopbouw. Opvallend in de landschapsopbouw is ook de afwezigheid van intermediaire elementen tussen de schaal van de hoeve en die van het globale landschap.
De Ferraris-kaart onthult weinig bomenrijen langs doorgaande wegen. Ook de
knotwilgenrijen langs beekvalleien horen eerder tot het fijnmazige weefsel van
de landbouwuitbating. Kortom, dit is geen cultuurlandschap van de groot-
spraak, maar van het alledaagse. Interessant zijn de talrijke kapelletjes – dikwijls
op de tweesprong van wegen – die getuigen van de verstrengeling van de streek-
ontwikkeling met een diepgeworteld katholicisme. Met de kapelletjes wordt niet
alleen de louter utilitaire *mise en valeur* van het territorium overstegen. Via de
religieuze praktijken waartoe ze aanleiding geven, laden ze ook de publiekheid
van het poreuze landschap op. De processie die van kapel naar kapel trok, maar
evenzeer het dagelijkse passeren en het halthouden; het zijn sociale praktijken
die we ons zo weer voor de geest kunnen roepen. De wegen zijn hier sinds oudsher dragers van een meervoudig gebruik.

Kaart Vandermaelen (1845) / Map of Vandermaelen (1845)

oase
63

pag
120

Deze toestand op het einde van de achttiende eeuw is te beschouwen als een culminatiepunt, een ogenblik van coherentie waarop cultuur (economie, maatschappelijke ontwikkeling) en natuur, de (plattelands)mens en zijn habitat een evenwichtige relatie met elkaar aangaan. Het spreekt voor zich dat deze toestand niet definitief was, en al helemaal niet de voltooiing van een vooropgezet plan. Het gaat veeleer om een verrassend coherente, maar niettemin voorlopige synthese. Het is eerder een stand van zaken in een complex proces, een voortdurend bewegen, veranderen, uitwerken en aanpassen aan nieuwe omstandigheden, bijbouwen en afbreken, wisselen van gewassen en introduceren van nieuwe teelttechnieken, uitbreiden en inkrimpen, maar evenzeer verknechten en ontvoogden. Tijdens de negentiende en twintigste eeuw ent zich op dit landschap, voortgebracht door 'traditie', een reeks nieuwe ontwikkelingen.

Het eerste wat opvalt op de Vandermaelen-kaart (1845) en latere kaarten (o.a. Pop, 1860) is de explosieve toename én versplintering van de bebouwing en de nieuwe typologieën. Het gaat vooral om kleine landarbeiderswoningen. Blijkbaar wordt tijdens de negentiende eeuw de beslotenheid van de hoevegemeenschap opengebroken en ontstaat een vrijere relatie tussen landarbeid en boerderij, al zal er in oorsprong wel een hiërarchisch verband hebben bestaan. Opvallend is in elk geval dat het gros van de landarbeiderswoningen los en op afstand staat van de boerderijen. Of spreken we beter van bevrijding? Opvallend is ook dat heel wat van deze woningen gegroepeerd zijn, nu eens in een nonchalante clustering van vier, vijf woningen, dan weer in een *reke*.[4] Een ondoorgrondelijke logica brengt mee dat de ene reke zich mooi schikt langs de weg en de andere er dwars op gaat staan. De clustering suggereert een opeenvolging van individuele initiatieven, de reke een omvangrijkere speculatieve investering. Het landschap wordt complexer, maar verliest niet zijn basiskarakteristiek door deze toevoeging. Het samengaan van openheid én volheid wordt juist op de spits gedreven. Terwijl het landschap open blijft, wordt het voller en tegelijkertijd ook meervoudig. Er schuift een nieuw bebouwingsregister over het landschap. Het puntraster van de hoeves wordt aangevuld met een ondicht raster met fijnere pixels.

Deze wonderbaarlijke vermenigvuldiging van woningen heeft niettemin iets precairs. Wellicht speelt onze hedendaagse blik of de analogie van deze bebouwing met de speculatiebouw in de negentiende-eeuwse stedelijke periferie ons parten, maar de bebouwing die wordt toegevoegd, straalt een misplaatstheid en een zekere voorlopigheid uit. Het lijkt wel een soort geëxplodeerd kampement dat zich over het territorium heeft verspreid: goedkope, haastig opgetrokken bouwsels die zomaar vanuit het niets werden gedropt. Op de voorlopigheid ent zich een gevoel van onafheid, dat sterk in de hand wordt gewerkt door de *bricolage* van de bewoners, die amechtig trachten te ontsnappen aan de benepenheid en ondermaatsheid van hun woning. Een zekere vaalheid duikt op in het landschap. De sfeer van permanente ontluiking maakt het verwant met de *bidonville*, het soort nederzetting dat nooit af is en waar letterlijk alles wordt benut. Een nederzetting waar, gedreven door tactiek, de gelegenheid en de mogelijkheden van het ogenblik worden aangewend. De bidonville is voortdurend in beweging op het ritme van het toeval. Het trage en regelmatige landschap van het ancien regime raakt zo verweven met een hectisch landschapsregister van voortdurende recompositie en differentiatie. De poëzie van dit andersoortige landschapsregister ligt in de toevalligheid; in het altijd wat onverwachte én intermediaire resultaat. De reke kan worden aangevuld met twee woningen of ingekrompen,

5   Ph. Perrier-Cornet, *A qui appartient l'espace rural?*, Paris, 2002.

tives, the reke a greater speculative investment. The landscape becomes more complex but does not lose its basic characteristics through these additions. The combination of openness and fullness is in fact brought to a head. While the landscape remains open, a new register of construction extends over the landscape. The dot matrix of the farms is filled in with smaller pixels.

This amazing multiplication of dwellings nevertheless has something precarious about it. Perhaps our modern-day gaze or the analogy of this building expansion with the speculation-led construction on the periphery of nineteenth-century cities is playing tricks on us, but the construction that is added exudes a quality of being misplaced and somewhat provisional. It looks like a sort of exploded campsite that has spread over the countryside – cheap, hastily built structures dropped out of thin air here and there. The makeshift quality is bounded to a feeling of being unfinished, which is underscored by the do-it-yourself efforts of the inhabitants, who desperately keep trying to escape the pokiness and inadequacy of their dwellings. A certain dinginess emerges onto the landscape. The atmosphere of permanent openness makes it akin to the *bidonville*, or shanty town, the kind of settlement that is never finished and in which literally everything is put to use. A settlement in which, driven by tactics, the occasion and the opportunities of the moment are employed. The *bidonville* is constantly in motion, to the rhythm of chance. The slow and regular landscape of the *ancien régime* becomes interlaced with a hectic landscape register of continual recomposition and differentiation. The poetry of this other kind of landscape register lies in coincidence, in the always unexpected as well as intermediary result. The reke can have two dwellings added to it or shortened, the cluster expanded. Behind the dwelling in the cluster there is a row of ancillary structures: kitchen, rabbit hutch, dovecote, bathroom, dog kennel. An enterprising son sets up a hangar back there and starts a business. The two antagonistic registers expose the fact that this landscape houses rich and poor, full-fledge farms and inadequacy, the long term and the short game, cleanliness and grime, building for eternity and camping in the here and now. Still in the nineteenth century, a dissociation develops between the two landscape registers as a result of the profound agricultural crisis that ravages West Flanders around 1840. The later mechanisation in agriculture 'rationalises' farm labour out of existence to a large extent as well.

Survival strategies now turn the farm labourers into self-reliant jacks-of-all-trades, seasonal workers, border workers, small businesspeople, home workers as well. The origin of such multinationals as Bekaert, in Zwevegem, for instance, lies in a system of home labour to which the enterprising Bekaert family farmed out part of the production process.

The interfluvium starts to lead a double life: the life of a slowly modernising agriculture in the existing stock of farm and the mobile and flexible life, for which the rural environment is nevertheless the home base, the anchor. The villages are not the *locus* of this rural 'minimum living', but rather the open terrain. A new way of life evolves in close cohesion with nature and the open space, in a free/fixed relationship with the farms to which it owes its origins, in an anchoring in the land and in freeing oneself of it. For this minimum living, the rural space is not a production space, but first and foremost a living setting, an *espace consommé*, a space to be consumed.[5]

The development of this second, diffuse matrix of pixels is strongly determined, and later steered as well, by the development of infrastructures in the interfluvium. In the first place, to combat the crisis in the mid-nineteenth centu-

de cluster uitgebreid. Achter de woning in de cluster duikt een stoet bijbouwsels op: keuken, konijnenkot, duiventil, badkamer, hondenhok. Een ondernemende zoon zet er een loods en begint een zaak. De twee antagonistische registers laten zien dat dit landschap rijk en arm herbergt, volwaardige hoeves en ondermaatsheid, de lange duur en het kort-op-de-bal-spel, helderheid en groezeligheid, het bouwen voor de eeuwigheid en het kamperen voor het hier en het nu. Nog in de negentiende eeuw trad een dissociatie op tussen beide landschapsregisters als gevolg van de diepgaande landbouwcrisis die omstreeks 1840 West-Vlaanderen teisterde. Ook de latere mechanisatie in de landbouw 'rationaliseert' de landarbeid grotendeels weg. Overlevingsstrategieën maken van de landarbeiders nu ook plantrekkers, seizoenarbeiders, grensarbeiders, kleine ondernemers, thuisarbeiders. De oorsprong van multinationals ligt in een stelsel van thuisarbeid. Zo besteedt bijvoorbeeld de ondernemende familie van de multinational Bekaert in Zwevegem delen van het productieproces uit.

Het interfluvium gaat een dubbelleven leiden: het leven van een zich langzaam moderniserende landbouw in de bestaande stock aan hoeves en het mobiele en flexibele leven waarvoor het landelijke milieu niettemin de thuisbasis, het ankerpunt is. De dorpen zijn niet de locus van dit landelijk 'minimumwonen', maar het open gebied. Een nieuwe levenswijze ontplooit zich in nauwe samenhang met de natuur en de open ruimte, in een los-vaste relatie met de boerderijen waaraan ze haar oorsprong dankt, in een verankering in het land en ervan loskomen. Voor dit minimale wonen is de plattelandsruimte geen productieruimte, maar op de eerste plaats een levenskader, een 'espace consommé'.[5]

De ontwikkeling van dit tweede, ondichte fijne raster van pixels wordt sterk bepaald, en later ook gestuurd, door de ontwikkeling van infrastructuren in het interfluvium. Allereerst investeerde de Belgische overheid halverwege de negentiende eeuw als crisisbestrijdingsmiddel massaal in 'openbare werken' in West-Vlaanderen. De massale exodus naar de steden tegengaan, het pauperisme dat voortkwam uit de hongersnood aanpakken, werkgelegenheid creëren en het revolutionaire klimaat (1848) ontzenuwen, dat alles motiveerde deze politiek. In eerste instantie leidde dit tot een algemene verbeteringsoperatie van het bestaande wegenstelsel.[6] Dit massale, door de gemeenten uitgevoerde en door de staat gesubsidieerde programma resulteerde in het interfluvium niet zozeer in nieuwe wegen, als wel in het verharden, uitrusten en verbeteren van bestaande wegen. Deze grootscheepse opwaardering van het fijnmazig wegennet creëerde een gelijkmatige, verbeterde én uniforme ontsluiting. Het platteland verkreeg een latente infrastructurele capaciteit om 'verstedelijking' op te nemen.

Deze capaciteit wordt verder vergroot door de intensieve uitbouw van complementaire infrastructuren als de spoorweg en de buurtspoorwegen.[7] De talrijke stations en halteplaatsen leiden tot een nieuwe bereikbaarheidsgeografie, die in samenhang met de traditionele op eigendomsverwerving gerichte huisvestingspolitiek de verspreide woningbouw in het interfluvium ondersteunt en richt. Wat als een ondicht raster van pixels ontstond, muteert tot een distributiepatroon met lokale verdichtingen in de omgeving van tramlijnen en treinhaltes. Zo vormt zich de fragmentaire lintbebouwing langs de verbindingswegen tussen dorpen en steenwegen (dikwijls met tramlijn) of in de nieuwe 'stationsgehuchten'. De aangehaalde dissociatie tussen bebouwing en landbouw versterkt zich. Het gaat hierbij dikwijls om bebouwing die net iets beter is dan de eerder aangehaalde speculatieve bebouwing. Doorgaans gaat het om 'rijwoningen', een bij uitstek stedelijk woningtype, waarvan de verspreiding overigens werd gestimuleerd via allerhande modellen en typeplannen, gemaakt in het zog van de eerste

5   Ph. Perrier-Cornet, *A qui appartient l'espace rural?*, Parijs 2002.

6   M. Dehaene, B. De Meulder, *Hybrid figures within the Flemish infrastructural network: exploring the margin for a retroactive urbanism*, paper AESOP-conferentie, juli 2003.

7   Zie hiervoor B. De Meulder, J. Schreurs, B. Notteboom, A. Cock, 'Sleutelen aan het Belgisch Stadslandschap', *Oase*, nr. 52, 1999.

8   B. De Meulder, M. Dehaene, *Atlas Zuidelijk West-Vlaanderen. Fascikel 1*, Kortrijk 2002, pp. 42-43.

oase
63

6   M. Dehaene,
B. De Meulder,
*Hybrid figures within
the Flemish infrastruc-
tural network: explor-
ing the margin for a
retroactive urbanism*,
AESOP conference
paper, July 2003.

7   See
B. De Meulder,
J. Schreurs,
B. Notteboom,
A. Cock, 'Sleutelen
aan het Belgisch
Stadslandschap',
Oase, nr. 52, 1999.

8   B. De Meulder,
M. Dehaene, *Atlas
Zuidelijk West-
Vlaanderen. Fascikel
1*, Kortrijk 2002,
pp. 42-43.

9   B. De Meulder,
M. Dehaene, 'Over
bricoleren, kamperen
en de kunst van het
tuinieren. Bedrijven in
het Zuid-West-
Vlaamse landschap',
in: *Bedrijfsgebouwen.
Architectuur, land-
schap, economie en
beleid* (Flemish
Architecture Institute,
Achtergrond 01),
Antwerpen, 2003.

ry, the Belgian government invests massively in 'public works' in West Flanders. Halting the mass exodus to the cities, addressing the poverty that resulted from famine, creating employment and defusing the revolutionary climate (1848) all motivate this policy. In the first instance this led to a general improvement drive for the existing road network.[6] This massive programme, implemented by the municipalities and subsidised by the state, results not so much in new roads as in the paving, outfitting and improvement of existing roads. This large-scale upgrade of the intricate road network created equally distributed, improved and uniform access. The countryside acquired a latent infrastructure capacity to absorb 'urbanisation'.

This capacity is further expanded by the intensive expansion of complementary infrastructures, such as the railways and tramways.[7] The numerous stations and stops lead to a new geography of accessibility, which in concert with the housing policy, traditionally geared to property acquisition, sustains and directs the distribution of housing construction throughout the interfluvium. What began as a diffuse matrix of pixels mutates into a distribution pattern with local concentrations in the vicinity of tramlines and train stations. So emerges the fragmentary ribbon construction along the roads connecting villages and along the paved roads (usually with tramline) or in the new 'station hamlets'. The dissociation noted earlier between construction and agriculture increases. This is mostly construction just slightly better than the earlier mentioned speculative construction. Most of the time, these are 'row houses', an quintessentially urban dwelling type, the distribution of which is incidentally stimulated by all manner of models and type plans, devised in the wake if the first working-class housing legislation of 1889.[8] This is not simply a matter of urbanising the countryside. To the extent that these out of place houses introduce 'urbanity' to the countryside it is absorbed by the rural substructure. The archetypal row house is used in a fundamentally different way from that in the city. Front and rear are reversed in their use: people go in from the rear, past a row of ancillary structures, next to this is a vegetable patch, and later a double carport will be built. Today, people have a paddock in the back with a horse and sometimes some sheep. A satellite dish graces the roof. In short, a 'ruralised' urban dwelling type is created. Urbanisation is assimilated. Hybrid housing and life styles emerge, employing the rural space in shifting proportions both as a space for production and a space for consumption.

Rail tracks and tramways draw new and different lines across the interfluvium. They discreetly articulate the gently rolling landscape with their quasi-horizontal reference lines and they enter into dialogue, through great curves and diagonal trajectories, with the characteristically orthogonal pattern of the landscape's development. While they introduce an all-encompassing scale in the interfluvium, their presence remains – because of the limited amount of land they take up – discreet at the same time. Less discreet is the Kortrijk-Bossuyt canal linking the Scheldt and Lys basins in a straight line. The combination of railway and canal is responsible for the industry that enters the landscape:[9] a large electrical power plant at Zwevegem, a brick factory with its own rail branch, etc. Along the Lys the flax industry develops, along the Scheldt flourmills and related para-agrarian businesses. Later, the existing interlocal infrastructure is modernised. Paved roads are widened, rectified and levelled, the courses of the Lys and Scheldt are straightened and new bridges are slowly added, the latter often in connection with the railway. The new bridge over the Lys between Lauwe and Wevelgem, for example, is intended primarily for the

arbeidershuisvestingswet van 1889.[8] Daarmee is niet zonder meer sprake van een verstedelijking van het platteland. Voorzover deze 'misplaatste' rijwoningen al stedelijkheid introduceren op het platteland, wordt deze geabsorbeerd door de rurale onderbouw. Zo wordt de archetypische rijwoning op het platteland fundamenteel anders gebruikt dan in de stad. Voor- en achterkant worden in gebruik omgewisseld: men gaat aan de achterkant naar binnen, naast een stoet bijgebouwen. Ernaast is een grote groentetuin en werd later ook een dubbele carport bijgebouwd. Tegenwoordig heeft men achteraan een wei met paard en soms schapen. Op het dak prijkt een schotelantenne. Kortom, er ontstaat een 'verlandelijkt' stedelijk woningtype. Verstedelijking wordt geassimileerd. Er ontstaan hybride woon- en leefwijzen, die de rurale ruimte in wisselende verhoudingen aanwenden als productieruimte én als consumptieruimte.

Spoorlijnen en tramwegen trekken nieuwe en andere lijnen door het interfluvium. Discreet articuleren ze het zacht golvende landschap door hun quasi-horizontale referentielijnen en gaan ze met grote bogen en diagonale tracering in dialoog met het karakteristieke orthogonale patroon van de landschapsopbouw. Terwijl ze een omvattende schaal in het interfluvium introduceren, blijft (door hun beperkte grondinname) hun aanwezigheid tegelijkertijd discreet. Minder discreet is het kanaal Kortrijk-Bossuyt, dat kaarsrecht het Schelde- en Leiebekken verbindt. Het samenspel van spoor en kanaal is verantwoordelijk voor de industrie die zich in het landschap voegt:[9] onder meer een grote elektriciteitscentrale in Zwevegem en een baksteenfabriek met een eigen spoorwegaftakking. Langs de Leie ontwikkelt zich de vlasindustrie, langs de Schelde bloemmolens en aanverwante para-agrarische bedrijven. Later wordt de bestaande bovenlokale infrastructuur gemoderniseerd. Steenwegen worden verbreed, gerecht en uitgevlakt, Leie en Schelde worden rechtgetrokken en er komen mondjesmaat nieuwe bruggen, dit laatste overigens dikwijls in relatie tot het spoor. Zo moest de nieuwe brug over de Leie tussen Lauwe en Wevelgem op de eerste plaats dienen om de vlasoogst naar het station van Wevelgem te draineren. Het samenspel van kanaal, spoor, steenweg, rivieren en bruggen heeft een belangrijke impact op het landschap, maar evenzeer op de voorheen egaal gespreide bereikbaarheid. Voor het kanaal worden eeuwenoude verbindingen doorgeknipt. Slechts op enkele punten wordt een overgang voorzien, waardoor automatisch een hiërarchie in het wegenstelsel ontstaat. Omgekeerd realiseren nieuwe bruggen over Schelde en Leie een nieuwe bereikbaarheid, een nieuwe aansluiting op een wereld buiten het interfluvium, een feit dat heimatschrijvers als Stijn Streuvels, die vanuit zijn Lijstersnest in Ingooigem de traditie bezong, zwaar op de lever lag. *De teleurgang van den Waterhoek* uit 1927 gaat in feite over de moderniteit die door toedoen van een nieuwe oeververbinding binnenstroomt in het 'onaangetaste' en 'zuivere' platteland van het interfluvium, over vreemde 'stadse' invloeden die het onschuldige leven corrumperen.

De locaties die door de infrastructurele herschikking van het territorium meer werden blootgesteld aan doorstroming (en dus markttoegankelijkheid) ontwikkelden sterker en doorbraken deels de isotropie van het gebied. Grotere markttoegankelijkheid leverde immers een competitief voordeel, dat belangrijker werd naarmate de agrarische economie verdween en de openmarkteconomie veld won. De moderne agrarische productie doet op haar beurt op het platteland een hele reeks bedrijfsactiviteiten ontluiken die een eigensoortig ruimtegebruik aanmaken. Landbouwmachines worden geproduceerd, agenten verhandelen en onderhouden tractoren. Heel wat van de nieuwe woon- en werkvormen, die de voortdurende verandering en modernisering van de plattelandseconomie gestal-

9   B. De Meulder, M. Dehaene, 'Over bricoleren, kamperen en de kunst van het tuinieren. Bedrijven in het Zuid-West-Vlaamse landschap', in: *Bedrijfsgebouwen. Architectuur, landschap, economie en beleid* (Vlaams Architectuur Instituut, *Achtergrond 01*), Antwerpen, 2003 (ter perse).

transport of the flax harvest to the Wevelgem station. The combination of canal, railway, paved road, rivers and bridges has a significant impact on the landscape, but also on the hitherto equally distributed accessibility. Centuries-old connections are severed for the construction of the canal. Only at a few spots is a crossing provided, which automatically creates a hierarchy in the road network. On the other hand, new bridges over the Scheldt and Lys produce new accessibility, a new connection to the world outside the interfluvium, a fact that rankles local writers such as Stijn Streuvels, who sang the praises of tradition from his Lijstersnest at Ingooigem. 'The decline of the Waterhoek' from 1927 is in fact about modernity, which by means of a new river crossing pours into the 'untouched' and 'pure' countryside of the interfluvium, about alien 'city' influences that corrupt innocent living.

The sites that the infrastructure rearrangement of the territory exposed to greater circulation (and thus access to markets) developed more and even broke through the isotropy of the area. Greater market access, after all, provided a competitive advantage that grew as the agrarian economy entered its twilight and the open market economy gained ground. Modern agrarian production, in turn, opens up a whole array of business activities in the countryside, which produce a particular kind of space use. Farm machines are produced; agents deal and maintain tractors. We find a great many of the new housing and work forms that shape the constantly changing and modernising rural economy alongside the new corridors that were created by the rearrangement of infrastructure.

Crop rotation, innovative growing techniques, intensification, modernisation – all have an impact on the land allocation and the landscape, but also on the resulting economic base and its corresponding rural culture. Many small landscape elements – wooded borders, hedges, pollard willows – disappear in this period. Barbed wire (incidentally produced in Zwevegem) is far more efficient and replaces them to a large extent. Step by step this filters part of the visual complexity and rich diversity out of the landscape. The man-made landscape is, as it were, stripped bare, bringing buildings more strongly to the foreground. Activities with an autarkic tinge, which had been set up with the product of these landscape elements (willow-vine baskets, clogs, etc.) also vanish from the modernising rural culture. In place of these landscape elements the power box makes its appearance, sometimes fraternally next to the chapel, sometime all alone, but always as testimony to a new era that was dawning here, an era of heightened efficiency and change, which hangs in the air like the network of power lines.

Finally the holiday bungalows appear. The scarce forest remnants are identified as an almost exotic antipode to the city. Modern bungalows, in shrill contrast to regionalist constructions such as Streuvels's Lijsternest, appropriate these nature areas as a recreational setting, a refuge as compensation for the hellish and unnatural life in the city. In a certain sense this fits in with a classical sort of rurality such as that produced by the castle estate, for instance, but at the same time it is an inversion of it. The weekend bungalow is, after all, a modest (yet no less flashy) construction, which slides into the natural environment. It does not transform or structure its immediate surroundings, but rather leaves untamed nature, in this case the forest, as intact as possible. It is the modern version of the woodman's cabin – a window on the forest and on nature.

Thus by the middle of the twentieth century the interfluvium has become quite a complex landscape. Over the dot matrix of the farms a diffuse matrix of pixels had been superimposed, which also spread unequally across the territory as time went on, as a result of the distortions brought about by the infrastructur-

te geven, vinden we langs de nieuwe corridors die zijn ontstaan door de geschetste infrastructurele herschikking.

Wisseling van gewassen, vernieuwde teelttechnieken, intensivering, modernisering, ze hebben impact op de landinrichting en het landschap, maar evenzeer op het economisch draagvlak dat er het resultaat van is en daarmee samenhangend de plattelandscultuur. Heel wat kleine landschapselementen (houtkanten, hagen, knotwilgen) verdwijnen in deze periode. Prikkeldraad (overigens in Zwevegem geproduceerd) is veel efficiënter en vervangt ze grotendeels. Stap voor stap wordt hiermee een deel van de visuele complexiteit en rijke schakering uit het landschap weggefilterd. Het cultuurlandschap wordt als het ware uitgekleed, waardoor de bebouwing sterker op de voorgrond treedt. Maar evenzeer de autarkisch getinte activiteiten, die met het product van deze landschapselementen werden opgezet (manden met wilgenranken, klompen, etc.), verdwijnen uit de zich moderniserende plattelandscultuur. In de plaats van deze landschapselementen duikt de elektriciteitscabine op, soms broederlijk naast het kapelletje, de andere keer moederziel alleen, maar steeds als getuige van een nieuwe tijd die hier doorbrak, een tijd van verhoogde efficiëntie en verandering, die zoals het netwerk elektriciteitskabels in de lucht hangt.

Ten slotte duiken de vakantiebungalows op. De schaarse bosrelicten worden herkend als een haast exotische antipode van de stad. Moderne bungalows, die schril afsteken tegen regionalistische bouwsels zoals het Lijstersnest van Streuvels, eigenen zich deze natuur toe als recreatiekader, een *refuge* als compensatie voor het helse en onnatuurlijke stadsleven. In zekere zin sluit dit aan bij een klassiek soort landelijkheid zoals bijvoorbeeld het kasteeldomein die aanmaakt, maar tegelijkertijd is het een inversie ervan. De weekendbungalow is immers een bescheiden (maar daarom niet minder vitaal) bouwsel, dat zich invoegt in de natuur. Het transformeert niet, structureert zijn onmiddellijke omgeving niet, maar laat de ongetemde natuur, hier het bos, zo intact mogelijk. Het is de moderne versie van de boshut: een venster op het bos en de natuur.

Zo is het interfluvium halverwege de twintigste eeuw een behoorlijk complex landschap geworden. Over het puntraster van de hoeves werd een ondicht raster van pixels geschoven, dat naarmate de tijd vorderde zich ook ongelijkmatig over het territorium begon te spreiden, ten gevolge van de distorsies die de infrastructuuringrepen teweegbrachten. Het isotropisch karakter van het interfluvium

Hedendaagse tijd /
Present day

10 De Meulder,
Dehaene, op. cit. 2002,
pp. 70-76.

11 M. Ryckewaert,
'Opvulregel', in: OSA,
L. De Cauter (ed.),
op. cit. 2002.

al interventions. This put the isotropic character of the interfluvium to the test. Further concentration does not jeopardise the openness of the landscape. It does ratchet up tension due to the increase in the contrasts that the landscape bears, as a multiple space, as time passes: the chapel versus the power box, the 'local' architecture versus urban typologies, the solid farmstead versus the constellation of farm labourers' houses, the structured castle estate versus the articulation of untamed nature by the bungalow, the countryside as a space for the leisure time of the city-dweller versus a space for ordinary everyday life. There develops, imbedded in the wide swell of the interfluvium, a harmony of contrasts, an accumulation of dissonances taken from various registers. It hurts the eyes, startles and upsets. This is not the banal harmony of concordance, sterile equality or hollow order, but difference, a Prokofiev making all emotions ring out in the resonance box of the landscape. It takes a lot of effort to appreciate this exceptional musical piece. Or would habituation take its toll? The neo-rurality that is produced here is built out of contrast and difference. It is, however, not a mashing together of difference as in the city. Everything here maintains its distance from everything else. The farm in relation to the farm labourer's dwelling, the castle in relation to the village, the hangar in relation to the house, etc. The porous landscape is in this sense the only collective commonality. It mediates between the contrasts, the differences, the distinctions. The landscape that provides distance among all the elements casts everyone back to himself. It is the bearer of a collectively shared isolation that fits in perfectly with the particularism of the area. The only thing that counts in this neo-rurality is the relationship of the part to the landscape as a whole. It is precisely this relationship that gives each part its autonomy, its right of initiative, its creative commission.

Subdivision Villages

Midway through the twentieth century everything – and nothing – changes in the interfluvium. Spatial planning enters the scene with the Urban Planning Act (1962). The regional plan, which lay down the zoning conditions to the parcel level, are its primary instrument. It is not surprising that the larger part of the interfluvium was given protection as an agricultural area. Extensive zones were even qualified as valuable agrarian areas. This is, after all, one of the richest agricultural areas in Flanders. The zoning of the regional plans is the legal translation of the planning logic of the time. Planning works with models and usually thinks in terms of normality. Planning views difference as a problem and puts equality first. It venerates purity and translates this into norms, the instrument of normality. Planning also works with abstract visions and intangible concepts. One of the concepts applied to the interfluvium could be summarised as follows: an interfluvium of open space as well as villages. Keeping the open space of the

Ontwikkeling van de kernen /
Development of the cores

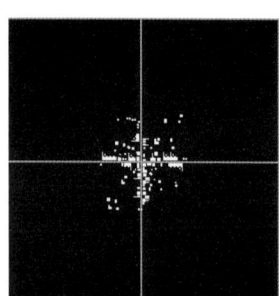 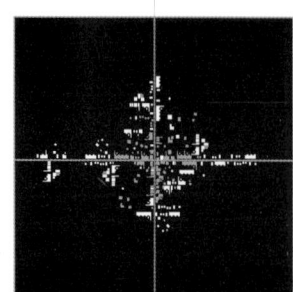 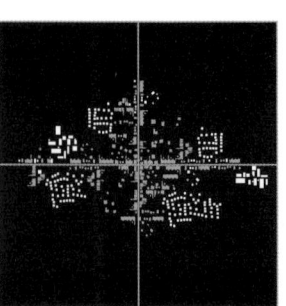

werd zo op de proef gesteld. De verdere verdichting zet de openheid van het landschap niet op het spel. Ze voert wel de spanning op door de toename van de tegenstellingen die het landschap als meervoudige ruimte hoe langer hoe meer draagt: de kapel versus de elektriciteitscabine, de 'streekeigen' architectuur versus stedelijke typologieën, de forse hoeve versus de nevel van landarbeidershuisjes, de gestructureerde kasteeldomeinen versus de articulatie van de ongetemde natuur door de bungalow, het platteland als ruimte voor de buitengewone tijd van de stedeling versus ruimte voor het gewone alledaagse leven. Zo ontwikkelt zich, ingebed in de wijde golfslag van het interfluvium, een harmonie van tegenstellingen, een opeenstapeling aan dissonanten die uit verschillende registers worden gehaald. Het doet pijn aan de ogen, verrast en ontroert. Het gaat hier niet om banale harmonie van overeenstemming, steriele gelijkheid of holle orde, maar om verschil, een Prokovjev die alle emoties laat weerklinken in de klankkast van het landschap. Het vergt heel wat inspanning om dit bijzondere muziekstuk te appreciëren. Of zou gewenning zijn slopend werk doen? De neolandelijkheid die hier wordt aangemaakt, is opgebouwd uit tegenstelling en verschil. Het is evenwel geen samenballing van het verschil zoals de stad. Alles houdt hier afstand tot het andere. De boerderij ten opzichte van de landarbeiderswoning, het kasteel ten opzichte van het dorp, de loods ten opzichte van het huis, enzovoort. Het poreuze landschap is in die zin het enige collectief gedeelde. Het medieert tussen de tegenstellingen, de verschillen, het onderscheid. Het landschap dat voor afstand zorgt tussen alles, werpt iedereen terug op zichzelf. Het is de drager van een collectief gedeelde isolatie die perfect aansluit bij het particularisme van de streek. Het enige wat in deze neolandelijkheid telt, is de verhouding van het deel tot het landschap als geheel. Precies die particuliere verhouding levert dan ook elk deel zijn autonomie, zijn initiatiefrecht, zijn scheppingsopdracht.

Kaveldorpen

Halverwege de twintigste eeuw verandert alles en niets in het interfluvium. Met de wet op de stedenbouw (1962) doet de ruimtelijke ordening haar intrede. Het gewestplan, dat tot op kavelniveau bestemmingen vastlegt, vormt het voornaamste instrument ervan. Het verbaast niet dat het grootste deel van het interfluvium werd beschermd als landbouwgebied. Uitgestrekte zones werden zelfs als waardevol agrarisch gebied gekwalificeerd. Het gaat nu eenmaal om een van de rijkste landbouwgebieden in Vlaanderen. De zonering van de gewestplannen zijn de juridische vertaling van de toenmalige planningslogica. Planning werkt met modellen en denkt doorgaans in termen van normaliteit. Planning beschouwt verschil als probleem en stelt gelijkheid voorop. Het aanbidt zuiverheid en vertaalt die in normen, het instrument van de normaliteit. Planning werkt ook met abstracte visies en onaantastbare concepten. Een van die concepten die op het interfluvium werden toegepast, zou kunnen worden samengevat als: het interfluvium open én dorps. De open ruimte van het al zo dicht bebouwde interfluvium openhouden en exclusief voor de landbouw voorbehouden, lijkt inderdaad legitiem. Geen enkel gezond verstand kan hier tegenop (behalve het spreekwoordelijke gezonde boerenverstand, maar daarover later meer). *De facto* impliceerde het bevriezen van de open ruimte dat groei opgevangen moest worden in de dorpen, die in het interfluvium, zoals eerder gesteld, nauwelijks iets voorstelden. In de beste 'voorzienende' traditie van de Belgische stedenbouw[10] en met het oog op de creatie van een Christalleriaanse ruimte, waarin de centrale

10 De Meulder, Dehaene, op. cit. 2002, pp. 70-76.

11 M. Ryckewaert, 'Opvulregel', in: OSA, L. De Cauter (red.), op. cit. 2002, z.p.

12 O. Vanneste, *Het groeipoolconcept en de regionaal-economische politiek. Toepassing op West-Vlaanderen*, Antwerpen, 1967.

13 B. De Meulder, 'Wonen tussen de gemeenplaats van de 'fermette' en het stigma van het woning-blok', in: *Bouwstenen van sociaal woonbeleid*, Brussels, 1997, pp. 295-335.

14 Public-sector subdivisions are subdivisions built by public authorities to be made available to a target group of the less affluent at 'socially responsible' prices. Housing construction is left up to the con-struction master. In many cases a cheaper, standard type dwelling is chosen.

already so densely built up interfluvium open and exclusively for agriculture does seem legitimate. No common sense can stand up to it (except the proverbial common sense of the farmer, but more on that later). Freezing the open space de facto implies that growth must be accommodated in the villages, which had hitherto accounted for little in the interfluvium, as we noted earlier. In the best 'facilitating' tradition of Belgian urban planning[10] and with a view to creating a Christallerian space, in which the central places do have some weight, large swaths of land that connected to the village sites were designated as residential areas. With the fill-up rule[11] in mind, long strips along the radiating roadways of the village were also marked in red. In addition, with the industrious reputation of the area in mind, there could not fail to be zones for artisan production. Naturally, following the particularistic character of the area, nearly every municipality was allocated such a zone.

This fit in, incidentally, entirely with the post-war zeitgeist, when work in one's own area was high on the agenda. In actuality, migration had traditionally been a set component if the socio-economic ecology of West Flanders. Migration maintained the economic base and kept the population pressure in balance. During the euphoric years of prosperity of the 1960s, however, migra-tion policy was seen as anathema. Regional planning, which comes from region-al economics, provided the instruments to develop each region. In West Flanders O. Vanneste developed the growth pole concept.[12] There would be growth, and there was growth. Regional economics was after all a scientific dis-cipline, and it was about employment and housing for the people.

Because this voluntarist policy was not based on prevailing market princi-ples, however, the desired growth in housing in the villages, initially, came pri-marily through public-sector housing, which was not subject to the logic of the market. On the village outskirts, mainly through the efforts of the Nationale Maatschappij voor de Kleine Landeigendom (National Small-Holdings Company),[13] neatly laid out residential neighbourhoods were created, all with standard, stereotype dwellings – small oases of order, regularity and equality. The dwellings, standardised products, were not infrequently packaged in a regionalist idiom with an imaginary eye to harmonious integration in the sur-roundings. These little residential quarters introduce an entirely new landscape term in the interfluvium, linking repetition and order with homogeneity and normality. On the expansive and intricate world of difference that was the inter-fluvium, relatively large-scales stamps were now being set. Whereas the village had hitherto been generated by a playful application of the rules, it was now sup-plemented by model districts. As time passes, direct government intervention ebbs away and the housing marked becomes 'standardised', this building regis-ter mutates into public-sector subdivisions[14] (which do offer a little more variety) and later to subdivisions pure and simple. The absence of a predetermined plan meant these successive allotment types were usually stitched together into a patchwork. In the latter subdivisions, there appears to be more variety, but on closer examination this turns out to be cosmetic, and scarcely breaks through the endlessly repeated structure of the subdivision, with its banal geometric par-titions of land. As many subdivisions as possible are provided with access with as little infrastructure as possible. Therefore the subdivisions do not contribute to an optimisation or rationalisation of the overall road structure. This also means that the subdivisions lead to a dentritic pattern, which merely hooks up (parasitically) to the existing road structure and precludes multiple use. Public space is reduced to its zero point: pure infrastructure. Subdivisions produce

plaatsen wel enig gewicht hebben, werden grote lappen grond die aansloten op de dorpskommen bestemd als woonzone. De opvulregel[11] indachtig, werden ook lange slierten langs de uitwaaierende wegen van de dorpen rood gekleurd. Tevens kon het, de nijvere reputatie van de streek indachtig, niet ontbreken aan ambachtszones. Vanzelfsprekend verkreeg, het particularistisch streekkarakter involgend, nagenoeg elke gemeente een dergelijke zone toegewezen.

Dit paste overigens volkomen in de naoorlogse tijdsgeest, toen werk in eigen streek hoog op de agenda stond. Migratie was in West-Vlaanderen traditioneel in feite een vast onderdeel van de 'sociaal-economische ecologie'. De migratie hield het economisch draagvlak en de bevolkingsdruk in evenwicht. Tijdens de euforische welvaartsjaren zestig was migratiepolitiek echter als vloeken in de kerk. De regionale planning, die voortkomt uit de streekeconomie, leverde de instrumenten om elke streek te ontwikkelen. In West-Vlaanderen ontwikkelde O. Vanneste het groeipoolconcept.[12] Groei zou er zijn, en groei kwam er. Streekeconomie was nu eenmaal een wetenschappelijke discipline en ze had het over werk én woningen voor de mensen.

Omdat deze voluntaristische politiek niettemin niet op de vigerende marktprincipes was gebaseerd, kwam de gewenste aangroei van de huisvesting in de dorpen er aanvankelijk in hoofdzaak door middel van sociale woningbouw, die zich aan de marktlogica onttrok. Aan de dorpsranden ontstonden, vooral door toedoen van de lokale afdelingen van de Nationale Maatschappij voor de Kleine Landeigendom,[13] netjes uitgelegde woonwijken met allemaal gelijke, stereotype woningen; kleine oases van orde, regelmaat én gelijkheid. De woningen, genormaliseerde standaardproducten, werden niet zelden in een regionalistisch idioom verpakt met het denkbeeldige oog op een harmonische integratie in de omgeving. Met deze woonwijkjes werd in het interfluvium een volkomen nieuwe landschapsterm geïntroduceerd, die repetitie en orde koppelde aan homogeniteit en normaliteit. In de uiteengelegde en fijnkorrelige wereld van het verschil, die het interfluvium was, werden relatief grootschalige stempels gezet. Waar het dorp voordien werd gegenereerd door een speelse toepassing van regels, werd het nu aangevuld met modelwijkjes. Naarmate de tijd vorderde, de rechtstreekse overheidsinterventie weggleed en de huisvestingsmarkt werd 'genormaliseerd', muteerde dit bebouwingsregister tot sociale verkavelingen[14] (die al iets meer variatie aanmaken) en later tot verkavelingen *tout court*. Bij afwezigheid van een vooropgezet plan, werden deze opeenvolgende verkavelingtypen dikwijls aan elkaar gebreid tot een patchwork. In de verkavelingen *tout court* is ogenschijnlijk meer variatie terug te vinden, maar bij nadere beschouwing gaat het om een cosmetische variatie, die de zichzelf voortdurend herhalende opzet van de verkaveling met haar banale geometrische grondversnijding nauwelijks doorbreekt. Met zo weinig mogelijk infrastructuur worden zo veel mogelijk kavels ontsloten. De verkavelingen dragen dan ook niet bij tot het optimaliseren of rationaliseren van de globale wegenstructuur. Vandaar ook dat de verkavelingen leiden tot een dendritisch patroon, dat enkel aanhaakt (en parasiteert) op de bestaande wegenstructuur en meervoudig gebruik uitsluit. Openbare ruimte wordt herleid tot haar nulgraad: louter infrastructuur. Verkavelingen produceren generieke banaliteit, met een overigens bedenkelijke dichtheid die het areaal van de voorheen onbeduidende dorpen buiten verhouding doet aanzwellen. Deze verworden hoe langer hoe meer tot non-descript verkavelingstapijten die het oorspronkelijke dorp opslokken.

De relatie tussen dorp en ommeland verandert grondig. Lieflijke dorpen als Otegem, Ingooigem, Kooigem of Bellegem – kleine bescheiden 'niksniemendal-

12   O. Vanneste, *Het groeipoolconcept en de regionaal-economische politiek. Toepassing op West-Vlaanderen*, Antwerpen 1967.

13   B. De Meulder, 'Wonen tussen de gemeenplaats van de 'fermette' en het stigma van het woningblok', in: *Bouwstenen van sociaal woonbeleid*, Brussel 1997, pp. 295-335.

14   Sociale verkavelingen zijn door publieke instellingen aangelegde verkavelingen die tegen 'sociale tarieven' aan de doelgroep van minder welgestelden ter beschikking worden gesteld. De woningbouw wordt overgelaten aan de bouwheer. In veel gevallen wordt er voor een goedkopere cataloguswoning gekozen.

generic banality, with an otherwise dubious density that swells the surface area of the hitherto insignificant villages out of proportion. The more time passes, the more these turn into nondescript carpets of subdivisions that swallow up the original village.

The relationship between the village and the surrounding land changes radically. Charming villages like Otegem, Ingooigem, Kooigem or Bellegem – small, modest 'one-horse towns' with a clump of houses with a school and a church tower amidst them, which had served as reference points in the dense open landscape of the interfluvium and for the rest virtually faded into it – were transformed into boundless and amorphous residential zones. From limited concentrations, which articulated the unity in differentiation of the dense open landscape of the interfluvium, they developed into an autonomous second term alongside the dense open landscape. Diffuse subdivision carpeting alongside dense open landscape, concatenated normality alongside distributed differentiation. Discord is burgeoning within this coordination of terms. The dense open landscape produces neo-rurality; its cores become anaemic neo-villages in which the informal is encapsulated by stereotype and monotony. The neo-village is on the slippery slope to becoming a suburb. Generalised car mobility and the construction of the motorways (E17 and A17) change the accessibility conditions of the interfluvium as a matter of course, and it is increasingly caught up in a global territorial apparatus. It is no longer simply a rural hinterland, but an escape valve for suburban housing. From this perspective, the post-war tidal wave of suburbanisation that floods Flanders is partitioned and distributed in the interfluvium over various villages. In this sense, planning lays a cuckoo's egg in the village. After all, while the neighbourhoods implanted in the vicinity of the villages develop from working-class districts into standardised subdivisions, their character changes from that of neo-rural districts (regionalistically packaged dwellings with a large vegetable garden, shed and dovecote) into an ordinary, generic suburbia (with the usual *fermette*, or miniature farmhouse, with a garage rather than a shed). The car (or multiple cars) forms the inseparable complement of the *fermette*, which indicates the instability of generic suburbia. Housing on relocation.

Is a nest of vipers nestling between the village and the landscape? In any event, there do emerge, alongside the 'open landscape', settlements with a double and distorted face: village and suburban, charming and appalling banal, specific and generic, anchored and – so to speak – ready to run away. The village and the landscape produce rurality, subdivisions suburbanness. To this day nothing has come along to mediate or generate a positive tension between these two modes. For the moment there is only the consumption of the landscape and the parasitical relationship of the suburb with both the infrastructure, which it overtaxes, and the original village, which in the meantime must cope with leaching away and becoming banal. Or is the prosaic arrangement of an idyllic old church square, adjacent cemetery, parking lot with a chippie at the church entrance and a little further away a youth centre the expression of a new rurality?

Manoeuvres on the Fringe

Besides peculiar villages with a double face, spatial planning also resulted in a unique form of landscape development in the 'dense open space'. There the regional plan instituted a defensive freeze strategy. In principle only development related to agriculture was allowed here. In view of history and the interme-

letjes' met een plukje woningen, ondertussen ook een schooltje en een kerktoren, die als ankerpunt in het dichte open landschap van het interfluvium fungeerden en er voor de rest haast in oplosten – worden omgezet in oeverloze en amorfe residentiële zones. Van beperkte verdichtingen, die de eenheid in verscheidenheid van het dichte open landschap van het interfluvium articuleerden, ontwikkelden ze tot een autonome tweede term naast het dichte open landschap. Ondicht verkavelingstapijt naast dicht open landschap, aaneengeschakelde normaliteit naast verspreide differentiatie. In deze nevenschikking van termen ontluikt een tweespalt. Het dichte open landschap maakt neolandelijkheid aan, de kernen worden een schrale neodorpsheid waar het ongedwongene wordt ingekapseld door het stereotype en het monotone. De neodorpsheid verglijdt richting substedelijkheid. Door toedoen van de veralgemeende automobiliteit en de aanleg van de autosnelwegen (E17 en A17) verandert de bereikbaarheidsconditie van het interfluvium vanzelfsprekend en raakt het steeds intensiever geïntegreerd in een globaal territoriaal functioneren. Het is niet enkel meer een ruraal *hinterland*, maar evenzeer een uitlaatklep voor het suburbane wonen. Vanuit dit perspectief bekeken wordt de naoorlogse suburbane vloedgolf die Vlaanderen overspoelt in het interfluvium, versneden en verspreid over verschillende dorpen. In die zin legt planning een koekoeksei in het dorp. Immers, terwijl de in de nabijheid van dorpen ingeplante wijkjes zich ontwikkelen van volkswijkje tot standaardverkavelingen, verandert hun aard van neolandelijke wijkjes (regionalistisch verpakte woningen met een grote groentetuin, schuurtje en duiventil) tot een doorsnee-generiek suburbia (met de gebruikelijke *fermettes* die het schuurtje omwisselen voor een garage). De auto (of meerdere auto's) vormt het onafscheidelijke complement van de fermette, wat wijst op de instabiliteit van het generieke suburbia. Wonen op verplaatsing.

Plaatst addergebroed zich tussen het dorp en het landschap? Er ontstaan in elk geval naast het 'open landschap' nederzettingen met een dubbel en een verwrongen gezicht: dorps én suburbaan, lieflijk én hemeltergend banaal, specifiek en generiek, verankerd en (bij wijze van spreken) klaar om weg te lopen. Het dorp en het landschap maken landelijkheid aan, verkavelingen substedelijkheid. Er is tot nader order niets wat medieert of een positieve spanning opwekt tussen deze twee modi. Er is voorlopig enkel de consumptie van het landschap en de parasitaire relatie van het substedelijke met zowel de infrastructuur, die het overbelast, als met de oorspronkelijke dorpen, die ondertussen kampen met uitloging en banalisering. Of is de prozaïsche nevenschikking van een idyllische oude kerk met pleintje, naastgelegen kerkhof, parking met frituur aan de kerkhofingang en iets verderop een jongerencentrum, de uitdrukking van een nieuwe landelijkheid?

Manoeuvres in de marge

Naast eigenaardige dorpen met een dubbel gezicht, leidde de ruimtelijke ordening ook in de 'dichte open ruimte' tot een bijzondere vorm van landschapsontwikkeling. Het gewestplan bracht er een defensieve bevriezingsstrategie in stelling. In principe werd hier enkel nog ontwikkeling gerelateerd aan de landbouw toegestaan. Gezien de voorgeschiedenis en het intermediaire, het permanent 'voorlopige' karakter van het landschap, lag het evenwel niet in de lijn der verwachtingen dat de ontwikkeling hier zou stilvallen. De minste weerstand tegen ontwikkelingsdruk, die met de groeiende welvaart en het veralgemeende autobezit toenam, boden de schaarse bosrelicten. Ze vervulden toch geen productieve

15 N. Meijsmans,
'Zonevreemd', in
OSA/L. De Cauter
(ed.), op.cit.

diary, the permanent 'provisional' character of the landscape, it was not to be expected that development would cease here either. The scarce forest remnants provided the least resistance to development pressure, which increased with growing prosperity and generalised car ownership. After all, they fulfilled no productive agrarian function. Holiday bungalows became permanent dwellings and supplemented by all manner of villas that invaded the forest. This inappropriate housing form keeps hollowing out the forest and transforms it into a residential wood, a remarkably frequent and, in terms of landscape, very discrete model. In this sense it does not deviate so much (despite the haphazard take-over of the forest) from the familiar model of the castle estate. Of a different order entirely are the spacious villas jauntily situated along the forest's edge. Here the discreet makes way for the extrovert. The forest's edge is employed as landscape scenery for the villa. Sometimes attractive, other times grotesque, always the ostentation of the *parvenu*. On the other hand, housing is geared toward the landscape. The landscape becomes a stage set, a backdrop for housing. The landscape becomes consumption space as well as production space. Luxury housing imbeds itself, displays itself, but is nevertheless a touch-me-not. Touching is out. New types of demarcation – fences, painstakingly trimmed hedges, walls, whitewashed concrete bollards, enter the landscape decades after the dismantling of wooded boundaries and hedges.

Do-It-Yourself

These are in any case merely manoeuvres on the fringe. For the 'dense open landscape' the mutation of what exists is of greater significance. The steady shrinkage of the agricultural stock, the continual agricultural restructuring – which entails modernisation as well as extinction, scale expansion as well as diversification – the infiltration into the landscape of new actors (recreation, environment, housing, businesses), the tradition of 'plantrekkerij', or 'johnny-on-the-spot' ethos, self-reliance and initiative as well as the distaste for any imposed regulation generate a motley mutation and transformation process. One farmhouse gets nabbed and turned into a restaurant, another into an over-sized dwelling, manège, small business, dwelling with guest quarters in the former barn – in fact anything conceivable and even inconceivable. Farms modernise, expand and diversify, one within the agrarian sector (tree nursery, horticulture with a 'garden centre' annex, greenhouses), the other shifting its activities into para-agrarian activities, another still to other sectors. A side income as a coalman turns into a profitable heating-fuel business. Building stables as a sideline turns into a large contracting firm. In a meadow somewhere. This is incidentally not a new phenomenon. Closer to the banks of the Lys (in Lauwe, Vichte, etc.) the traces of an earlier reconversion (of the type 'large flax grower starts an industrial spinning mill') which originated in the post-war flax crisis are manifest. Activities that support agriculture mutate as well. The sales representative in farm machines becomes a car dealer. The territory is now strewn with 'zone-extraneous businesses'[15] (planning jargon for whatever does not confirm the 'normality' so dear to planners). A great many 'zone-extraneous' businesses owe their origins to the (sanctioned) development of para-agrarian activities in agricultural areas. Farmer cunning, of course, has more than once exploited the regulations as a short cut to a right of initiative considered self-evident. The only thing that counts in the interfluvium, after all, is the particular relationship of the part to the landscape as a whole. Sometimes there are

agrarische functie. Vakantiebungalows worden permanente woningen en aangevuld met allerlei villa's, die zich invoegen in het bos. Deze oneigenlijke woon-
vorm holt het bos steeds meer uit, en zet het om in een woonbos, een opvallend
vaak voorkomende en landschappelijk erg discrete figuur. Ze wijkt in die zin
(ondanks de rommelige inname van het bos) niet zo sterk af van de gekende
figuur van het kasteeldomein. Andere koek vormen de riante villa's die zich par-
mantig langs de bosranden positioneren. Discretie maakt hier plaats voor extra-
versie. De bosrand wordt ingezet als landschappelijk decorum voor de villa. Nu
eens fraai, dan potsierlijk, altijd het *m'as-tu vu* van de parvenu. Omgekeerd richt
het wonen zich op het landschap. Het landschap vormt een decor, een achtergrond voor het wonen. Het landschap wordt naast productie- ook consumptieruimte. Het luxeueze wonen bedt zich in, toont zich, maar is evenzeer een kruid-
je-roer-mij-niet. Aanraken hoort er niet bij. Nieuwe types van afbakening
(hekken, zorgvuldig gesnoeide hagen, muurtjes, witgekalkte betonpaaltjes)
doen, enkele decennia na de ontmanteling van houtkanten en hagen, hun intrede in het landschap.

15   N. Meijsmans,
'Zonevreemd', in:
OSA, L. De Cauter
(red.), op. cit. 2002,
z.p..

Bricolage

Het zijn evenwel slechts manoeuvres in de marge. Voor het 'dichte open landschap' is de mutatie van het bestaande van groter belang. De gestage inkrimping
van het landbouwersbestand, de voortdurende landbouwherstructurering (die
zowel modernisering als uitdoving, schaalvergroting als diversificatie inhoudt),
de infiltratie in het landschap van nieuwe actoren (recreatie, milieu, wonen,
bedrijven), de traditie van 'plantrekkerij', zelfredzaamheid en initiatief en de
afkeer ten opzichte van alle opgelegde regelneverij, genereren een bont mutatie-
en transformatieproces. De ene boerderij wordt ingepikt als restaurant, een
andere als bovenmaatse woning, manege, klein bedrijf, woning met in de voormalige schuur gastenverblijven, feitelijk al wat denkbaar en ook wel ondenkbaar
is. Boerderijen moderniseren, breiden uit en diversifiëren, de ene binnen de agrarische sector (boomkwekerij, sierteelten met annex 'tuincentrum', glasbouw), de
ander verschuift zijn activiteiten naar para-agrarische activiteiten, nog een
andere wijkt uit naar overige sectoren. Een bijverdienste als kolenboer leidt uiteindelijk tot een goed draaiende brandstoffenhandel. Stallenbouw als nevenacti-
viteit leidt tot een groot aannemersbedrijf. Ergens in de wei. Zo nieuw is dit fenomeen hier overigens niet. Dichter tegen de Leie aan (onder meer in Lauwe en
Vichte) zijn de sporen van een eerdere reconversieslag (van het genre grote vlas-
boer start een industriële spinnerij) die voortkwam uit de naoorlogse vlascrisis
manifest aanwezig. Ook de landbouwondersteunende activiteiten muteren. De
vertegenwoordiger in landbouwmachines wordt autodealer. Het territorium is
ondertussen bezaaid met 'zonevreemde bedrijven'[15] (planologisch jargon voor
datgene wat de 'normaliteit' die planning zo dierbaar is niet confirmeert). Heel
wat zonevreemde bedrijven ontlenen hun oorsprong aan de (toegestane) ontwikkeling van para-agrarische activiteiten in landbouwgebied. Sluw boerenverstand heeft de regelgeving uiteraard meer dan eens tactisch uitgebuit als sluip-
weg voor een als vanzelfsprekend beschouwd initiatiefrecht. Het enige wat telt in
het interfluvium is immers de particuliere verhouding van het deel tot het landschap als geheel. Soms zijn er bijzondere gelegenheden (zoals wanneer een lokaal
politicus minister wordt) die het nemen van sluipwegen overbodig maken. Een
eindje van autosnelwegaansluitingen ontluiken eensklaps uit het niets, bizarre
XXL-handelszaken te midden de weiden, gekneld in een fijn wegenstelsel dat de

16 'The accessible landscape', in : J.B. Jackson, *Landscape in Sight. Looking at America*, New Haven, 1997, p. 73.

17 M. Dehaene, B. De Meulder, loc. cit.

exceptional occasions (such as when a local politician becomes a minister) that make short cuts unnecessary. A remote spot opened up by motorway access ways at a stroke out of a clear blue sky, bizarre XXL retail outlets in the middle of meadows, wedged within an intricate system of roads that can barely accommodate the influx of weekend shoppers. Step by step, with no coherence or anticipation, according to the rhythm of the available financing, construction, conversions, extensions take place, parking facilities are built and expanded, each new addition resulting in an unpredictable reversal of the preceding phase. Front becomes rear, parking lot becomes shop, shop becomes cafeteria, cafeteria becomes children's paradise. It looks like a puffed-up fragment from a luxury *bidonville*.

Rules or no rules, the landscape undergoes a metamorphosis, which has a bearing on the built-up areas as well as on the land and the landscape elements. Everything is in motion. Colour patterns shift, crops come and go, horses and sheep appear, heavier farm machinery lead to parcel re-allotments, tree avenues are added, wooded borders cut down. A greenhouse appears and a little further on the restaurant-farm improvises a parking lot, playground and terrace with garish parasols that spontaneously mimic Christo. The harvested field is left with haystacks wrapped in white foil. Christo again. A multitude of transformation registers is at work in the interfluvium: modernisation and restoration; turning spots over to 'gardening', 'parking', 'ranching', even 'neglect'; uniformity (does anyone grow anything these days besides maize?); and striving for the unique, the lean, the enriched. It is tempting to characterise this metamorphosis, in which at first sight it seems no clear line can be drawn, with the concept of entropy: a systematic increase of dinginess and a loss of purity. Has the system of demure farmsteads lost its grip on the landscape – the way in which it generates measure, regularity, readability and coherence? The 'micro-territories', the building blocks of this landscape, are in full motion, Shrinkage, expansion, disconnection of the converted farmstead from the land, fragmentation of land ownership – all of this is happening. In actuality a reconfiguration and diversification of the 'micro-territories' is underway. Yet they remain 'micro-territories', which produce a territoriality, organise an appropriation, produce privacy. This applies, incidentally, to all of the flotsam that has come to nestle in the interfluvium during the modern era: rekes, nests of dwellings, ribbon fragments, solitary dwellings, factories and hangars.

The 'micro-territoriality' goes hand in hand with the porosity of the landscape and the freedom of movement that results from it.[16] Connection to the land and circulation, micro-territoriality and permeability are combined. The openness of the landscape, or more correctly, the distance, mediates among the differences. The tension of this fusion is coming to a head today. The unique porosity of the landscape acquires, first and foremost, a new dimension with increased car mobility (which mega-retail parasitically exploits). Nowhere along the roads or country lanes is there any real peace and quite anymore. If it is not a tractor that passes by, then it is a moped or car, a group of cycling tourists, a jogger or a hiker. There is movement everywhere and all the time. In addition the metamorphosis leads to an accelerated fragmentation, multiplication and diversity in micro-territories. The plurality of the rural space goes into overdrive. This overdose of plurality tends toward the generic. The concrete endive hangar or greenhouse, the agricultural enterprise, the XXL retail outlet, the beauty farm or *fermette* – in reality they could be situated anywhere. They de-territorialize the landscape.[17] Hardly anything connects them to their surroundings. In effect they

toevloed van weekendshoppers nauwelijks kan slikken. Stap voor stap, zonder samenhang of anticipatie wordt op het ritme van de beschikbare financiering gebouwd, verbouwd, bijgebouwd, van parking voorzien en uitgebreid, waarbij elke toevoeging een onvoorspelbare omkering van de vorige fase oplevert. Voorkant wordt achterkant, parking winkel, winkel cafetaria, cafetaria kinderparadijs. Het lijkt wel een opgeblazen fragment uit een *luxe-bidonville*.

Regels of geen regels, het landschap ondergaat een metamorfose, die zowel betrekking heeft op het gebouwde als op het land en de landschapselementen. Alles beweegt. Kleurschakeringen wisselen, gewassen komen en gaan, paarden en schapen duiken op, zwaardere landbouwmachines leiden tot perceelsherschikkingen, bomenrijen worden toegevoegd, houtkanten gerooid. Er duikt een serre op en even verder improviseert de restauranthoeve een parking, speeltuin en terras met schreeuwerige parasols die spontaan Christo imiteren. Het geoogste veld wordt achtergelaten met in witte folie gewikkeld hooi. Christo bis. Een veelvoud aan veranderingsregisters is aan de slag in het interfluvium: modernisering en restauratie, 'ver-tuining' en 'ver-parking', 'ver-ranching' en 'ver-slonzing', vervlakking – wordt vandaag nog iets anders dan maïs geteeld? – en verbijzondering, verschraling en verrijking. Het is verleidelijk deze metamorfose, waar op het eerste zicht geen vaste lijn in te trekken valt, te karakteriseren met het begrip entropie: een stelselmatige toename van groezeligheid en een verlies van zuiverheid. Heeft het raster van ingetogen hoeves zijn greep op het landschap (de wijze waarop het maat, regelmaat, leesbaarheid en coherentie genereert) verloren? De 'microterritoria', de bouwstenen van dit landschap, zijn in volle beweging. Krimpen, expanderen, loskoppeling van herverbouwde hoeve en land, versnippering van grondeigendom, het is allemaal aan de orde. In feite ontstaat een reconfiguratie en diversificatie van de 'microterritoria'. Maar het blijven microterritoria die een territorialiteit aanmaken, een toe-eigening organiseren, privaatheid aanmaken. Dit geldt overigens voor de hele ruis die zich tijdens de moderne tijd in het interfluvium nestelde: rekes, woningnesten, lintfragmenten, solitaire woningen, fabrieken en loodsen.

De 'microterritorialiteit' gaat hand in hand met de porositeit van het landschap en de vrijheid van beweging die hieruit voortkomt.[16] Grondgebondenheid en doorstroming, microterritorialiteit en doordringbaarheid worden er gecombineerd. De openheid van het landschap, of correcter de afstand medieert tussen het verschil. De spanning van dit samengaan wordt vandaag op de spits gedreven. De bijzondere porositeit van het landschap verkrijgt met de toegenomen automobiliteit vooreerst een nieuwe dimensie (waarop onder meer *megastores* parasiteren). Nergens langs de wegen of veldwegen is hier nog echte rust. Passeert er geen tractor, dan is het een brommer of auto, een groepje wielertoeristen, een jogger of wandelaar. Altijd en overal is er beweging. Daarnaast leidt de metamorfose van de hoeves tot een versnelde versnippering, vermenigvuldiging en diversiteit in microterritoria. De meervoudigheid van de plattelandsruimte gaat in de *overdrive*. Deze overdosis meervoudigheid neigt naar het generieke. De betonnen witlofloods of serre, het bedrijf, de XXL-handelszaak, beautyfarm of fermette, ze kunnen in feite overal staan. Ze de-territorialiseren het landschap.[17] Er is nauwelijks iets wat ze bindt aan hun omgeving. Ze doen in feite ook niets anders dan kamperen: vreemde objecten contrastrijk in het landschap plaatsen.

De overgeleverde microterritoria waren het historisch product van een iteratief proces dat resulteerde in een 'gevarieerde regelmaat' en 'dichte openheid'. Beide karakteristieken komen organisch voort uit de *mise en valeur van het ter-*

16 'The accesible landscape', in: J.B. Jackson, *Landscape in Sight. Looking at America*, New Haven 1997, p. 73.

17 M. Dehaene, B. De Meulder, loc. cit.

18   C. Rowe,
F. Koetter, *Collage City*, Cambridge (Mass.), 1983,
p. 102ff.

19   C. Levi-Strauss,
La pensée sauvage,
Paris, 1962, p. 25.

20   'Landscape as Theater', in:
J. B. Jackson, *The Necessity for Ruins and Other Topics*,
Amherst, 1980, p. 75.

21   J. B. Jackson,
op. cit., p. 71.

are doing nothing more than camping: placing alien objects rich in contrasts in the landscape.

The traditional micro-territories were the historic product of an iterative process that resulted in a 'varied regularity' and 'dense openness'. Both characteristics stem organically from the '*mise en valeur*' of the '*terroir*' ('home ground'). With the erosion of the self-evident, dominant role of a uniform agricultural exploitation, alignment vanishes from the development process. The territory seems doomed to a turbulent trial-and-error phase in which ad hoc decisions, inspired by a plurality of stimuli, possibilities and (getting round) limitations, take centre stage. Do-it-yourself is taking over, in part. As Colin Rowe observed, the do-it-yourself-er and the engineer form two coexisting and complementary human conditions.[18] The do-it-yourself-er is not led by rules in the classical sense. His drive is to fully exploit the potential of the situation (the given, the limited possibilities and means). Do-it-yourself is about tactics, cunning, avoiding obstacles and, especially, about movement. The universe of the do-it-yourself-er is a closed one, incomplete and limited. '*La règle de son jeu est de toujours s'arranger avec les "moyens du bord"*.' (The rule of his game is always to make do with the means available.')[19] Today this potential has been freed of a great many limitations. The closed universe of the do-it-yourself-er is expanding, the degrees of freedom are multiplying, the means available are by now impressive. It is perhaps time to address the engineer within the do-it-yourself-er, to employ collation and assembly as well as do-it-yourself tinkering, to find rules that can bring about a new alignment – not abstract or formalist rules, of course, but rather rules that are inherent in the contemporary development practice and elicit a new dialogue with the landscape, that bring about convergence among the landscape elements and the production of the space. Is it not, in the end, the rules of camping that we seek? After all, very little – ironically enough in this moment of quasi-unlimited possibilities – is still produced with an eye toward eternity. Life cycles and depreciation cycles are shrinking phenomenally. The (dense) openness of the landscape is the pre-eminent quality, the most significant (and most scarce) potential that the do-it-yourself-er and engineer – whether he or she is a farmer, restaurant owner, resident or entrepreneur – can exploit today. Openness and distance are precisely what the camper looks for. In that regard the agendas coordinate. It is time to scrutinise the rationality of camping and supplement the dot matrix (farmsteads), pixel matrix (flotsam) of the interfluvium with a new camping roster. The three rosters, three time perspectives and three registers give the interfluvium an exceptionally high absorption capacity, which is also needed in order to give shape to the pluralistic use of this neo-countryside. The trick is to attune these matrices to one another, set amplitudes and frequencies, so that the resulting polyphonic piece of music can be tuned to a single key.

The landscape that stands here on the eve of emergence is a living landscape. It is the coordinated arrangement of a multitude of do-it-yourself projects – works of a lifetime as well as encampments – temporary consumptions. In this sense the spacious villas discussed earlier have made the wrong wager. The landscape that spreads out before them is not a postcard with 'natural scenery which man should not contaminate by his presence'.[20] It is not a scenery prop, but the stage itself,[21] the *locus*, the place where the musical composition itself is performed, forever imperfect, unfinished, incomplete, and, therefore, a suspended motion. The interfluvium is a megadance, a suspended dance, a frozen movement.

roir. Met het verzwakken van de vanzelfsprekende en dominante rol van een uniforme landbouwuitbating verdwijnt de gelijkrichting uit het ontwikkelingsproces. Het territorium lijkt overgeleverd aan een turbulente *trial and error-fase* waarin de ad-hocbeslissing, ingegeven door een veelvoud aan stimuli, mogelijkheden en (omzeilen van) beperkingen, centraal staat. De *bricolage* neemt het gedeeltelijk over. Zoals Colin Rowe opmerkte, vormen de *bricoleur* en de ingenieur twee coëxisterende en complementaire menselijke condities.[18] De bricoleur laat zich niet leiden door regels in de klassieke zin. Het is hem er om te doen het potentieel van de situatie (het gegevene, de beperkte mogelijkheden en middelen) ten volle uit te buiten. Bricoleren draait om tactiek, sluwheid, het vermijden van hindernissen en vooral om bewegen. Het universum van de bricoleur is gesloten, onvolledig en beperkt. 'La règle de son jeu est de toujours s'arranger avec "les moyens du bord".'[19] Vandaag is dit potentieel bevrijd van heel wat beperkingen. Het gesloten universum van de bricoleur expandeert, de vrijheidsgraden vermenigvuldigen zich, 'les moyens du bord' zijn ondertussen indrukwekkend. Het is dan wellicht ook tijd dat de ingenieur in de bricoleur wordt aangesproken, dat naast de bricolage wellicht ook de collage en de assemblage worden ingezet als figuren, dat op zoek wordt gegaan naar regels die een nieuwe gelijkrichting kunnen bewerkstelligen, uiteraard geen abstracte of formalistische regels, maar regels die in de hedendaagse ontwikkelingspraxis zelf besloten liggen en die een nieuwe dialoog tot stand brengen met het landschap, die convergentie bewerkstelligen tussen de landschapsmetamorfose en de productie van de ruimte. Zijn het overigens niet de regels van het kamperen waar we naar op zoek zijn? Er wordt immers – ironisch genoeg in deze tijd van quasi-onbegrensde mogelijkheden – nauwelijks nog iets geproduceerd met het oog op de eeuwigheid. Levenscycli en afschrijvingstermijnen krimpen fenomenaal. De (dichte) openheid van het landschap is de voornaamste kwaliteit, het belangrijkste (en meest schaarse) potentieel dat de bricoleur én ingenieur – of hij/zij nu landbouwer, restauranthouder, resident of ondernemer is – vandaag kan uitbuiten. Openheid en afstand is precies wat de kampeerder opzoekt. Wat dat betreft lopen de agenda's gelijk. Het wordt tijd om de rationaliteit van het kamperen te doorgronden en het puntraster (hoeves), raster van pixels (ruis) van het interfluvium aan te vullen met een nieuw kampeerrooster. De drie roosters, drie tijdsperspectieven en drie registers leveren het interfluvium een bijzondere grote absorptiecapaciteit op, die overigens nodig is om het meervoudige gebruik van dit neoplatteland gestalte te geven. De kunst bestaat erin deze rasters op elkaar af te stemmen, amplitudes en frequenties in te stellen, zodat het resulterende polifonische muziekstuk in één toonaard wordt gesteld.

Het landschap dat hier aan de vooravond van een ontluiking staat, is een levend landschap. Het is de nevenschikking van een veelvoud aan bricolages (levenswerken én kampementen), tijdelijke consumpties. In die zin hebben de eerder besproken riante villa's verkeerd gegokt. Het landschap dat zich ervoor uitstrekt, is geen prentkaart met een 'natural scenery which man should not contaminate by his presence'.[20] Het is geen decorstuk, maar de scène zelf,[21] de *locus*, de plaats waar het muziekstuk zelf wordt opgevoerd, eeuwig onvolmaakt, onaf, onvoltooid, en daardoor, feitelijk een verstilde beweging. Het interfluvium is een megadans, een verstilde dans, een bevroren beweging.

18 C. Rowe, F. Koetter, *Collage City*, Cambridge (Mass.) 1983, p. 102 e.v.

19 C. Levi-Strauss, *La pensée sauvage*, Parijs 1962, p. 25.

20 'Landscape as theater', in: J.B. Jackson, *The necessity for ruins and other topics*, Amherst 1980, p. 75.

21 Jackson, op. cit. 1980, p. 71.

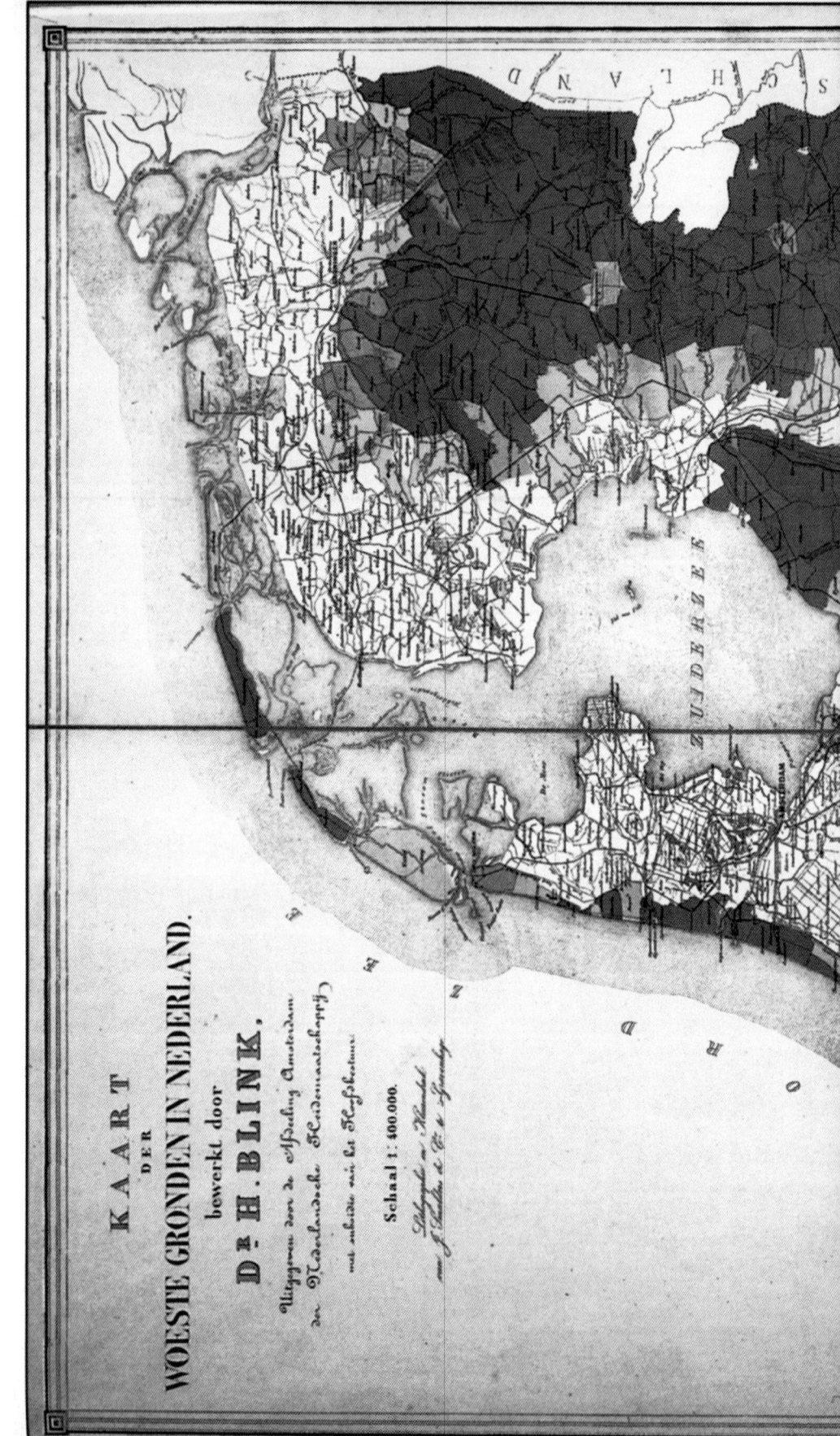

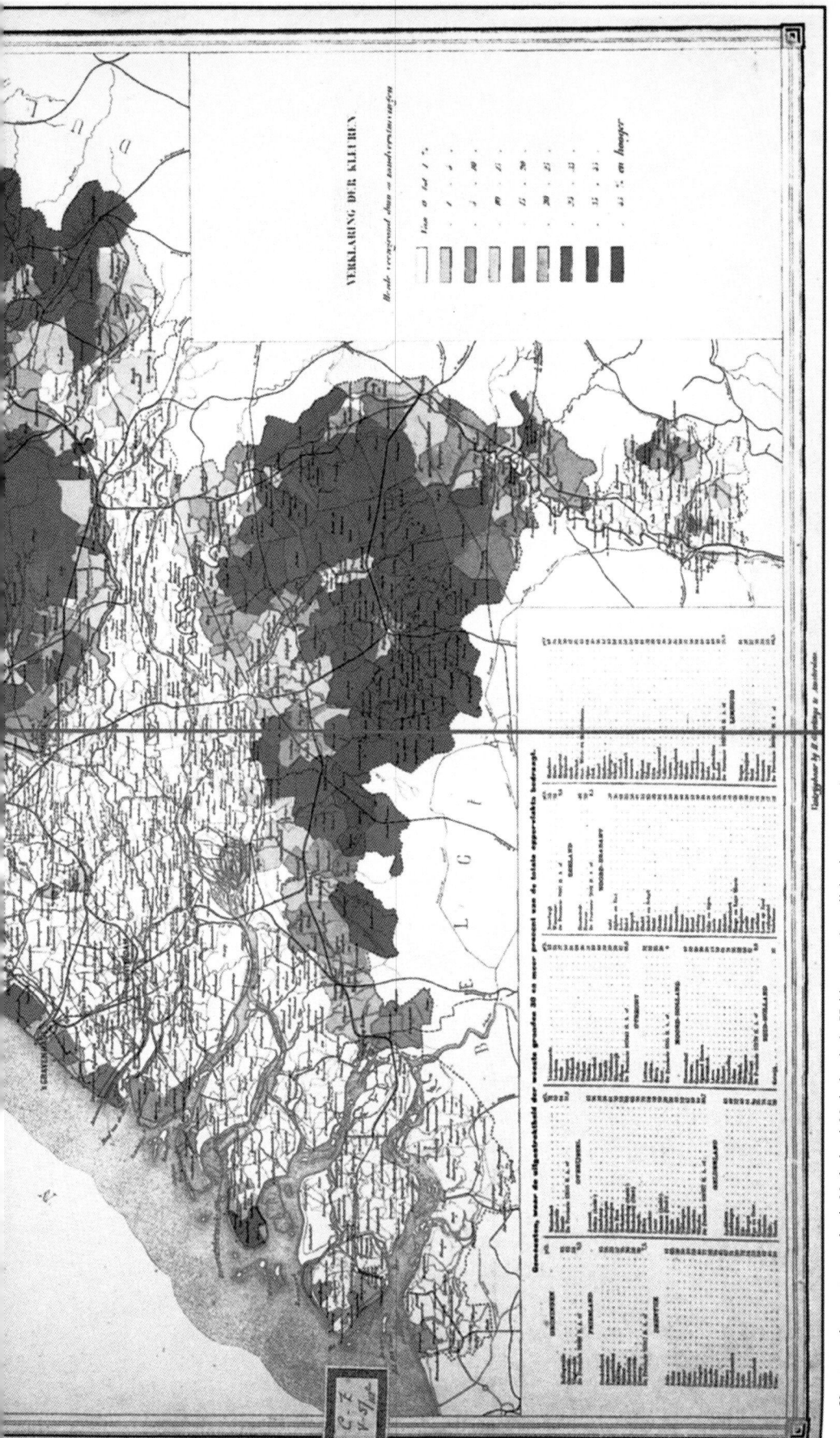

Kaart van de woeste gronden in Nederland, Nederlandsche Heidemaatschappij, begin 20e eeuw /
Map of the Waste Lands in the Netherlands, Nederlandsche Heidemaatschappij, beginning of
the 20th century

Herkomst afbeeldingen

p. 110-139 Bruno De Meulder, Tania Vandenbroucke
p. 98-109 Ruut de Groot, Karen van Paridon
p. 62-77 H+N+S Landschapsarchitecten, Utrecht
p. 115, 128 Katholieke Universiteit Leuven,
Onderzoeksgroep Stedelijkheid en Architectuur (OSA)
p. 88-97 La4sale, Amsterdam
p. 10, 11, 12, 13, 120 Nationaal Geografisch Instituut, Brussel
p. 18, 20, 22, 24, 26, 28 Nationale Plantentuin van België, Meise
p. 18, 20, 22, 24, 26, 28 Universiteit Gent (vakgroep Biologie)
p. 100 Pandion, Westervoort
p. 10, 11, 12, 13 Topografische Dienst, Emmen
p. 78-87 Veenenbos en Bosch Landschapsarchitecten, Arnhem
p. 18, 20, 22, 24, 26, 28 Vlaams Architectuurinstituut, Antwerpen

p. 37 Uit: J.T.P. Bijhouwer, Het Nederlandse landschap,
Amsterdam 1977
p. 113 Uit: J. De Ferraris, Kabinetskaart der Oostenrijkse
Nederlanden, Brussel 1965
p. 140, 141 Uit: F. Egmond, Nederland in de maak, Zwolle 2002
p. 42 Uit: E.W. Hofstee, Rural life and rural welfare in the
Netherlands, Den Haag 1957
p. 66, 67 Uit: D.F. Hudig e.a., Het toekomstig landschap der
Zuiderzeepolders, Amsterdam 1928
p. 48 Uit: A. Maris e.a., Het kleine boerenvraagstuk op de
zandgronden, Assen 1953
p. 46, 47 Uit: Nederlandsche Heidemaatschappij, Boerderijen in
Nederland, Amsterdam 1941
p. 45 Uit: C. Peters, Venhorst en de Peel, Venhorst 1982
p. 34, 35 Uit: W.C.H. Staring, Huisboek voor den landman,
Amsterdam 1868

Origin of the illustrations

p. 110-139 Bruno De Meulder, Tania Vandenbroucke
p. 98-109 Ruut de Groot, Karen van Paridon
p. 62-77 H+N+S Landschapsarchitecten, Utrecht
p. 115, 128 Catholic University of Leuven, Urbanism and
Architecture Research Group (OSA)
p. 88-97 La4sale, Amsterdam
p. 10, 11, 12, 13, 120 National Geographic Institute, Brussels
p. 18, 20, 22, 24, 26, 28 National Botanic Garden of Belgium, Meise
p. 18, 20, 22, 24, 26, 28 Ghent University (Department of Biology)
p. 100 Tania Vandenbroucke
p. 10, 11, 12, 13 Topografische Dienst Kadaster, Emmen
p. 78-87 Veenenbos en Bosch Landschapsarchitecten, Arnhem
p. 18, 20, 22, 24, 26, 28 Flemish Architecture Institute, Antwerp

p. 37 From J.T.P. Bijhouwer, Het Nederlandse landschap,
Amsterdam 1977
p. 113 From J. De Ferraris, Kabinetskaart der Oostenrijkse
Nederlanden, Brussel 1965
p. 140, 141 From F. Egmond, Nederland in de maak, Zwolle 2002
p. 42 From E.W. Hofstee, Rural life and rural welfare in the
Netherlands, Den Haag 1957
p. 66, 67 From D.F. Hudig e.a., Het toekomstig landschap der
Zuiderzeepolders, Amsterdam 1928
p. 48 From A. Maris e.a., Het kleine boerenvraagstuk op de
zandgronden, Assen 1953
p. 46, 47 From Nederlandsche Heidemaatschappij, Boerderijen in
Nederland, Amsterdam 1941
p. 45 From C. Peters, Venhorst en de Peel, Venhorst 1982
p. 34, 35 From W.C.H. Staring, Huisboek voor den landman,
Amsterdam 1868

Jeroen Bosch en Harm Veenenbos zijn oprichters van Veenenbos en Bosch landschapsarchitecten te Arnhem. Over het werk van het bureau is gepubliceerd in 9+1, Young Dutch landscape architects (1998), H. Ibelings (red.), Het kunstmatige landschap (1999) en Landschapsarchitectuur en Stedenbouw in Nederland 1993-1995 en 1999-2001.

Prof. dr. ir. Bruno De Meulder is hoogleraar stedenbouw aan de TU Eindhoven en werkzaam binnen OSA (Onderzoeksgroep Stedenbouw en Architectuur) KULeuven.

Tania Vandenbroucke is ingenieur-architect, stedenbouwkundige in opleiding en wetenschappelijk medewerker aan de OSA (Onderzoeksgroep Stedenbouw en Architectuur) KULeuven.

Yttje Feddes is landschapsarchitect. Zij is verbonden aan het bureau H+N+S Landschapsarchitecten te Utrecht. Over het werk van dit bureau is o.a. gepubliceerd in D. Sijmons (red.), Landschap (1998).

Ruut van Paridon werkt sinds 1995 als landschapsontwerper / architect bij H+N+S Landschapsarchitecten te Utrecht. Karen de Groot is zelfstandig landschapsarchitect te Amsterdam. Samen studeerden zij cum laude af aan de Academie van Bouwkunst te Amsterdam met Het Tuinenrijk in 2003.

Joks Janssen is architect te Eindhoven. Sinds 2000 is hij als promovendus verbonden aan de Capaciteitsgroep Stedebouw, Faculteit Bouwkunde van de TU Eindhoven. Zijn promotieonderzoek Landschap tussen stad en platteland heeft als onderwerp de genese van en de omgang met het verstedelijkt territorium in Noord-Brabant, met als focus de regio De Peel. Hij publiceert regelmatig in het tijdschrift de Architect en is gastdocent aan de Academie voor Bouwkunst in Tilburg en Arnhem.

Willemijn Lofvers is architect en partner van het collectief Lofvers|van Bergen|Kolpa architecten (LvBK) te Rotterdam en is als onderzoeker verbonden aan de kenniskring TransUrban aan de Hogeschool Rotterdam. Als gastdocent aan de Academie van Bouwkunst Rotterdam is zij betrokken bij een driejarig onderzoeksatelier, waaronder een studie naar de transformatie van de landbouwgebieden.

Marcel Musch is architect en werkzaam als stedenbouwkundige bij de gemeente Rotterdam.

Bruno Notteboom is ingenieur-architect en stedenbouwkundige, coördinator van het Labo Stedenbouw van de vakgroep Architectuur & Stedenbouw van de Universiteit Gent en project manager bij het Vlaams Architectuur Instituut (VAi). Hij publiceerde onder meer in Ruimte en Planning, A+ en Oase.

Pepijn Godefroy en Marieke Timmermans zijn de oprichters van La4sale (Landscape Architects for sale), een jong bureau in Amsterdam dat als een netwerk van zelfstandige specialisten opereert in de frontlinie van de ruimtelijke ordening.

Pieter Uyttenhove is voltijds docent stedenbouw aan de vakgroep Architectuur & Stedenbouw van de Universiteit Gent en is verantwoordelijke van het Labo Stedenbouw. Hij publiceerde onder meer in Archis, Urbanisme, Bauwelt, de Architect, Planning Perspectives, Storia Urbana, A+U, L'Architecture d'Aujourd'hui, Techniques et Architecture, Mégalopole en AMC.

Jeroen Bosch and Harm Veenenbos are the founders of Veenenbos en Bosch Landschapsarchitecten in Arnhem. The firm's work has been discussed in 9+1, Young Dutch landscape architects (1998), H. Ibelings (ed.), The Artificial Landscape (1999) and in the yearbooks Landscape architecture and town planning in the Netherlands 1993-1995 and 1999-2001.

Bruno De Meulder is a professor in urban planning at Eindhoven University of Technology and works with OSA (Urban Planning and Architecture Research Group) at the Catholic University of Leuven.

Tania Vandenbroucke is an engineer-architect, urban planner in training and associate with OSA (Urban Planning and Architecture Research Group) at the Catholic University of Leuven.

Yttje Feddes is a landscape architect with H+N+S Landschapsarchitecten in Utrecht. The firm's work has been discussed in such publications as D. Sijmons (ed.), Landschap (1998).

Ruut van Paridon has been a landscape designer and architect with H+N+S Landschapsarchitecten in Utrecht since 1995. Karen de Groot is a freelance landscape architect based in Amsterdam. Together they graduated cum laude from the Academy of Architecture in Amsterdam for Het Tuinenrijk in 2003.

Joks Janssen is an architect based in Eindhoven. Sinds 2000, as a Ph.D. student, he has been working with the Faculty of Architecture's Urban Development Capacity Group at Eindhoven University of Technology. The subject of his Ph.D. study, 'Landscape between city and country', is the genesis and handling of the urbanised territory of North Brabant, focusing on the area called De Peel. He writes regularly in the magazine de Architect and is a visiting lecturer at the Academies of Architecture in Tilburg and Arnhem.

Willemijn Lofvers is an architect and partner in the collective Lofvers|van Bergen|Kolpa architecten (LvBK) in Rotterdam and is associated as a researcher with the TransUrban research centre at the Hogeschool Rotterdam. As a visiting lecturer at the Rotterdam Academy of Architecture, she is participating in a three-year research workshop, which includes a study of the transformation of agricultural areas.

Marcel Musch is an architect and works as an urban planner for the City of Rotterdam.

Bruno Notteboom is an engineer-architect and urban planner, coordinator of the Labo Stedenbouw (Urban Planning Laboratory) of the Department of Architecture & Urban Planning at Ghent University and project manager at the Flemish Architecture Institute. He has written for such publications as Ruimte en Planning, A+ and Oase.

Pepijn Godefroy and Marieke Timmermans are the founders of La4sale (landscape architects for sale). La4sale is a young firm (launched at the start of the millenium) which operates as a network of independent specialists on the front lines of spatial planning.

Pieter Uyttenhove is a full-time lecturer in urban planning with the Department of Architecture & Urban Planning at Ghent University and in charge of the Labo Stedenbouw (Urban Planning Laboratory). He has written for such publications as Archis, Urbanisme, Bauwelt, de Architect, Planning Perspectives, Storia Urbana, A+U, L'Architecture d'Aujourd'hui, Techniques et Architecture, Mégalopole, and AMC.

Onafhankelijk architectuur-
tijdschrift, uitgegeven door
NAi Uitgevers in opdracht
van de stichting OASE /
Independent architectural
journal, published by
NAi Publishers by order of
the OASE Foundation

NAi Uitgevers/Publishers
Tel +31 (0)10 2010133
Fax +31 (0)10 2010130
info@naipublishers.nl
www.naipublishers.nl

ISSN 0169 – 6238
ISBN 90-5662-358-3

Redactieadres /
Editorial office
1e Pijnackerstraat 120 b
3035 GW Rotterdam
The Netherlands
www.oase.archined.nl

Redactie / Editors
Tom Avermaete,
Pnina Avidar,
Like Bijlsma,
Filip Geerts,
Christoph Grafe,
Johan Lagae,
Madeleine Maaskant,
Marcel Musch,
Marc Schoonderbeek,
Lara Schrijver,
Mechthild Stuhlmacher

Gastredacteur /Guest editor
Willemijn Lofvers

Vertaling / Translation
Pierre Bouvier
Maria van Tol (Het tuinen-
rijk / The Courtly Realm)

Redactiesecretaris /
Managing editor
D'Laine Camp

Bestuursleden /
Members of the Board
Dirk Sijmons,
Johannes Niemeijer,
Marc Schoonderbeek,
Marcel Musch,
Umberto Barbieri,
Ton Idsinga,
Emmie Vos

Vormgeving / Design
Aagje & Karel Martens,
Werkplaats Typografie,
Arnhem

Eindredactie en productie /
Editing & Production
Els Brinkman, Anneloes van
der Leun (NAi Publishers)

Uitgever / Publisher
Simon Franke
(NAi Publishers)

Druk / Printing
Drukkerij SSN, Nijmegen

Afwerking / Binding
De Haan, Zwolle

Abonnementenadministratie /
Subscriptions and
administration
Abonnementenland
Postbus 20
1910 AA Uitgeest
Tel +31 (0)251 313939
Fax +31 (0)251 310405
aboservice@aboland.nl
www.aboland.nl

Abonnementen /
Subscriptions
OASE verschijnt drie keer
per jaar. Recht op reductie
hebben: studenten aan uni-
versiteiten en academies van
bouwkunst, houders van
CJP. Abonnementen worden
stilzwijgend verlengd.
Opzeggingen (uitsluitend
schriftelijk) dienen 4 weken
voor afloop van de abonne-
mentsperiode in het bezit te
zijn van de administratie.
Prijswijzigingen voorbe-
houden.

OASE is published three
times a year. For subscriptions please contact the
administration. You can fill
in the card included in this
issue or subscribe by email,
info@naipublishers.nl.
Subscriptions are renewed
automatically. If you wish
to cancel, please inform the
administration in writing
4 weeks before the end of
the subscription period.
Prices are subject to change.

Abonnementen in
Nederland en België
particu. € 50,–
instel. € 75,–
studenten € 35,–

Abonnementen Europa /
Subscriptions in Europe
particu. / individuals € 60,–
instel. / organisations € 80,–
studenten/students € 45,–

Abonnementen buiten
Europa / Subscriptions
outside Europe
particu. /individuals € 67,50
instel. /organisations € 85,–
studenten/students € 50,–

Deze publicatie is mede tot
stand gekomen met financiële
steun van / This publication
was made possible by the
financial support of

Stimuleringsfonds voor
Architectuur, Rotterdam

Prins Bernhard
Cultuurfonds, Amsterdam

Stichting Geertruida
Gerharda Bolhuis,
Groningen

Technische Universiteit
Delft

Katholieke Universiteit
Leuven

Universiteit van Gent

Nationaal Geografisch
Instituut (België)

Vlaams Architectuur-
instituut (VAi)

Nationale Plantentuin van
België

De Architekten Cie
Keizersgracht 126
1015 CW Amsterdam

Cees Dam en Partners
Singel 148
1015 AG Amsterdam

Claus en Kaan Architecten
Weesperstraat 93
1018 VN Amsterdam

DAF Architecten
Delftsestraat 29 b
3013 AE Rotterdam

Duinker, van der Torre
samenwerkende architekten
Haarlemmerstraat 126 c
1013 EX Amsterdam

Tony Fretton Architects
49-59 Old Street
London EC1V 9XH
Great Britain

Heeling Krop Bekkering
Zuiderparkweg 21
9724 AH Groningen

H+N+S
Landschapsarchitecten
Postbus 10156
3505 AC Utrecht

Kuiper Compagnons BV
Postbus 29059
3001 GB Rotterdam

Mecanoo Architecten
Oude Delft 203
2611 HD Delft

Joost Meuwissen Architect
Mesdagstraat 55 hs
1073 HK Amsterdam

Neutelings Riedijk
Architecten
Scheepmakerstraat 13
3011 VH Rotterdam

De Nijl Architecten
Postbus 29095
3001 GB Rotterdam

OD205 stedenbouw onder-
zoek en landschap bv
Oude Delft 205
2611 HD Delft

Palmboom & vd Bout
Stedenbouwkundigen
Schiedamsedijk 44
3011 ED Rotterdam

Studio di Architettura
Keizersgracht 280
1016 EW Amsterdam

De Zwarte Hond
Eendrachtsweg 20
3012 LB Rotterdam

Hoge der A 12
9712 AC Groningen

© 2004 NAi Uitgevers,
Rotterdam.
Behoudens de in of krachtens
de Auteurswet van 1912
gestelde uitzonderingen mag
niets uit deze uitgave worden
verveelvoudigd, opgeslagen
in een geautomatiseerd gege-
vensbestand, of openbaar
gemaakt, in enige vorm of op
enige wijze, hetzij elektro-
nisch, mechanisch, door
fotokopieën, opnamen of
enige andere manier, zonder
voorafgaande schriftelijke
toestemming van de uitgever.
Voor zover het maken van
reprografische verveelvoudi-
gingen uit deze uitgave is toegestaan op grond van artikel
16 h Auteurswet 1912 dient
men de daarvoor wettelijk
verschuldigde vergoedingen
te voldoen aan de Stichting
Reprorecht (postbus 3060,
2130 KB Hoofddorp,
www.reprorecht.nl). Voor
het overnemen van gedeel-
te(n) uit deze uitgave in
bloemlezingen, readers en
andere compilatiewerken
(artikel 16 Auteurswet 1912)
kan men zich wenden tot de
Stichting PRO (Stichting
Publicatie- en Reproductie-
rechten Organisatie, postbus
3060, 2130 KB Hoofddorp,
www.cedar.nl/pro).

Van werken van beeldende
kunstenaars aangesloten bij
een CISAC-organisatie is het
auteursrecht geregeld met
Beeldrecht te Amsterdam
© 2004, c/o Beeldrecht
Amsterdam

Niet alle rechthebbenden
van de gebruikte illustraties
konden worden achterhaald.
Belanghebbenden wordt
verzocht contact op te nemen
met NAi Uitgevers,
Mauritsweg 23,
3012 JR Rotterdam,
info@naipublishers.nl

NAi Uitgevers is een interna-
tionaal georiënteerde uitgever, gespecialiseerd in het
ontwikkelen, produceren en
distribueren van boeken over
architectuur, beeldende
kunst en verwante disciplines. www.naipublishers.nl

NAi Publishers is an interna-
tionally orientated publisher
specialized in developing,
producing and distributing
books on architecture, visual
arts and related disciplines.

www.naipublishers.nl
info@naipublishers.nl

It was not possible to find all
the copyright holders of the
illustrations used. Interested
parties are requested to contact NAi Publishers,
Mauritsweg 23,
3012 JR Rotterdam,
The Netherlands.

Available in North, South
and Central America
through D.A.P./Distributed
Art Publishers Inc, 155 Sixth
Avenue 2nd Floor,
New York, NY 10013-1507,
Tel 212 6271999,
Fax 212 6279484.

Available in the United
Kingdom and Ireland
through Art Data, 12 Bell
Industrial Estate, 50
Cunnington Street, London
W4 5HB, Tel 208 7471061,
Fax 208 7422319.

Printed and bound in the
Netherlands